환자안전을 위한
의료판례 분석

03 산부인과(산과)

김소윤 · 이미진 · 최준식 · 박현수 · 김영한 · 이　원
조단비 · 이승희 · 유호종 · 이세경 · 이순교 · 손명세

박영사

머 리 말

　'사람은 누구나 잘못 할 수 있다'. 사람은 누구나 잘못 할 수 있고 의료인도 사람이므로 의료인도 잘못 할 수 있다. 그러나 의료인의 잘못은 환자에게 위해로 발생할 수 있기 때문에 받아들이기 힘든 것이 사실이다.

　하지만 환자안전과 관련된 사건이 발생할 때마다 사건 발생과 관련된 의료인의 잘못을 찾고 시정하는 것만으로 환자안전의 향상을 기대할 수 있을까? 2010년 빈크리스틴 투약오류로 백혈병 치료를 받던 아이가 사망한, 일명 종현이 사건이 뉴스에도 보도되고 사회적으로 큰 파장을 일으켰지만 2012년 같은 유형의 투약오류 사건이 발생하여 환자가 또 사망하였다. 이 사건뿐만 아니라 의료분쟁 사례들을 살펴보다 보면 유사한 사건들이 반복되는 것을 알 수 있다. 그렇기 때문에 환자안전의 향상을 위해서는 의료인의 잘못에 집중하는 것이 아니라 다른 차원의 접근이 필요하다.

　이처럼 유사한 사건들이 재발하지 않도록 하려면 어떤 노력을 해야 할까라는 고민 속에서 '의료소송 판결문 분석을 통한 원인분석 및 재발방지 대책 제시' 연구가 2014년부터 시작되었다. 대한의사협회의 발주를 받아 의료소송 판결문의 수집 및 분석을 통해 해당 사례의 원인을 분석하고, 원인별 재발방지대책을 주체별로 제시하는 연구를 수행하였다. 당시 내과, 외과, 산부인과, 정형외과, 신경외과 의료소송 판결문을 활용하여 환자안전의 향상을 위한 연구('의료소송 판결문 분석을 통한 재발방지 대책 수립 연구')를 수행하였고, 현재는 의료행위별로 분류하여 원인분석 및 재발방지 대책 제시 연구가 진행되고 있다. 이러한 연구들은 가능한 범위 내에서 종결된 판결문을 대상으로 분석하고자 하였다. 하지만 분석대상 선정 당시 원인 분석 및 재발방지 대책 제시가 필요하다고 판단되는 사건들의 경우에는 환자안전 향상을 위한 정책 제안을 위해 종결여부를 떠나 분석 대상에 포함시켜 진행하였다.

　연세대학교 의료법윤리학연구원에서는 그동안 의료의 질 향상 및 환자안전을 위해 다양한 노력을 기울여왔다. 1999년 '산부인과 관련 판례 분석 연구'를 시작으로 '의료분쟁조정제도 실행방안 연구', '의료사고 피해구제 및 의료분쟁 조정 등에 관한 법률 실행방안 연구', '의료사고 예방체계 구축방안 연구' 등을 수행하였고, 이를 통해 의료사고 및 의료소송과 관련된 문제들을 다각도로 바라보았다. 이와 같이 의료분쟁의 해결에서 머무는 것이 아니라 이러한 사례들을 통해 의료체계의 개선이 이루어질 수 있도록 정책적 제안에도 힘써왔다. 연구뿐만 아니라 연세대학교 대학원 및 보건대학원에서 의료소송 판례 분석과 관련된 강의들을 개설하여 교육을 통해 학생들의 관심을 촉구하였다. 또한 환자안전 및 환자안전법 관련 연구를 수행하면서 환자안전법 제정 및 환자안전 체계 구축을 위해 노력하였다.

2015년 1월 환자안전법이 제정되었고 2016년 7월 29일부터 시행되고 있다. 환자안전법에 따라 환자안전 보고학습시스템도 운영되고 있지만 아직은 초기 단계이다. 의료기관 내에서 발생한 환자안전사건을 외부에 공개하고 보고하기 어려운 사회적 분위기 등을 고려하였을 때 의미있는 분석 및 연구가 가능하기에는 시간이 다소 걸릴 것으로 예상된다. 이에 이미 수집되어 있는 의료분쟁 및 의료소송 자료를 활용하여 분석한 해당 연구들이 환자안전법 및 보고학습시스템의 원활한 시행에 도움이 될 것으로 생각된다.

의료사고 또는 의료분쟁과 관련하여 여러 사례들을 소개하는 서적이 출판되었으나, 환자안전의 향상을 위해 의료소송 사례를 활용해 원인분석 및 환자·의료인·의료기관·법제도 측면에서의 재발방지 대책을 제시하는 서적은 없었다. 또한 이 책에서 제시된 다양한 사례들을 통해 각 분야별 보건의료인 및 보건의료계열 학생들은 임상에서 발생 가능한 환자안전사건들을 간접적으로 체험할 수 있고, 예방을 위해 지켜야 할 사항들을 숙지할 수 있을 것이다.

의료소송 판결문 분석 연구를 수행할 수 있도록 연구비를 지원해 준 대한의사협회 의료정책연구소와 진료 등으로 바쁘신 와중에도 적극적으로 참여해 주신 자문위원분들께 감사를 표한다. 또한 본 저서가 출판될 수 있도록 지원해 준 박영사에 감사드린다.

이 책들이 우리나라 환자안전 향상에 조금이나마 기여할 수 있기를 간절히 바라며, 제도의 개선을 통해 환자와 의료인 모두가 안전한 의료환경이 조성되기를 진심으로 기원한다.

2016년 12월
저자 일동

차 례

제1장

서 론

제1장 서 론

    1980년대 중반부터 본격적으로 제기되기 시작한 의료분쟁은 꾸준히 증가하고 있으며, 이로 인한 다양한 부작용은 사회적으로 중요한 문제가 되고 있다(민혜영, 1997). 의료사고의 예방을 위해서는 의료사고 및 의료분쟁 해결 기전의 변화만으로는 의미 있는 진전을 기대하기 어려우며(Institute of Medicine, 2000), 현재 우리나라 상황을 고려하였을 때 의료사고 예방 대책을 위한 연구의 일환으로 의료분쟁에 관한 연구를 시행할 수 있다. 의료분쟁은 진료과목별로 분쟁의 양상과 해결 양상이 다르며, 유사한 의료분쟁이 반복되는 경향이 있다(신은하, 2007). 또한 의료사고의 경우 의료소송 판결문의 분석을 통해 사고 원인의 유형별 분류 및 의료사고로 가장 많이 연결되는 의료행위의 파악이 가능하다(민혜영, 1997). 따라서 진료과목별 특성과 원인을 분석해 예방이 가능한 부분은 예방대책을 세워, 같은 일이 반복되지 않도록 대비하여야 한다.

    본 저서는 대한의사협회의 연구용역을 통하여 진행된 연구의 내용을 바탕으로 한다. 연구 대상인 판결문은 연세대학교 의료법윤리학연구원에서 보유 중인 판결문 10,048건을 활용하였다. 해당 판결문은 의료법윤리학연구원 소속 연구원들이 법원도서관을 방문하여 의료민사 판결로 검색되는 판결문의 사건번호와 법원명을 수집하였으며, 각 법원에 판결서사본 제공을 신청하여 판결문 원본을 취득하였다. 이 중 연구에 사용할 판결문은 전체 진료과목의 사건발생시기부터 소송 종결시기까지의 평균소요기간인 약 3.38년(연세대학교 의료법윤리학연구원, 2012)과 정형외과 의료소송의 평균

소요기간인 약 4.23년(이원, 2013)을 고려하여 사건번호를 기준으로 2005－2010년 사이인 판결문으로 하였다. 다만 2005년 이전 사건번호이더라도 연구 대상인 사건과 연결되는 판결문인 경우에는 인과관계 파악에 필요하므로 포함하였고, 이렇게 확인된 판결문은 6,074건이었다.

확인된 판결문 중 배상금액이 있는 사건의 건수를 기준으로 상위 4개 과목(산부인과, 정형외과, 내과, 신경외과)과 외과 판결문을 추출하였다.[1] 판결문 분류 작업을 수행한 다음 계량분석 준비 단계, 계량분석 단계, 질적분석 준비 단계, 질적분석 단계로 진행하였다.

사건일시, 소송종결연도, 소송 진행 현황, 소송의 원인이 된 주요 과정, 사고결과, 과오분류, 최종심 판단 등을 분류하고, 엑셀을 활용하여 기술통계가 가능한 자료로 변환하였다. 해당 자료에 대하여 기술통계 분석을 실시하였고, 소송의 원인이 된 주요 과정, 사고결과 등 계량분석 결과를 참고하여 전문가 자문회의를 거쳐 20건의 질적분석 대상을 선정하였다. 자문단은 대한산부인과학회를 통하여 전문가를 추천받았으며, 그 외에 연세대학교 의료법윤리학연구원의 겸임교수진 등을 활용하여 구성하였다.

산부인과 관련 의료사고는 임신과 분만을 다루는 의학 분야인 산과 관련 사고와 그 외의 사고로 구별해 볼 수 있다. 총 124건의 산부인과 관련 의료소송을 조사해 본 결과 산과 관련 소송으로 분명하게 분류 가능한 것은 분만 관련 58건, 제왕절개 관련 11건, 중절술 관련 1건으로 총 70건이었다. 이는 조사대상 산부인과 의료소송 전체 124건의 56.5%에 해당한다. 그 외의 산부인과 관련 의료소송에는 수술 관련 22건, 치료처치 관련 22건, 진단 관련 6건, 검사 관련 3건, 투약 관련 1건이 있다. 그런데 이중 수술 관련 등으로 분류한 의료소송은 산과와 관련된 것일 가능성이 있다. 따라서 산과와 관련된 의료소송의 비율은 실제로는 56.5%보다 클 것으로 추정할 수 있다. 이렇게 산부인과 관련 의료 소송 중 많은 비율을 차지하는 것이 산과 관련 의료소송이다. 따라서 이 책에서는 산과 관련 의료소송만을 20건 선정하여 분석의 대상으로 삼았다. 그런데 산과 사고는 그 피해자가 누구냐에 따라 '임산부에게 피해가 발

---

1) 배상금액이 있는 사건의 건수를 기준으로 5위는 성형외과, 6위는 외과였다. 연구의 목적 및 상위 4개 과목 등을 고려하였을 때, 6위인 외과가 더 적합하다고 판단되어 연구대상 과목으로 외과를 선정하였다.

생한 사고'와 '신생아에게 피해가 발생한 사고'로 분류된다. 그에 따라 산과 관련 의료소송 역시 '임산부 피해 관련 의료소송'과 '신생아 피해 관련 의료소송'의 두 종류로 나눌 수 있다.

질적 분석은 사건의 발생원인파악 및 사건의 재발을 방지하기 위하여 판결문에 제시된 내용을 토대로 여러 방향에서의 사건 발생의 가능성을 추정하고 이를 방지하기 위한 사항을 제안하였다. 이를 위하여 판결문의 내용을 시간순서대로 재구성하였으며, 원고(환자)가 주장하는 사항과 피고(의료진 및 의료기관)가 주장하는 사항 그리고 이에 대한 법원의 판단을 구분하여 제시하였으며, 손해배상의 범위 등에 관하여 제시하였다. 이를 토대로 문제가 된 진료 과정을 다시 한 번 분류하였으며, 이와 관련된 가장 근접한 인적 요인(환자 측 요인, 의료인 측 요인)과 시스템적 요인(의료기관 내 요인, 법제도적 요인)으로 나누어 분석하였다. 다음으로 인과관계도를 활용하여 사건의 원인과 재발방지책을 제시하였으며, 마지막으로 주체별(환자, 의료인, 의료기관, 학회 및 직능단체, 국가 및 지방자치단체)로 재발방지를 위한 사항을 제안하였다. 분석된 자료는 자문단의 검토 과정을 통하여 부족한 부분을 보완하였다.

이 책에서는 진단 지연 또는 진단 미비, 부적절한 처치 및 처치 지연, 전원, 기타 판례로 분류하여 사건의 개요, 법원의 판단, 손해배상범위, 사건 원인 분석과 재발 방지 대책을 소개하겠다.

▌참고문헌 ▌

민혜영. (1997). 의료분쟁소송결과에 영향을 미치는 요인에 관한 연구. 연세대학교 학위논문.

Institute of Medicine Committee on Quality of Health Care in America; Kohn, L. T., Corrigan, J. M., Donaldson, M. S. editors (2000). To err is human: building a safer health system. Washington, DC: National Academies Press, 이상일 역(2010), 사람은 누구나 잘못 할 수 있다: 보다 안전한 의료 시스템의 구축, 이퍼블릭.

신은하. (2007). 의료분쟁 발생 현황 및 진료과목별 분쟁 특성 분석. 연세대학교 학위논문.

연세대학교 의료법윤리학연구원. (2012). 위험도 상대가치 개선을 위한 의료사고 비용조사 연구.

이 원. (2013). 정형외과 의료소송 판결문 분석을 통한 경향 파악과 원인 분석. 연세대학교 학위논문.

제2장

진단 지연 또는 진단 미비
관련 판례

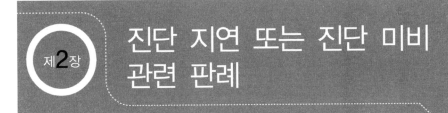

제2장

진단 지연 또는 진단 미비
관련 판례

판례 1. 거대아 진단 후 질식분만으로 인한 신생아 장애 발생 사건_
수원지방법원 2008. 11. 20. 선고 2007가합15878 판결

1. 사건의 개요

임신부는 임신 7주 4일에 피고 병원에 처음 내원하였다. 내원 당시 이전에 둘째 아이의 자연분만 시도 중 주산기 가사로 아이가 출생 당일 사망하였음을 고지하였다. 이후 임신부는 임신성 당뇨병이 의심되어 당부하 검사를 받았으나 임신성 당뇨병은 아닌 것으로 진단받았다. 임신 40주 3일에 분만 진통이 시작되어 임신부는 피고 병원에 입원하였다. 이때 태아 초음파 검사 결과 거대아(의증) 진단이 내려졌다. 분만 임박 상태가 되었을 때 임신부를 병원 분만실로 옮겼다. 아두가 분만되었을 때 견갑난산이 발생하여 신생아는 우측 상완신경총 마비의 손상을 입었다[수원지방법원 2008. 11. 20. 선고 2007가합15878 판결]. 자세한 사건의 경과는 다음과 같다.

날짜	시간	사건 개요
		• 원고 1(신생아), 원고 2(신생아의 아버지), 원고 3(임신부)
		• 피고: 병원 운영자
2001.		• 원고 3(임신부)은 둘째 아이 임신 출산하였으나 아이 사망
2003. 06. 17.		• 임신 7주 4일 피고 병원 처음 내원
		2001. 12. 05. 둘째 아이의 자연분만 시도 중 주산기 가사로 아이가

날짜	시간	사건 개요
		출생 당일 사망하였음을 고지(거대아로 인한 견갑난산 발생이 원인이었음은 고지하지 않은 것으로 보임)
2003. 10. 13		• 50g 당부하 검사 실시, 혈당 181mg/dL(피고 병원 참고치: 70~110mg/dL): 임신성 당뇨병 의심
2003. 10. 21		• 100g 당부하 검사 실시. 101−187(1시간 후 측정 결과)−159(2시간 후)−129(3시간 후)로 측정: 임신성 당뇨병이 아닌 것으로 진단
2004. 01. 20		• 임신 38주 4일 초음파 검사 실시 원고 1(태아)의 양측두엽 사이의 거리(BPD)가 8.7cm, 태아복부둘레(AC)가 35.0cm, 예상체중(EFW)이 3,338g으로 측정됨
2004. 02. 01	05 : 00	• 임신 40주 3일 분만진통 시작
	10 : 10경	• 피고 병원 입원 원고 3(임신부)의 체중은 82.1kg로 임신 전 체중 53kg에 비해 29.1kg 증가 • 태아 초음파 검사 결과: 거대아(의증) 진단 원고 1(태아)의 양측두엽 사이의 거리(BPD)가 9.5cm, 태아복부둘레(AC)가 36.7cm, 예상체중(EFW)이 3,836g으로 측정됨
	12 : 35	• 질구를 통해 아두가 2cm 가량 보이는 등 분만 임박 상태가 되어 피고 병원 분만실로 옮김
	12 : 43	• 원고 1(태아)의 아두가 분만 견갑난산 발생
	12 : 50	• 맥로버트 수기법, 치골 상부 압박법 등을 시도하여 원고 1 분만 출생 시 체중: 4.68kg(거대아) • 출생과정에서 우측 상완신경총 마비 손상 입음 남자, 맥브라이드 장해불구평가표 상 말초신경 I−A−4−b에 해당, 노동능력상실률 48%

2. 법원의 판단

가. 견갑난산 대비 미흡에 의한 신생아 장애에 과실이 있는지 여부: 법원 인정

(1) 법원 판단

거대아, 임신부의 과체중, 기왕견갑난산, 임신성 당뇨가 모두 견갑난산의 주요 위험인자 중 하나인 점 등을 종합하면, 원고 3의 둘째 아이가 분만 과정에서 주산기 가사로 사망한 사실을 알게 된 피고는 이 사건 분만이 정상적으로 이루어지지 않을 가능성에 대해 주의했어야 한다.

따라서 임신부의 과체중, 태아에 대한 거대아 진단, 임신성 당뇨가 의심되었던 결과 등을 종합적으로 살펴 원고 3에게 둘째 아이의 분만 시 그 아이의 체중, 즉 거대아였는지 여부 및 사망 경위가 구체적으로 무엇이었는지, 견갑난산으로 인한 사망은 아니었는지 보다 구체적으로 문진하였어야 한다.

그러한 문진을 통해 견갑난산의 위험인자를 더 적극적으로 검토하고 이를 토대로 원고 3에게 혹시나 발생할지 모르는 견갑난산에 대비하여 제왕절개술을 할 때의 이익과 위험성에 대해서 논의했어야 할 의무가 있음에도 불구하고, 위와 같은 의무를 소홀히 한 채 이 사건 분만을 진행한 과실이 인정된다.

피고 병원의 위 과실로 인해 원고 3은 견갑난산의 발생 가능성, 제왕절개술의 이익과 위험성에 대한 고지를 전혀 받지 못하여 제왕절개술 실시 여부에 대해 결정할 기회조차 갖지 못했고, 이로 인해 이 사건 분만이 자연분만으로 이루어져 견갑난산과 이로 인한 신생아의 우측 상완신경총 손상이라는 결과가 발생하였음이 인정된다.

3. 손해배상범위 및 책임제한

가. 피고의 손해배상책임 범위: 40%

나. 제한 이유

(1) 원고 3이 자신의 둘째 아이가 견갑난산으로 사망하였음을 피고 병원에 적극적으로 고지하지 않은 점

(2) 현대의학의 수준으로도 태아의 견갑난산을 미리 예측하기는 매우 어려운 점

(3) 일단 견갑난산이 발생하면 약 25% 정도 태아 손상이 있고 그 중 가장 흔한 합병증은 상완신경총 손상인 점(손상의 약 2/3)

다. 손해배상책임의 범위

① 청구금액: 418,907,211원

② 인용금액: 155,183,500원

(1) 일실수입: 37,741,756원(94,354,391원의 40%)

(2) 치료비: 74,747,585원(29,899,034원의 40%)

    ① 기왕치료비: 6,456,929원

    ② 전기자극치료, 운동치료, 작업치료비: 64,744,152원

    ③ 정기검진비용: 236,129원

    ④ 근전도검사비용: 867,075원

    ⑤ 의료보조구비: 2,443,300원

(3) 개호비(만 17세까지): 198,856,774원(79,542,710원의 40%)

(4) 위자료

    ① 원고 1: 8,000,000원

    ② 원고 2: 2,000,000원

    ③ 원고 3: 2,000,000원

4. 사건 원인 분석

이 사건은 과거 둘째 아이가 거대아로 인한 견갑난산으로 사망한 적이 있는 임신부가 셋째 아이 출산 중에도 거대아 출산으로 인한 견갑난산이 발생한 사건으로 신생아가 우측 상완신경총 손상 및 이로 인한 후유장애에 이르게 된 사건이다. 이 사건에서 법원은 임신부의 과체중, 태아에 대한 거대아 진단, 임신성 당뇨가 의심되었던 결과 등을 고려하여 판단했다. 이에 대해 임신부가 100g 당부하 검사 결과 임신성 당뇨병이 아닌 것으로 진단되었으므로 의료인이 임신성 당뇨를 감안하여 문진하

지 않았다는 이유로 책임을 묻기에는 어려움이 있다는 자문의견이 있었다. 또한 판결문에 제시된 예상체중 결과에 따르면 제왕절개가 필요한 임산부의 적응증에는 해당되지 않는 것으로 보인다는 의견 또한 있었다. 이 사건과 관련된 문제점 및 원인을 분석해본 결과는 다음과 같다.

첫째, 피고는 원고 3(임신부)의 둘째 아이가 분만 과정에서 주산기 가사로 사망한 사실을 알게 되었음에도 둘째 아이가 거대아이였는지 여부와 사망 경위를 구체적으로 문진하지 않았다. 만약 견갑난산으로 인한 사망이었을 경우 견갑난산의 위험인자를 적극적으로 검토하여 이를 토대로 제왕절개술을 할 때의 이익과 위험성에 대해 사전에 논의하여야 함에도 위와 같은 의무를 소홀히 한 채 분만을 진행하였다.

둘째, 과거 둘째 아이가 거대아로 인한 견갑난산으로 사망한 적이 있는 원고 3(임신부)이 의사와의 문진 시 본인의 과거 출산력을 자세하게 고지하지 않았다. 그 이유는 자신의 출산력이 이후 분만에 미치는 영향에 대해 잘 인식하지 못하여 발생하였을 수 있으며, 이는 고위험임신부를 대상으로 시행되는 임신과 출산에 관한 교육이 미흡하기 때문으로 분석할 수 있다(〈표 1〉 참조).

〈표 1〉 원인분석

분석의 수준	질문	조사결과
왜 일어났는가? (사건이 일어났을 때의 과정 또는 활동)	전체 과정에서 그 단계는 무엇인가?	– 분만 전 문진 과정(과거 둘째 아이를 거대아로 인한 견갑난산으로 잃은 경험이 있는 임신부에 대한 충분한 문진이 이루어지 못하였고, 임신부 역시 본인의 출산력에 대한 충분한 고지를 하지 않음)
가장 근접한 요인은 무엇이었는가? (인적 요인, 시스템 요인)	어떤 인적 요인이 결과에 관련 있는가?	• 환자 측 – 분만에 큰 영향을 미칠 수 있는 과거력에 대해 적극적으로 고지하지 않음 • 의료인 측 – 고위험출산이 의심되었음에도 철저히 문진하지 않음
	시스템은 어떻게 결과에 영향을 끼쳤는가?	• 의료기관 내 – 고위험임신부를 대상으로 한 출산 관련 교육 미흡 • 법·제도 – 해당사항 없음

5. 재발 방지 대책

원인별 재발방지 대책은 〈그림 1〉과 같으며, 각 주체별 재발방지 대책은 아래와 같다.

〈그림 1〉 산부인과(산과) 질적01 원인별 재발방지 사항 제안

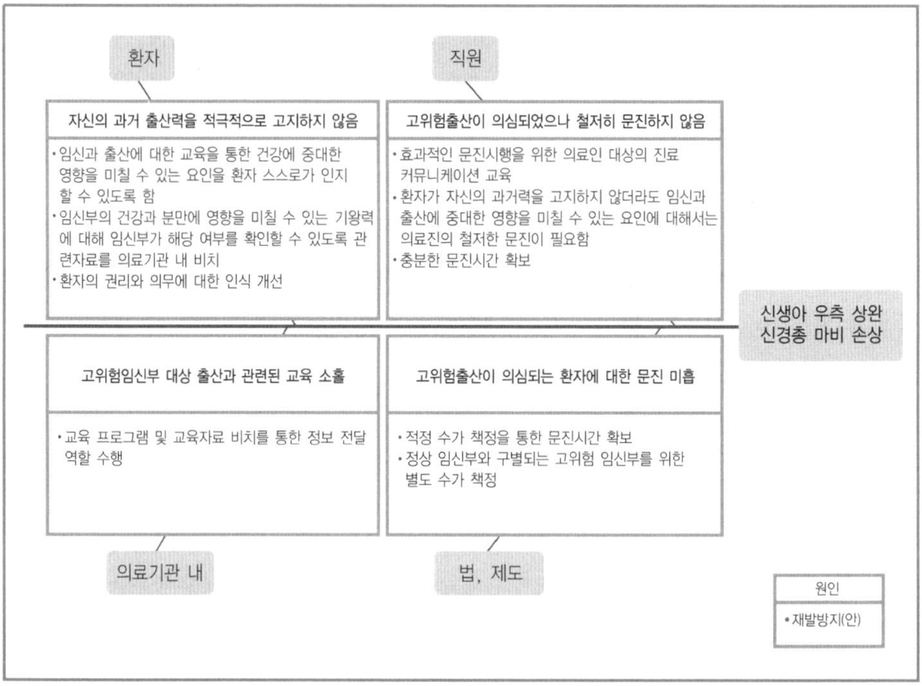

(1) 의료인의 행위에 대한 검토사항

의료인은 문진을 할 때 임신부가 비록 자신의 과거력이나 현 병력에 대해 정확히 알리지 않았다 하더라도 임신부의 현재 또는 이후의 건강상태에 중대한 영향을 미칠 수 있는 요인에 대해 좀 더 철저한 문진을 하는 것이 필요하다. 또한 출산 및 분만과 관련된 산전교육 등을 통해 환자가 적극적으로 자신의 건강상태에 대해 고지할 수 있도록 하여야 한다. 그리고 효과적인 문진을 위하여 의료인은 다양한 커뮤니케이션 기법을 활용할 필요가 있으며, 환자와의 신뢰관계 형성이 중요하다.

(2) 의료기관의 운영체제에 관한 검토사항

고위험 임신부를 대상으로 임신과 관련된 산부인과 이용에 대한 교육프로그램 운영을 고려해 볼 수 있다. 과거 임신 혹은 출산 중 합병증을 경험한 임신부의 경우 이를 고지할 필요성이 있음을 알려야 하며, 이후 분만 시 발생가능한 합병증 등에 대해 구체적인 정보를 제공해야 한다. 또한 임신부의 건강과 분만에 영향을 미칠 수 있는 기왕증을 임신부가 확인할 수 있도록 관련 자료를 의료기관 내에 비치해 두도록 한다.

(3) 국가·지방자치단체 차원의 검토사항

환자의 과거력에 대한 고지의 중요성을 알리는 환자 교육 프로그램 및 교육자료의 개발 및 배포를 고려해볼 수 있다. 또한 정상 임신부와 구별되는 고위험 임신부에 대한 의료에 별도의 수가를 책정하여 보다 포괄적이고 집중적인 관리가 이루어질 수 있도록 해야 한다.

┃참고자료┃ 사건과 관련된 의학적 소견[1]

1. 견갑난산

견갑난산이란 태아의 견갑이나 몸통이 임신부의 골반에 끼어 태아의 머리가 분만된 후 몸통이 분만될 때까지 60초 이상 지연(평균 24초 소요)된 경우를 말한다. 견갑난산의 위험인자로는 다산부, 과숙아, 거대아(정의가 통일되어 있지 않으며, 대체로 체중 4kg 또는 4.5kg 이상의 태아를 가리킨다), 비만임신부, 임신부 체중의 과다증가, 임신성 당뇨의 경우가 있다. 거대아가 아니라도 견갑난산이 발생할 수 있다(견갑난산으로 태어난 신생아의 절반은 4kg 이하). 견갑난산 재발률은 1−17%로 보고되고 있다(이전에 견갑난산을 경험한 임신부들이 제왕절개를 받은 경우는 제외). 견갑난산을 산전에 정확히 예측하고 진단하는 방법이 연구자에 따라 논란이 되고 있지만(예, 미국산부인과학회는 2000년에 대부분의 견갑난산은 예측할 수도 예방할 수도 없고, 초음파를 이용한 거대아 진단의 정확성은 제한적이며, 거대아가 의심된다고 해서 선택적 제왕절개술을 시행하는 것은 옳은 방법이 아니라고 하였다) 견갑난산의 중요 원인인 거대아의 경우 산전초음파의 발달로 정확히 예측할 수 있는 수준까지 도달하였다.

견갑난산에서의 분만방법은 우선 임신부의 밀어내는 힘과 함께 태아를 조심스럽게 잡아당기는 것이 필요하다. 우선 회음부위를 충분히 절개함으로써 후방에 공간을 만들어 주고, 태아의 머리를 잡아당기는 동안 한명의 조수가 치골상방을 압박하며, 필요한 경우 맥로버트 수기법을 시행한다. 이러한 방법들로 대부분의 견갑난산이 해결되지만 만약 실패했을 경우 우즈 나사 수기법, 전방쇄골이나 상완골의 고의적인 골절, 자바넬리(Zavanelli)방법 등을 사용할 수 있다. 견갑난산 중 약 25%에서 태아 손상이 있다고 알려져 있으며, 그 중 가장 흔한 합병증은 상완신경총 손상(손상의 약 2/3), 그 외에 쇄골골절(38%), 상완골절(17%), 저산소성 허혈성 뇌손상, 사망(연구에 따라 1000명 중 21명에서 290명) 등이 있다.

---

1) 해당 내용은 판결문에 수록된 내용임.

판례 2. 임신부의 임신성 당뇨 진단 후 질식분만으로 인한 신생아 장애 발생 사건_서울북부지방법원 2009. 8. 20. 선고 2007가합 11129 판결

1. 사건의 개요

임신부는 임신 14주 6일째 피고 병원에 내원하였다. 이후 수회 산전검사를 실시하였으나 태아에게 별다른 이상이 발견되지 않았다. 임신부의 경우는 당부하검사 결과 임신성당뇨병으로 진단되었다. 임신 37주 2일 임신부는 배가 아프고 피가 비치는 증상으로 내원하였다. 고혈압 및 임신중독증 대비하여 옥시토신(분만촉진제) 주사하면서 유도분만을 시도하였다. 자궁경부가 거의 완전히 개대된 상태에서 아두가 배출되었으나 견갑난산이 발생하였다. 이후 분만이 이루어졌으나 다른 의과대학 병원에서 진찰한 결과 신생아 우측 상완신경총 손상이 관찰되었다. 신생아 재활치료를 받았음에도 불구하고 현재 우측 상부 상지와 하부 상지가 모두 손상된 전상지 불완전 마비의 영구적인 후유장애 발생한 상태이다[서울북부지방법원 2009. 8. 20. 선고 2007가합11129 판결].

날짜	시간	사건 개요
		• 원고 3(임신부)은 2000. 11. 27. 체중 3.65kg의 남자아이를 출산한 경험이 있는 경산부 • 원고 1(태아)을 임신하여 다른 산부인과 병원에서 진찰을 받아 옴
2006. 09. 02.		• 임신부는 임신 14주 6일째로 이 사건 병원에 내원하여 진찰을 받게 됨 이후 수회 산전검사를 실시하였으나 태아에게 별다른 이상이 발견되지 않음
2006. 12. 02.		• 임신성당뇨 진단을 위한 50g 당부하검사 ＝혈당 158mg/dl(정상치 140mg/dl)으로 임신성 당뇨 의심
2006. 12. 07.		• 100g 당부하검사 시행 ＝혈당: 공복상태(94mg/dl), 1시간 후(229mg/dl), 2시간 후(198mg/dl), 3시간 후(110mg/dl)로 측정 ＝1시간 후 및 2시간 후의 혈당 측정치가 한계치 상회함. 검사 결과 중 2번 이상의 시간별 측정치가 시간별 한계치인 105－190－165－145mg/dl을 상회할 때 임신성당뇨병으로 진단함. • 진료기록부에 '임신성당뇨'로 기록

날짜	시간	사건 개요
2007. 02. 03.		• 임신 36주 6일 • 전문의가 실시한 태아 초음파검사 결과 태아 체중 3.28kg로 추정됨 • 소변검사 결과: 당이 검출되지 않음
2007. 02. 05		• 소변검사 결과: 당이 검출되지 않음
2007. 02. 06	18 : 40	• 임신 37주 2일 • 임신부 배가 아프고 피가 비치는 증상으로 내원 • 태아의 심장박동 등에 특별한 이상소견은 없었음 　= 당시 태아 초음파검사 결과 태아 예상체중 3.75kg로 측정 • 임신부: 혈압 152/101mmHg, 고혈압, 부종, 자궁경부 3cm 열린 상태 　에서 자궁경관 70% 정도 소실 　= 혈압약 투여하여 혈압 조절 • 진료기록부 및 간호기록지에 '임신성당뇨'로 기록되어 있음: 소변검사 　결과 당 검출
	19 : 30	• 고혈압 및 임신중독증 대비하여 옥시토신(분만촉진제) 주사하면서 유 　도분만 시도
	21 : 20	• 자궁경부가 거의 완전히 개대된 상태에서 이후 아두 배출 • 견갑난산 발생
	21 : 31	• 분만 　= 분만직후 체중 4.58kg, 신장 52cm, 두위 35.5cm, 흉위 37cm • 이후 A대학교 의과대학 병원에서 신생아 진찰 　= 신생아 우측 상완신경총 손상이 있는 것으로 진찰 　= 신생아 재활치료를 받았음에도 불구하고 현재 우측 상부 상지와 하부 　　상지가 모두 손상된 전상지 불완전 마비의 영구적인 후유장애 발생

2. 법원의 판단

가. 분만방법 선택에 있어 과실이 있는지 여부: 법원 인정.

(1) 원고 측 주장

피고 의사는 원고 3이 임신성당뇨라는 사실을 충분히 인지하고 있었다. 따라서 거대아 출산에 따른 견갑난산의 발생 가능성도 높다는 점에 주의하여 거대아 여부를 보다 세심하게 확인했어야 한다. 그럼에도 부실하게 행해진 초음파검사 결과만을 믿고 거대아라는 예상을 전혀 하지 못해 제왕절개술이 아닌 질식분만을 선택하였다.

(2) 의료인 측 주장

원고 3에게 임신성당뇨의 의심은 있었으나 임신성당뇨가 지속되었다고 볼 수 없었다. 또한 산전에 견갑난산을 예측하고 예방하는 것은 불가능하며 초음파 검사 결과 태아의 추정체중이 거대아에 해당하지 않았다. 그리고 아두골반불균형에 의한 난산도 없어 제왕절개술을 하여야 할 어떠한 사정도 없어 질식분만을 택하였다.

(3) 법원 판단

임신부가 경산부이거나 임신부에게 당뇨가 있는 경우 거대아 임신 가능성이 높다. 특히 당뇨가 있는 임신부의 경우 태아의 어깨와 몸통에 다량의 지방이 축적되어 견갑난산의 위험도가 증가한다. 원고 3(임신부)은 경산부로서 피고 병원에 최초 내원 시 문진을 받으며 자신의 부모들에게 모두 당뇨병이 있다는 사실을 피고에게 고지하였다. 또한 당부하검사에 의해 임신성 당뇨가 진단되었다. 이렇게 임신성당뇨 등으로 거대아의 출산가능성이 있음에도 초음파 검사 외 태아 크기 측정을 위한 자궁저부측정법, 골반계측 방법 등을 실시하지 않았다. 피고가 검진결과를 통하여 원고 3이 임신성당뇨라는 것을 알게 되었다면 이로 인한 거대아의 출산 가능성, 견갑난산의 위험성 등을 염두에 두고 정밀한 검사, 측정을 통하여 태아의 크기와 상태 등을 확인하고 이를 적극적으로 검토하고 그에 따른 분만방법을 선택하여야 할 것이다. 그럼에도 이를 게을리 하여 정확도가 낮은 초음파검사 결과만을 신뢰한 채 이 사건 분만에 있어 거대아 출산, 견갑난산의 위험성 등을 제대로 인식하지 못하고, 제왕절개술에 의한 분만 및 이에 대한 원고 3의 선택기회를 배제한 채 질식분만의 방법으로 분만을 시도한 과실이 있다. 분만일 당일까지의 산전검사결과에 의하더라도 별다른 증상이 발견되지 않았던 태아에게 분만 이후 우측 상완신경총 손상이 발생한 것이 다른 원인 때문이었음을 피고는 입증하지 못하였다. 따라서 피고의 위와 같은 의료상의 과실과 신생아의 우측 상완신경총 손상으로 인한 후유장애와의 인과관계가 추정된다고 할 것이다.

나. 분만과정에서 과실이 있었는지 여부: 법원 불인정

(1) 원고 측 주장

견갑난산이 발생한 상황에서도 태아를 만출시키는 과정에서 태아의 신경조직 등이 손상되지 않도록 최선의 조치를 취하여야 할 것임에도 그러한 조치를 취하지 아니한 채 기구 등으로 무리하게 태아를 견인하였다.

(2) 의료인 측 주장

견갑난산이 발생한 상황에서 최선의 조치를 취하여 신생아를 분만시켰다.

(3) 법원 판단

피고가 견갑난산이 발생한 상황에서 기구를 이용하여 태아를 견인하였다거나 무리하게 견인하였다는 점은 신체감정촉탁결과와 진료기록감정촉탁결과만으로는 이를 인정하기 부족하고, 달리 이를 인정할 증거가 없다.

3. 손해배상범위 및 책임제한

가. 의료인 측의 손해배상책임 범위: 30% 제한

나. 제한 이유

(1) 태아의 견갑난산을 정확히 예측하는 것은 불가능함

(2) 일반적으로 태아의 체중은 초음파를 통하여 측정하는데, 태아의 자세와 태위, 임신기간 등에 따라 오차가 발생할 가능성이 큼

(3) 일반적으로 견갑난산이 발생하면 가장 흔한 합병증으로 상완신경총 손상이 발생하고, 견갑난산이 발생하는 경우 그와 같은 상황이 장시간 지속되면 임신부와 태아 모두에게 치명적인 결과를 초래할 수 있으므로 신속하게 태아를 만출시키는 것이 중요한데 그 과정에서 태아에게 어느 정도의 손상은 불가피함

(4) 피고가 견갑난산에 처하여 신생아를 출산시키는데 있어서 적절한 조치를 취하지 못하여 신생아의 증상이 악화되었다고 볼 사정은 보이지 않음

(5) 임신부 스스로도 임신성당뇨임을 안 이후에 장기간 이 사건 병원에 내원하

지 아니하여 적극적으로 치료에 임하지 않음

다. 손해배상책임의 범위

① 청구금액: 152,405,942원
② 인용금액: 31,779,709원

(1) 일실수입: 20,995,953원(69,986,510원의 30%)
(2) 기왕치료비: 783,756원(2,612,520원의 30%)
(3) 위자료: 10,000,000원

4. 사건 원인 분석

이 사건은 임신성당뇨를 진단받은 경산부인 임신부가 거대아를 출산하던 중 신생아에게 견갑난산이 발생하여 신생아가 우측 상완신경총 손상 및 이로 인한 후유장애에 이르게 된 사건이다. 본 사건과 관련된 문제점 및 원인을 분석해본 결과는 다음과 같다.

첫째, 임신부의 임신성당뇨에 대한 적절한 처치가 이루어지지 않았다. 경산부인임신부는 피고 병원에 최초 내원 시 당뇨병에 대한 가족력을 고지하였을 뿐만 아니라, 두 차례에 걸친 당부하검사에서도 임신성 당뇨가 진단된 바 있다. 그럼에도 불구하고 별다른 치료 또는 경과관찰이 이루어지지 않은 것으로 보인다. 환자 측에서 임신성 당뇨 치료에 적극 임하지 않은 것 또한 사고의 원인으로 볼 수 있다.

둘째, 의사는 분만 방법에 대해 충분한 설명을 하지 않았다. 임신부가 당뇨병에 대한 가족력을 가지고 있었을 뿐만 아니라 임신성당뇨를 앓고 있었으므로, 피고는 임신부에게 거대아 출산 및 견갑난산이 발생할 가능성이 있음을 알리고 분만 방법을 선택할 수 있도록 하였어야 한다(〈표 2〉 참조).

〈표 2〉 근본원인분석

분석의 수준	질문	조사결과
왜 일어났는가? (사건이 일어났을 때의 과정 또는 활동)	전체 과정에서 그 단계는 무엇인가?	− 산전검사 단계(임신성 당뇨 진단에도 불구하고 적절한 처치와 경과관찰이 이루어지지 않음) − 설명단계(충분한 설명을 통해 분만 방법 결정이 이루어지지 않음)
가장 근접한 요인은 무엇이었는가? (인적 요인, 시스템 요인)	어떤 인적 요인이 결과에 관련 있는가?	• 환자측 − 임신성당뇨 진단 후에도 장기간 이 사건 병원에 내원하지 않은 채 적극적으로 치료에 임하지 않았음 • 의료인 측 − 임신성당뇨 진단 후 임신부에 대한 적절한 치료를 수행하지 않음(의료진의 임싱성당뇨 임신부 처치에 대한 이해 부족) − 거대아 출산의 위험도가 높은 임신부였음에도 불구하고 필요한 검사를 하지 않음 − 분만 방법에 대한 충분한 설명을 시행하지 않음
	시스템은 어떻게 결과에 영향을 끼쳤는가?	• 의료기관내 − 임신성당뇨 진단을 받은 환자에 대한 충분한 경과관찰 및 추적이 이루어지지 못함 • 법·제도 − 해당사항 없음

5. 재발 방지 대책

원인별 재발방지 대책은 〈그림 2〉와 같으며, 각 주체별 재발방지 대책은 아래와 같다.

〈그림 2〉 산부인과(산과) 질적02 원인별 재발방지 사항 제안

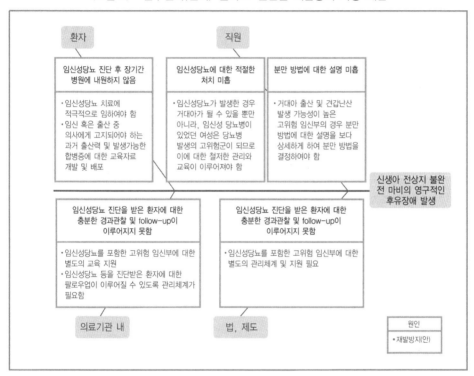

(1) 환자 측 요인에 대한 검토사항

임신성당뇨가 발생한 경우 태아에게 좋지 않은 영향을 끼쳐 거대아가 되거나 신생아 저혈당, 신생아 황달, 호흡 곤란증 등이 나타날 수 있으며, 임신성 당뇨병이 있었던 여성은 당뇨병 발생의 고위험군이 되므로 이에 대한 철저한 관리가 필요하다. 이를 위해 임신부가 적극적으로 치료에 임할 수 있도록 고위험 환자 교육체계 수립이 필요하다.

(2) 의료인의 행위에 대한 검토사항

분만 전까지 견갑난산의 발생가능성을 정확히 진단하기 어려울 뿐 아니라 분만 시 예상치 못한 여러 문제가 발생할 수 있으므로 임신부에게 분만 방법에 대한 충분한 설명을 하고 임신부가 분만 방법을 선택할 수 있도록 하는 것이 필요하다. 임신성 당뇨가 발생한 경우 태아가 거대아가 될 수 있을 뿐만 아니라, 임신성 당뇨병이 있었던 여성은 당뇨병 발생의 고위험군이 되므로 이에 대한 철저한 관리와 임신부교육을 행하여야 한다.

(3) 의료기관의 운영체제에 관한 검토사항

임신성당뇨를 진단받은 환자에 대한 정기적 관찰이 이루어질 수 있도록 별도의 환자 관리체계를 마련하는 것이 필요하다.

(4) 학회·직능단체 차원의 검토사항

임신 혹은 출산 중 합병증을 경험했던 적이 있는 경산부는 과거 출산력에 대해 의료진에게 적극적으로 고지해야 한다는 내용을 담은 교육 자료를 개발하고 배포하는 것을 고려해볼 수 있다.

(5) 국가·지방자치단체 차원의 검토사항

학회나 직능단체가 위와 같은 교육 자료를 개발하고 배포하도록 지원하는 것을 고려해 볼 수 있다.

┃참고자료┃   사건과 관련된 의학적 소견2)

1. 견갑난산

견갑난산이란 태아의 견갑이나 몸통이 임신부의 골반에 끼어 태아의 머리가 분만된 후 몸통이 분만될 때까지 60초 이상 지연(평균은 24초임)된 경우를 말한다. 그 발생빈도는 대략 0.6~1.4%이다. 다양한 요인들이 견갑난산의 발생에 영향을 줄 수 있다. 비만, 다산, 당뇨병 등의 모체측 요인은 태아 체중을 증가시켜 견갑난산을 유발할 수 있고, 분만 1기와 분만 2기에서 지연이 있거나 겸자분만을 시행할 경우 견갑난산의 위험이 증가할 수 있다. 견갑난산에서의 분만은 우선 임신부의 밀어내는 힘과 함께 태아를 조심스럽게 잡아당기는 것이 필요하다. 우선 회음부위를 충분히 절개함으로써 후방에 공간을 만들어 주고, 태아의 머리를 잡아당기는 동안 한명의 조수가 치골상방을 압박하며, 필요한 경우 맥로버트 수기법을 시행한다. 이러한 방법들로 대부분의 견갑난산이 해결되지만 만약 실패했을 경우 우즈 나사 수기법, 전방쇄골이나 상완골의 고의적인 골절, 자바넬리(Zavanelli)방법 등을 사용할 수 있다.

---

2) 해당 내용은 판결문에 수록된 내용임.

판례 3. Rh(-) 임신부에 대한 검사 미흡 이후 신생아 Rh부적합증 발생_ 서울서부지방법원 2009. 7. 17. 선고 2007가합12029 판결

1. 사건의 개요

임신부가 피고 병원에 첫 방문하여 검진을 받을 때 의사는 임신부의 혈액을 채취하여 검사 의뢰하고 임신부의 혈액형이 Rh(−)라는 결과를 받았다. 하지만 이후 이 때문에 임신부나 태아에 대해 특별히 검사는 시행하지 않았다. 몇 달 후 정기검진을 위하여 내원한 임신부를 진료한 다음 태아의 상태가 위험하다며 A병원으로 전원하였다. A병원에서는 즉시 분만해야 하나 태아의 상태를 고려하여 특수 인큐베이터가 준비되어 있는 병원에서 분만을 해야 한다는 이유로 B의료원으로 후송하였다. B의료원에서는 즉시 제왕절개 수술하여 신생아를 출산하였다. 신생아는 청색증 등 여러 이상을 보였는데 B의료원은 태아수종증으로 진단하고 신생아 중환자실에서 치료를 하였다. 현재 특별한 병적 증상은 나타나지 않았으며, 더 이상의 치료는 필요하지 않은 상태이다. 수명단축이나 노동능력 상실 등도 발생하지 않았다[서울서부지방법원 2009. 7. 17. 선고 2007가합12029 판결].

날짜	시간	사건 개요
		• 원고(임신부): 원고(신생아)를 임신한 후 피고로부터 정기적인 검진을 받음
		• 피고: 임신부 담당 의사
2007. 2. 24.		• 원고(임신부)는 피고 병원에 첫 방문 함
		= 피고로부터 임신부 자신 및 태아의 건강상태에 대한 검진을 받음
		= 피고는 임신부의 혈액을 채취하여 검사 의뢰함
2007. 3. 6.		• 검사 결과: 임신부의 알에이치타입(Rh typing) 혈액형이 Rh(−)라는 결과를 받음
2007. 9. 27.		• 임신부 및 태아를 검진함
		= 1주일 후 태아의 상태를 확인하고 출산여부에 관하여 결정하자고 말하였을 뿐, 임신부와 태아는 모두 건강하다고 함
2007. 10. 5.	11 : 00	• 임신부 정기검진을 위하여 내원함
	12 : 50	• 임신부를 진료함
		= 태아의 상태가 위험하다며 A병원으로 전원 함
	13 : 30	• A 병원에 도착하여 검진 받음

날짜	시간	사건 개요
2007. 10. 5.	16 : 20	• 검진 결과 태아의 건강상태가 위험하여 즉시 분만해야 하나 태아의 상태를 고려하여 특수 인큐베이터가 준비되어 있는 병원에서 분만을 해야 한다는 이유로 B의료원으로 후송
	17 : 00	• B의료원에 도착함 • 검진을 받은 후 즉시 제왕절개 수술 함
	17 : 05	• 원고(신생아)를 출산함 • 신생아의 상태 　= 출생 직후부터 비효율적 호흡양상을 보임 　= 청색증이 심함, 안색이 창백하고 전신에 부종 　= 용혈현상으로 인한 빈혈 및 황달 증상 　= 심장·간·비장의 비대증상 　= 태변 흡인에 따른 호흡곤란 등의 증상을 보임 • B의료원은 신생아를 태아수종증으로 진단 함 • 출산 직후 신생아에 대하여 심폐소생술 실시한 후 기관 삽관에 의한 인공호흡을 시행
2007. 10. 5~ 2007. 11. 6.		• 원고(신생아)를 신생아 중환자실에서 보호함 • 심장 및 복부 초음파검사, 뇌부분에 대한 MRI 및 뇌파검사 등을 시행함 • 용혈현상으로 인한 빈혈 및 황달 증상에 대하여는 6회에 걸친 교환수혈 시행함 • 태변 흡인에 따른 호흡곤란 등의 증상에 대하여는 호흡계 감염에 대한 치료를 실시
현재		• 특별한 병적 증상은 나타나지 않았으며, 더 이상의 치료는 필요하지 않음 수명단축이나 노동능력 상실 등은 발생하지 않았음

2. 법원의 판단

가. 의사의 진단에 과실이 있는지 여부: 법원 인정

(1) 원고 측 주장

의사가 원고의 혈액형이 Rh(−)임을 확인하고도 항체가를 측정하지 않고 양수 천자나 경피적 제대혈 채혈 등을 통하여 태아의 건강상태를 확인하지도 않은 과실이 있다.

(2) 의료인 측 주장

원고에 대한 항체가 측정이나 태아에 대한 양수천자 등의 검사는 Rh(−)인 임신부가 두 번째로 임신하였거나 수혈이나 유산 등의 경험이 있는 경우에 실시하는 것이므로 그러한 경험이 없다고 주장하는 원고에게 위 검사를 실시해야 한다고 볼 수 없다.

(3) 법원판단

원고의 혈액형이 Rh(−)임을 확인한 피고는 적어도 원고에 대한 항체가 측정을 실시함으로써 태아의 Rh부적합증 발병가능성을 확인하고 그 경과를 주시해야 할 진단상의 주의의무가 있다. 태아에 대한 양수천자 등을 실시하지 않더라도 원고에 대한 항체가 측정을 통하여 Rh부적합증의 발병가능성을 예상해볼 수 있고 원고에 대한 항체가 측정이 당시 임상의학 분야에서 실천되고 있는 의료행위의 수준에 비추어 기대하기 어려운 진단방법이라고 할 수 없기 때문이다. 의사의 주장대로 원고가 수혈, 임신 등의 경험이 없다고 말해서 별도의 검사를 실시하지 않았어도 의사에게 위 의무를 면한다고 할 수는 없다. Rh부적합증이 첫 임신의 경우에 발생할 확률이 낮기는 하지만 그 가능성이 전혀 없지 않고 Rh(−)인 임신부에게 감작이 일어나는 요인이 다양한 이상 의사는 임신부의 진술에만 의존하여 검사의 실시 여부를 판단하여서는 안 되기 때문이다. 따라서 의사에게는 원고에 대한 항체가 측정 등을 게을리 하여 태아의 Rh부적합증을 미리 진단하지 못한 과실이 있다. Rh부적합증에 걸린 태아는 사망까지도 이를 수 있어 그 증상이 결코 가볍다고 할 수 없다.

나. Rh부적합증 예방에 있어 과실이 있는지 여부: 법원 인정

(1) 원고 측 주장

일반적으로 Rh부적합증의 예방을 위하여 Rh(−)인 임신부에게 실시되는 로감투여를 본 사건의 원고에게 하지 않은 과실이 의사에게 있다.

(2) 의료인 측 주장

원고는 출산, 임신 중 복부 외상, 양수천자, 융모막 생검 또는 임신중절 등의 경험이 전혀 없어 로감투여의 대상이 된다고 할 수 없다. 원고가 Rh(-)이지만 감작의 요인이 없는 초산부일 경우 임신 28주경 로감을 투여하여야 하는지 여부에 관해서는 의사들 간에도 의견이 엇갈려 피고 의사가 이 중 어느 한 견해에 따라서 원고에게 로감을 투여하지 않았다고 하여 이를 두고 과실이라고 할 수는 없다.

(3) 법원 판단

피고 의사에게는 임신 28주경에 임신부에게 로감을 투여함으로써 Rh부적합증이 태아에게 발병할 가능성을 낮추어야 할 주의의무가 있다. 그럼에도 의사는 임신 28주경 로감을 원고에게 투여하지 않아 태아의 Rh부적합증 발병 가능성을 낮추기 위한 적절한 조치를 이행하지 않은 과실이 인정된다. ① Rh(-)인 임신부에게 임신 28주경 로감을 투여하는 것이 일반적으로 권고되고 있다. ② 로감의 투여여부는 임신부에게 감작의 요인이 있는지 여부나 임신부가 처음으로 임신한 것인지 여부와는 관계가 없다. ③ Rh(-)인 임신부가 출산, 자궁 외 임신의 출산, 임신 중 복부 외상, 양수천자, 융모막 생검 또는 임신중절했을 때 48시간 이내에 임신부의 근육에 로감을 투여하는 것은 임신 28주경의 로감 투여와는 별개로 이루어지는 것이다. 감작요인 발생 후 48시간 내의 로감 투여는 감작의 요인이 발생한 경우 감작의 가능성을 낮추는 데 그 목적이 있음에 반하여 임신 28주경 로감 투여는 일반적으로 감작의 위험을 줄이는 데 그 목적이 있는 것으로 서로 상호보완적이다. ④ 감작의 요인이 없는 임신부에게 위와 같이 로감을 투여하면 태아의 Rh부적합증 발생가능성은 1~5%에서 0.1% 미만으로 낮아진다.

다. 의사의 설명의무 위반 여부: 법원 인정

(1) 원고 측 주장

원고의 혈액형이 Rh(-)임을 알고도 의사는 수혈, 유산 등의 과거력에 관하여 원고에게 문진조차 하지 않고, Rh부적합증의 위험성이나 치료방법에 관하여도 전혀 설명해 주지 않은 과실이 있다.

(2) 의료인 측 주장

의사는 원고에게 수혈, 유산 등의 경험이 있는지 여부에 관하여 문진하였고 원고로부터 그러한 과거력이 없으며 이번이 첫 번째 임신이라는 답변을 들었다. 또한 원고에게 Rh부적합증의 위험성 내지 치료방법에 관해 설명을 하였다.

(3) 법원 판단

의사가 진료기록부 앞면 및 2007. 3. 31.자 진료기록부분에 'Rh(−)'라고 기재해 놓은 사실은 인정되나 위 인정사실만으로 의사가 원고에게 수혈, 출산, 유산 등 감작 요인이 있었는지 여부에 관하여 문진하고 Rh 부적합증의 증상, 위험성, 그 예방을 위하여 가능한 조치 등에 관하여 설명해 주었다는 사실을 인정하기에 부족하고, 이를 인정할 다른 증거가 없어 설명의무를 다하지 않은 과실이 인정된다.

라. 의사의 위 과실들과 원고 및 신생아에게 발생한 결과 사이의 인과관계 존부에 대한 판단: 법원 부분 인정

(1) 법원 판단

의사가 설명의무를 지키지 않고 임신 28주경 원고에게 로감을 투여하지 않은 과실과 태아의 상태가 위급한 상황에서 원고가 제왕절개수술로 신생아를 출산하고 신생아가 태아수종증 등으로 치료받게 된 결과 사이에는 상당인과관계가 없다. ① 감작의 요인이 없는 Rh(−)의 임신부에게 임신 28주경 로감을 투여하면 태아의 Rh부적합증 발생가능성이 1~5%에서 0.1% 미만으로 낮아지는 것은 사실이나 이 사건 결과에 다른 원인이 존재하지 않는다고 단정하기 어렵다. ② 임신 28주경 로감투여에 의하여 태아의 Rh부적합증 발생가능성이 낮아지기는 하나 발병가능성이 전혀 없어지는 것은 아니다. ③ 감작의 계기가 다양하여 원고가 신생아를 임신하기 이전에 이미 감작되었을 가능성도 완전히 배제할 수는 없다. ④ 의사가 원고에게 Rh부적합증의 증상, 위험성, 가능한 조치 등에 관한 설명을 하고 임신 28주경 임신부에게 로감을 투여하였더라면 이 사건 결과가 발생하는 것을 막을 수 있었다는 고도의 개연성이 있다고 단정할 수 없다.

반면 의사가 태아의 Rh부적합증 발병가능성에 대한 진단과 조치를 소홀히 한 과실과 이 사건 결과 사이의 인과관계에 대해서는 인정한다. 의사가 원고의 혈액형이 Rh(−)임을 확인하고서 임신 12~16주, 28~32주, 36주에 각각 임신부의 항체가를 측정하여 보았더라면 원고에게 이미 항체가 형성되어 있다거나 항체가가 급상승한다는 등의 징후를 확인할 수 있었을 것이다. 즉 원고의 IgG 항체가를 임신 12~16주,

28~32주, 36주에 각 측정하여 측정결과 임신 초기에 이미 항체가 있거나 항체가가 급상승하는 경우 또는 항체가가 1:64 이상임이 확인되면 용혈 질환의 발생가능성을 염두에 두고 실시간 초음파 검사로 태아의 상태를 확인할 수 있었다. 그리고 검사결과 폐의 미성숙이 있는 태아에게 수종증이 나타나거나 적혈구 용적률이 30% 미만임이 확인되면 태아의 배꼽정맥으로 농축적혈구를 주입하는 방법으로 Rh부적합증을 치료할 수 있는 사실을 인정할 수 있다.

3. 손해배상범위 및 책임제한

가. 의료인 측의 손해배상책임 범위: 60% 제한

나. 제한 이유

(1) 초산부의 태아에게 Rh부적합증이 발생할 가능성은 1~5%에 불과하여 의사가 초산부인 원고의 태아에게 Rh부적합증이 발생하리라고 예상하기 어려운 점.

(2) 원고에게 이미 감작의 계기가 있었을 수 있는 점 등 이 사건 결과의 발생에 다른 원인이 개재되었을 가능성을 완전히 배제할 수는 없는 점.

(3) 이 사건 변론종결일 현재 신생아에게 별다른 후유증이 나타나고 있지 않는 점.

다. 손해배상책임의 범위

① 청구금액: 47,936,660원
② 인용금액: 22,761,996원
(1) 치료비: 총 4,761,996원
 － 임신부에 대한 치료비: 1,427,202원(2,378,670원의 60%)
 － 신생아에 대한 치료비: 3,334,794원(5,557,990원의 60%)
(2) 위자료: 18,000,000원

4. 사건 원인 분석

이 사건은 임신부가 임신 중 정기 혈액검사에서 'Rh(-)' 타입이라 진단받았으나 의사가 추가적으로 필요한 항체가 측정을 실시하지 않았으며 임신부에게 임신 28주경 로감을 투여하지 않은 등 태아의 Rh부적합증 발병가능성에 대한 예방을 소홀히 한 경우이다. 응급제왕절개로 출생한 태아는 출생 직후 약 한 달간 호흡곤란 및 용혈증상으로 신생아 중환자실에서 집중치료를 받게 되었다. 이 사건과 관련된 문제점 및 원인을 분석해본 결과는 다음과 같다.

첫째, 의사는 임신부 항체 역가 측정이나 태아에 대한 양수천자 등의 검사는 Rh(-)인 임신부가 두 번째로 임신하였거나 수혈이나 유산 등의 경험이 있는 경우에 실시하는 것이므로 본 사건의 임신부에게 위 검사를 실시할 필요가 없다 주장하였다. 그러나 임신부가 수혈, 임신 등의 경험이 없다고 의사에게 진술하였더라도 의사는 항체가 측정을 실시함으로써 태아의 Rh부적합증 발병가능성을 확인하고 그 경과를 주시하여야 했다. 임신부가 문진 시 과거 출산이나 유산의 경험을 말하지 않더라도 항체가 검사를 통해 감작여부를 확인할 수 있으며 이는 일반적으로 임신초기에 이루어지는 산전검사 표준 진료지침에 포함되어 있어 과잉진료가 아니라는 자문의견이 있었다.

둘째, 임신부의 혈액형이 Rh(-)임을 확인한 의사는 태아에게 Rh부적합증이 발병할 가능성을 염두에 두고 임신부에게 수혈, 출산, 유산의 경험이 있는지 여부를 문진하고 Rh부적합증의 증상 및 이로 인하여 태아가 입을 수 있는 생명·신체상의 위험, 로감투여 등 Rh부적합증의 발병가능성을 낮출 수 있는 조치 등을 설명함으로써 임신부가 조치를 받을 것인지 선택하게 해줄 의무가 있다. 피고 의사의 경우 진료기록부 앞면 및 진료기록부분에 'Rh(-)'라고 기재해 놓은 사실은 있으나 임신부에게 수혈, 출산, 유산 등 감작요인이 있었는지 여부에 관하여 문진하고 Rh부적합증의 증상, 위험성, 그 예방을 위하여 가능한 조치 등에 관하여 설명해 주었다는 증거가 없어 설명의무를 다하지 않은 과실이 인정되었다. 진료기록부분에 Rh(-)라고 기재하고 임신부에게 항체가 검사를 하지 않은 것으로 보아 담당의가 이를 잊었을 가능성도 있다는 자문위원의 의견이 있었다(〈표 3〉 참조).

〈표 3〉 원인분석

분석의 수준	질문	조사결과
왜 일어났는가? (사건이 일어났을 때의 과정 또는 활동)	전체 과정에서 그 단계는 무엇인가?	− 산전 진단 단계(정기 혈액검사에서 'Rh(−)'타입이라 진단받았으나 피고는 원고(임신부)에 대해 추가적으로 필요한 항체가 측정을 실시하지 않음)
가장 근접한 요인은 무엇이었는가? (인적 요인, 시스템 요인)	어떤 인적 요인이 결과에 관련 있는가?	• 환자 측 − 해당사항 없음 • 의료인 측 − 표준 진료지침서를 따르지 않음(Rh(−) 임신부에게 항체가 검사를 시행하지 않음)
	시스템은 어떻게 결과에 영향을 끼쳤는가?	• 의료기관 내 − 해당사항 없음 • 법·제도 − 해당사항 없음

5. 재발 방지 대책

원인별 재발방지 대책은 〈그림 3〉과 같으며, 각 주체별 재발방지 대책은 아래와 같다.

〈그림 3〉 산부인과(산과) 질적03 원인별 재발방지 사항 제안

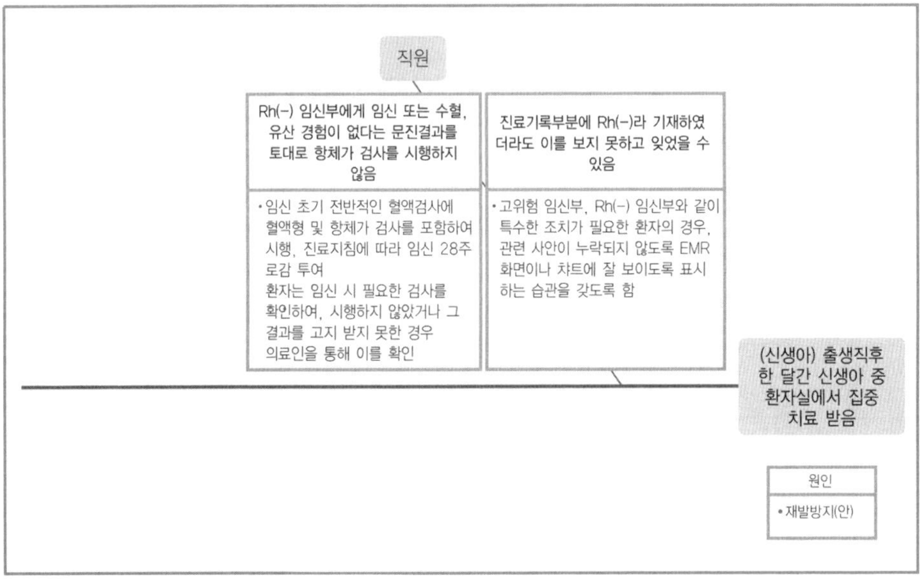

(1) 임신부 측 요인에 대한 검토사항

임신 시 본인에게 발생 가능한 위험에 대해 사전에 인지하고 있어야 한다. 특히 필요한 검사를 확인하여 시행받지 않았거나 그 결과를 고지 받지 못한 경우 이에 대해 의료인에게 묻는 등 본인의 건강에 대한 관심이 필요하다.

(2) 의료인의 행위에 대한 검토사항

의료진은 임신 초기 전반적인 혈액검사에 혈액형 및 항체가 검사를 포함하여 시행해야 하며, 임신 28주 로감 투여에 대한표준 진료지침을 준수해야 한다. 고위험 임신부, Rh(−) 임신부와 같은 특수한 조치가 필요한 경우에는 이 점을 쉽게 확인할 수 있도록 EMR화면이나 챠트에 표시하는 습관을 갖도록 해야 할 것이다.

┃참고자료┃ 사건과 관련된 의학적 소견3)

1. 신생아 용혈질환 중 Rh부적합증(Rh incompatibility)의 발생원인

자연유산, 인공유산, 출산 등에 의하여 Rh(＋)인 태아의 혈액(1㎖ 이상)이 Rh(－)인 임신부에게 들어가면 임신부는 태아의 적혈구를 외부자(non－self)로 인식하여 Rh(＋)항체를 형성한다. 일단 면역화(immunization)가 일어나면 소량의 항원도 항체 반응을 일으킬 수 있다. 초기의 항체는 19S항체로 구성되어 있지만, 나중에 7S항체로 대치되어 태반을 통과하여, Rh(＋)항체가 태아의 적혈구에 부착되고 이들 적혈구는 세망내피계통에서 파괴되어 용혈 질환(태아에게 발생하는 빈혈증상으로서 심폐 장애 현상이나 핵황달과 같은 생명에 위험을 초래하는 합병증이 발생할 수 있다)이 나타나게 된다.

용혈질환은 첫 임신 때에는 드물게 일어나는데, 태아에서 임신부로의 수혈이 출산에 임박하여 일어나므로 감작(sensitization; 생체가 항원에 민감하게 반응하는 것)되어 형성된 항체가 태아로 전해지기에는 너무 늦기 때문이다. 게다가 태아에서 모체로의 수혈이 일어나는 경우는 전체 임신의 약 50%정도이고, 어떤 Rh(－)인 임신부는 항원의 자극이 많음에도 항체가 낮게 나타나기도 하여 Rh(－)인 임신부가 처음으로 포태한 Rh(＋)인 태아들 중 약 1~5%만이 용혈 질환을 보인다. 다만, 출산을 통하여 감작이 일어날 확률이 증가하므로 Rh부적합증의 발생빈도는 임신횟수가 거듭될수록 증가한다.

2. Rh부적합증

그 증상으로 태아의 빈혈이 심해져서 창백해지고, 심부전(심비대, 호흡 곤란), 심한 전신 부종 및 순환 허탈(circulatory collapse)이 일어난다. 수액이 태아의 두 구획 이상(피부, 흉막, 심막, 태반, 복막, 양수)에 지나치게 축적되는 질환인 태아수종증(hydrops fetalis; 태아의 전신 부종)이 발생하면 태아는 자궁 내에서 또는 출생 직후에 빈번히 사망한다.

진단으로 우선 임신부의 혈액형을 검사하여 그 혈액형이 Rh(－)인 것으로 나타나면 임신부의 IgG 항체가를 임신 12~16주, 28~32주, 36주에 각 측정하고, 위 측정결과 임신 초기에 이미 항체가 있다거나 항체가가 급상승하는 경우 또는 항체가가 1:64 이상임이 확인되면 용혈질환의 발생 가능성을 염두에 두고 실시간 초음파 검사로 태아의 상태를 확인한다. 초음파 검사에 의하여 용혈(간·비장의 비대증상), 태아수종증 또는 태아 고통(fetal distress)의 증상이

---

3) 해당 내용은 판결문에 수록된 내용임.

확인되면, 양수천자나 경피적 제대혈 채혈(percutaneous umbilical blood sampling)을 실시하여 태아의 상태를 정밀 진단한다. 양수천자란 양수에 의하여 태아의 빌리루빈을 측정하고 그 측정치를 통해 태아 빈혈의 정도 및 태아의 자궁 내 사망 가능성을 확인하는 방법이며 경피적 제대혈 채혈은 태아의 혈액을 직접 채취하고 이를 분석하여 태아의 유전학적 이상을 진단하는 방법으로서 양수천자나 초음파 검사가 여의치 않을 경우에 활용된다.

위와 같은 검사결과 폐의 미성숙이 있는 태아에게 수종증이 나타나거나 적혈구 용적률이 30% 미만임이 확인되면 태아의 배꼽정맥으로 농축적혈구를 주입하게 되는데, 이를 통하여 중증의 태아 생존률이 크게 개선된다.

제3장

부적절한 처치 또는 처치 지연 관련 판례

부적절한 처치 또는 처치 지연 관련 판례

판례 4. 무리한 흡입분만 및 분만 후 응급조치 미흡으로 인한 신생아 사망 사건_서울고등법원 2008. 1. 17. 선고 2007나22820

1. 사건의 개요

임신부는 피고(의사)의 유도분만 권고에 따라 임신 39주 3일에 피고의 병원에 입원하였다. 피고는 임신부에게 옥시토신 투여하여 유도분만을 시작하였다. 분만실로 옮긴 다음에는 간호조무사들로 하여금 원고의 배를 계속 압박하게 하면서 흡입분만을 여러 번 시도하였으나 진행이 잘 안되었다. 그 사이 피고는 외래환자를 진료하기도 하면서 흡입분만을 여러 번 시행하였다. 분만 직후 신생아는 파랗게 질려 울지 않았고, 중간 정도의 태변이 착색된 양수가 있었다. 피고는 신생아의 구강 및 인후의 분비물을 흡인하고 임신부에게 사용하던 성인용 산소마스크를 착용시키거나 구강 대 구강으로 인공호흡을 하며 심장마사지를 하는 등 심폐소생술을 시행하였다. 하지만 신생아의 상태가 호전되지 않아 다른 병원으로 전원시켰으나 응급실 도착 전 신생아는 사망하였다[의정부지방법원 2007. 1. 10. 선고 2005가합7822 판결, 서울고등법원 2008. 1. 17. 선고 2007나22820].

날짜	시간	사건 개요
		피고: 산부인과 운영하는 자
		원고 1(임신부): 초산부, 신생아의 어머니 원고2: 신생아의 아버지
2003. 10. 14		• 원고 1(임신부) 피고 병원에 처음 내원
2004. 01. 26		• 임신 6주 4일 진단
		• 정기적인 산전진찰: 임신부·태아 건강상태 모두 양호
2004. 09. 01		• 초음파 검사 결과: 태아 3.5~3.8kg 예상
		• 출산예정일(2004. 9. 19.)까지 기다리면 태아가 너무 커져서 자연분만이 어려울 것이라고 피고는 원고에게 유도분만 권고함
2004. 09. 12.	22 : 00	• 임신 39주 3일
		• 원고 1(임신부) 피고의 병원에 입원
		• 피고는 원고들로부터 유도분만에 앞서 초음파 검사를 통하여 태아 크기를 측정해 줄 것을 요구받았으나 거절함
		• 피고는 원고들에게 2004. 09. 13. 16 : 00-17 : 00경까지 유도분만 시도하고 진행이 잘 안되면 제왕절개술을 하자고 제안하여 동의 받음
2004. 09. 13.	07 : 00	• 원고 1(임신부)에게 옥시토신 투여하여 유도분만 시작
	10 : 00	• 진통 시작
		• 유도분만 진행하던 중 태아 심박동수는 정상
	17 : 30	• 태아의 심박동수: 분당 136회
		• 자궁경관이 9cm로 개대
		• 태아하강도: +1
	18 : 00	• 피고는 원고 1(임신부)의 자궁입구가 다 벌어지고 태아의 머리가 보여 분만실로 옮긴 다음 피고 병원의 간호조무사들로 하여금 원고의 배를 계속 압박하게 하면서 흡입분만을 여러 번 시도하였으나 진행이 잘 안됨
	18:15	• 태아 심박동수 정상
	18:30	• 피고는 임신부도 쉬면서 체력을 회복해야 한다고 생각하여 18:30경 외래환자를 진료를 하러 감
		• 당시 태아하강도 +2, 태아 심박동수 분당 143회
	18 : 45	• 태아 심박동수 정상
	19 : 00	• 피고는 다시 분만실로 들어가 분만을 진행함
		• 당시 태아하강도는 +2로 18:30경과 동일
	19 : 05	• 태아의 심박동수가 분당 80회로 떨어졌다 회복되는 것이 몇 번 반복되어 원고 1(임신부)에게 빨리 힘을 주어서 애를 낳아야 된다고 하면서 흡입분만을 여러 번 시행
2004. 09. 13.	19 : 00	• 심박동수 분당 153회

날짜	시간	사건 개요
2004. 09. 13.	19 : 15	• 심박동수 분당 137회
	19 : 23	• 신생아 분만: 체중 4.138kg, 머리 둘레 37cm • 분만 직후 신생아는 파랗게 질려 울지 않았고, 중간 정도의 태변이 착색된 양수가 있었음, 심박동수가 분당 100회 이하로 측정, 아프가 점수가 1분에 1점, 5분에 3점
		• 피고는 신생아의 구강 및 인후의 분비물을 흡인하고 원고 1(임신부)에게 사용하던 성인용 산소마스크를 착용시키거나 구강 대 구강으로 인공호흡을 하며 심장마사지를 하는 등 심폐소생술을 시행 • 신생아의 상태가 호전되지 않아 119 구급대에 연락
	19 : 30	• 타병원 전원조치
	19 : 38	• 타병원 응급실 도착
	19 : 40	신생아는 맥박 및 호흡이 없는 상태로 두부에 산류가 형성되어 있었음
	20 : 50	• 약물 투여 등 심폐소생술을 시행하였으나 맥박 및 호흡이 돌아오지 않음 • 신생아가 응급실에 도착하기 전에 이미 사망한 것으로 진단
부검결과		• 신생아의 폐에서 양수와 태변성분이 중증도로 흡입된 것이 보이고 뇌에서 국소적인 지주막하출혈이 보이는 등 자궁 내에서 태아곤란증이 발생한 소견이 인정됨
		• 출생 시 신생아가 울지 않았고 출생 시 아프가 점수가 1분에 2점, 5분에 3점으로 중증의 신생아 가사 상태였음
		• 신생아는 분만시 태아곤란증이 발생한 상태로 출생한 후 중증의 신생아 가사 상태에서 회복하지 못하고 사망한 것으로 사망원인은 주산기 가사로 판단됨
		• 부검소견상 가사의 원인이 될 만한 병변을 보지 못하고, 부검 후 확인한 태반의 병리검사결과에서 특기할 이상을 보지 못하였는바, 분만과정에서 발생할 수 있는 산과적 합병증이 가사의 원인으로 판단됨
		• 이와 관련하여 부검소견상 두부 전반에서 모상건막하출혈을 동반한 산류가 보이고 두정골 우측에서 두개골막하출혈을 동반한 함몰골절이 보이는 등 태아가 산도에 압박되어 발생한 분만손상이 인정되나, 두개강 내 출혈이나 뇌실질의 손상이 동반된 소견을 보지 못하는바, 두부의 분만 손상을 직접적인 사인으로 보기 어려움 • 다만 분만 중 신생아의 머리가 장시간 지속적으로 산도에 끼어 있었으므로 난산 및 지연분만으로 가사상태가 초래되어 사망에 이르렀다고 판단

2. 법원의 판단

가. 분만 과정상의 과실 및 분만 직후 응급조치상의 과실: 법원 인정(제1심) → 법원 인정(항소심)

(1) 의료인 측 주장

분만 과정에서 태아의 심박동수는 일시적으로 분당 120회 이하로 떨어졌다가 곧바로 회복된 것을 제외하고는 분만 2기 내내 모두 분당 120회 이상으로 정상범위 내여서 태아곤란증을 예측할 수 없었다.

(2) 법원 판단(제1심, 항소심)

분만 전 원고 1(임신부)와 태아의 상태가 모두 양호한 것으로 진단되었으며 부검 결과 신생아의 각 실질장기에서 사인이 될 만한 선천성 기형이나 질병이 확인되지 않았다. 피고는 유도분만을 하면서 태아의 머리둘레나 몸무게, 혹은 아두골반불균형 여부를 판단하는 초음파 검사 등 최소한의 산전 진찰도 시행하지 않았다. 원고들로부터 초음파 검사로 태아 크기 등을 측정할 것을 요구받고도 이를 거절한 채 만연히 2004.9.1. 마지막으로 초음파 검사를 시행한 것을 기초로 하여 태아의 상태가 자연분만하기에 적합할 것이라 판단하였다.

사건 당일 18:00경부터 18:30경까지 원고 1(임신부)의 배를 압박하면서 흡입분만을 여러 번 시도하였으나 태아하강도 +2에서 진행이 잘 되지 않았음에도 제왕절개술 등 다른 분만 방법을 시행하지 않고 만연히 간호조무사로 하여금 원고 1(임신부)를 살피게 하고 자신은 외래 진료를 하러 갔다. 피고가 자리를 비운 이 30분 사이에 태아곤란증이 발생한 것으로 보인다. 피고는 19:00경부터 다시 분만을 시도했다. 피고가 2차 흡입분만을 할 때인 19:05경부터는 태아곤란증을 예측할 수 있었음에도 심박동수를 5분 간격이 아닌 15분 간격으로 측정했다.

분만 직후 신생아는 중증의 신생아 가사상태였다. 이런 상태에서는 기관 내 삽관을 통한 기도 확보와 산소마스크와 앰부백을 이용한 기계적 환기요법이 필요하며, 심폐소생술에 필요한 약물을 투여하는 등 적극적으로 심폐소생술을 하고, 전원시에도 신생아에게 지속적으로 산소를 공급하면서 체온을 유지하고 심박동수를 계속 관찰할 의무가 있다. 그러나 피고는 만연히 신생아의 구강 및 인후의 분비물을 흡인하

고 원고 1(임신부)가 사용하던 성인용 산소마스크를 사용하거나 구강 대 구강으로 인
공호흡을 하며 심장마사지만을 하였다. 또한 신생아의 출생 이후 타 병원으로 전원하
기 전까지 태아의 심박동수, 체온, 기타 건강 상태에 관하여 전혀 기록하지 않았다.

이상을 볼 때 피고는 난산 및 지연분만인 상황에서 태아 상태에 대한 적절한 진
단이나 조치를 하지 못하고, 신생아를 신속하게 만출시키기 위하여 무리하게 복부압
박 및 흡입분만을 하여 신생아가 태아곤란증이 발생한 상태로 출생하였다. 또한 신생
아는 중증의 신생아 가사상태에서 적절한 응급조치를 받지 못하여 사망한 것으로 볼
수 있다.

피고는 태아의 심박동수가 분만 2기 내내 모두 분당 120회 이상으로 정상범위
내여서 태아곤란증을 예측할 수 없었다고 주장한다. 그러나 기재된 내용 중 사건 당
일 심박동수가 19 : 00경 분당 153회, 19 : 15경 분당 137회로 각 정상범위 내의 수치
로 기재된 부분은 믿기 어렵다. 왜냐하면 19 : 15경부터 19 : 23까지의 8분만에 또는
출생 직후에 신생아가 중증의 가사 상태에 빠졌다는 것이 극히 이례적인 점과 피고
가 19 : 05경 태아의 심박동이 분당 80회로 떨어졌다가 회복되는 것을 몇 회 반복하
여서 임신부에게 빨리 힘을 주어서 애를 낳아야 된다는 말을 한 점이 있기 때문이다.
따라서 피고의 주장을 불인정한다.

3. 손해배상범위 및 책임제한

가. 피고의 손해배상책임 범위: 30%(제1심, 항소심)

나. 제한 이유

(1) 의료행위는 의사가 전문적인 지식과 숙련된 처치행위를 통하여 환자의 질병
치료 및 출산 등을 하는 것으로 환자의 증상들이 시시각각으로 변하고 그에 따라 취
하여야 할 처치 등도 매번 달라질뿐더러 그에 대한 판단은 풍부한 임상경험 및 고도
의 의학전문지식이 바탕이 되어 내려지므로 의사에게 폭넓은 재량이 부여되어 있음

(2) 태아 심박동수의 측정만으로 태아곤란증을 정확하게 진단하기는 어렵고 현
대의학 수준으로도 태아곤란증 여부를 정확하게 예측하는 것 또한 어려움

(3) 분만 후 신생아 아프가 점수가 낮은 경우 신생아 소생술을 하여야 하는데

적정한 응급처치를 받지 못할 경우 사망할 수도 있는데 이 경우 사망률이 상당한 점

다. 손해배상책임의 범위

(1) 제1심

① 청구금액: 202,668,580원

② 인용금액: 50,535,746원

  － 일실수입: 38,635,746원(128,785,820원의 30%)

  － 장례비: 900,000원(3.000.000원의 30%)

  － 위자료: 11,000,000원

(2) 항소심

① 청구금액: 152,132,834원

② 인용금액: 50,535,746원

4. 사건 원인 분석

이 사건에서 피고 산부인과 의사는 분만을 위해 유도분만 및 흡입분만을 여러 차례 시도하였으나 분만 진행이 잘 되지 않아 임신부의 체력회복을 위해 분만을 잠시 중단하고 외래를 보러 갔다. 이후 분만을 다시 시도하였고, 신생아는 출생 후 중증의 신생아 가사 상태에서 회복되지 못하고 사망하였다. 이 사건에서 흡입분만을 여러 차례 시도한 것은 문제가 될 수 있으며, 특히 이 사건과 같이 태아하강도가 ＋1로 제대로 보이지 않은 상태에서 흡입분만을 시행하는 것은 태아에게 위험할 수 있다는 자문의견이 있었다. 또한 이 사건 판단 중 출생 직후 신생아가 중증아 가사 상태에 빠진 것이 극히 이례적이어서 분만 직전 심박동수 기재 내용을 법원이 인정하지 않은 부분에 대해서는 태아의 심박동수가 크게 차이가 날 수 있어 판단이 잘못 되었을 수 있다는 자문의견이 있었다. 이 사건과 관련된 문제점 및 원인을 분석해본 결과는 다음과 같다.

첫째, 임신부의 상태가 유도분만을 진행해야 하는 적응증에 해당되지 않음에도 이를 시행하였다. 또한 흡입분만을 시행할 때 태아하강도 등의 파악을 통해 너무 이

른 시기에 흡입분만을 시행하지 않도록 하여야 함에도 흡입컵의 정확한 부착위치와 방향의 확인이 어려운 상태에서 무리한 흡입분만을 시행하였다.

둘째, 피고는 분만이 잘 진행되지 않자 간호조무사에게 임신부를 관찰하게 하고, 외래 진료를 하러 나가 분만 중 임신부의 관찰에 소홀하였다. 산전검사 상 문제가 없는 임신부의 경우 분만 1기에는 30분 간격으로, 분만 2기에는 15분 간격으로 태아심박동을 측정하여야 하고, 고위험 임신부의 경우 분만 1기에 15분 간격으로, 분만 2기에 5분 간격으로 태아심박동을 측정하여야 함에도, 이 사건에서 피고는 2차 흡입분만을 할 때인 19 : 05경부터는 15분 간격으로 측정하였다. 또한 담당의는 외부에서도 분만장을 지속적으로 모니터링 해야 하며, 이를 위해 필요한 모니터링 장비를 갖추어야 함에도 이를 소홀히 하였다.

〈표 4〉 원인분석

분석의 수준	질문	조사결과
왜 일어났는가? (사건이 일어났을 때의 과정 또는 활동)	전체 과정에서 그 단계는 무엇인가?	－ 분만 중 경과관찰 및 대처 소홀(이른 시기에 무리한 흡입분만을 시행하였으며, 분만이 잘 진행되지 않자 적합한 모니터링 장비를 갖추고 있지 못함에도 간호조무사에게 원고를 관찰하게 하고, 외래 진료를 보러 나갔음/태아심박동 측정이 충분히 이루어지지 못함) － 흡입분만 시행 과정(이른 시기에 무리한 흡입분만 시행) － 응급처치 과정(신생아용 산소마스크가 없어 성인용 산소마스크로 신생아 응급처치 시행)
가장 근접한 요인은 무엇이었는가? (인적 요인, 시스템 요인)	어떤 인적 요인이 결과에 관련 있는가?	• 환자 측 － 해당사항 없음 • 의료인 측 － 분만 전 산전진찰 소홀 － 분만 중 관찰 및 대처 소홀 － 흡입 분만
	시스템은 어떻게 결과에 영향을 끼쳤는가?	• 의료기관 측 － 응급장비 구비 미흡 － 모니터링 장비가 없어 분만 중 관찰 및 대처 미흡 • 법·제도 － 해당사항 없음

셋째, 피고병원에 신생아용 산소마스크 등 응급장비를 갖추고 있지 않아 신생아에게 맞지 않는 성인용 산소마스크를 사용하여 적절한 응급처치를 시행하지 못하였다.

그 외에 이 사건의 태아는 초음파 검사 결과 체중이 3.5~3.8kg으로 측정되어 유도분만 적응증에 해당되지 않았지만 모든 임신부 혹은 모든 고위험 임신부가 제왕절개술을 받는 것은 현실적으로 바람직하지 않을 뿐만 아니라 가능하지 않기 때문에 의료인에게 사고 결과만 보고 분만 방법 선택 상 과오에 대한 책임을 묻기 보다는 불가항력적인 사고에 대한 국가차원에서의 배상제도가 필요하다는 자문의견이 있었다. (〈표 4〉 참조).

5. 재발 방지 대책

원인별 재발방지 대책은 〈그림 4〉와 같으며, 각 주체별 재발방지 대책은 아래와 같다.

〈그림 4〉 산부인과(산과) 질적04 원인별 재발방지 사항 제안

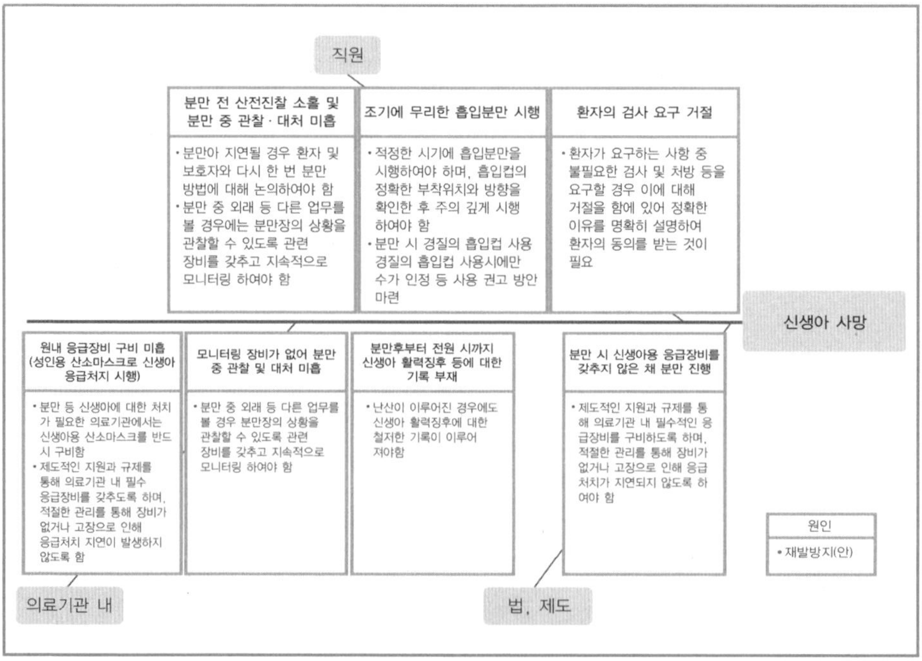

(1) 의료인의 행위에 대한 검토사항

환자가 불필요한 검사 및 처방 등을 요구할 경우 이에 대해 거절할 때 정확한 이유를 명확히 설명하여 환자의 동의를 받는 것이 필요하다. 환자가 납득하지 못한 경우 환자와 의료진 간 신뢰 관계에 부정적인 영향을 미칠 수 있을 뿐만 아니라, 관련 검사 및 처방을 받기 위해 환자가 다른 의료기관을 찾거나 불명확한 의료정보에 의존하는 등 부정적인 결과를 야기할 수 있다.

분만이 지연될 경우 환자 혹은 보호자와 다시 한 번 분만 방법에 대해 논의하여야 한다. 분만이 지연될 경우 의료진은 좀 더 주의 깊게 진행경과를 기록하고 관찰을 해야 하며, 검사 권고사항("산전검사상 문제가 없는 임신부의 경우 분만 1기에는 30분 간격으로, 분만 2기에는 15분 간격으로 태아심박동을 측정하여야 하고, 고위험 임신부의 경우 분만 1기에 15분 간격으로, 분만 2기에 5분 간격으로 태아심박동을 측정하여야 한다")에 따라야 한다. 분만이 지연되더라도 분만 중 외래를 보거나 다른 업무를 보는 것을 최대한 자제하여야 하며, 부득이하게 다른 업무를 보아야 할 경우 의료인은 분만장의 상황을 관찰할 수 있도록 장비를 갖추고 지속적으로 모니터링을 하여야 한다.

흡입분만 시에는 합병증이 발생하는 가능성이 높아 보다 높은 주의가 필요하다. 태아하강도 등 관련 검사를 통해 이른 시기에 흡입분만을 진행하지 않도록 하여야 하며, 흡입컵의 정확한 부착부위와 방향을 확인한 후 시행해야 한다. 특히 흡입컵은 금속보다는 경질의 플라스틱이나 고무 재질로 된 흡입컵을 사용하는 것이 좋다.

(2) 의료기관의 운영체제에 관한 검토사항

분만 등 신생아에 대한 처치가 필요한 의료기관에서는 신생아에게 맞는 신생아용 산소마스크 및 CPR 키트 등 응급장비를 반드시 구비해두어야 하며, 실제 상황에 대비한 교육훈련이 이루어져야 한다.

(3) 학회·직능단체 차원의 검토사항

의료기관 내 필수적인 CPR 키트 등 응급장비의 보유 현황을 파악하여, 부족분에 대한 지원 방안을 마련하여야 한다.

(4) 국가·지방자치단체 차원의 검토사항

제도적인 지원과 규제를 통해 의료기관이 필수적인 응급장비를 갖추도록 하며,

적절한 관리를 통해 장비가 없거나 고장으로 인해 응급처치 지연이 발생하지 않도록 하여야 한다. 추가로 장비의 비치가 어려울 정도의 열악한 기관은 국가 차원에서의 장비 지원을 고려하여야 한다.

| 참고자료 | 사건과 관련된 의학적 소견[1]

1. 태아곤란증

태아곤란증을 의심해야 하는 경우로는 태아 심박 양상 및 심박수의 이상, 양수의 태변 착색이 있는 경우이고, 신생아 가사로 보아야 하는 경우는 아프가 점수가 6점 이하인 경우로서 그중 3점 이하로 출생 후 1분 동안 무호흡 및 불규칙한 자발 호흡이 지속되며, 심박수는 분당 100회 이하이고, 근육이 이완되며, 자극에 대한 반응이 없고, 피부는 창백하거나 회색인 경우 중증 가사로서 지체 없이 적극적인 소생술을 시행하여야 한다.

아프가 점수가 0~3점인 경우에는 후두와 기관 내의 흡인물을 흡인 제거하고, 기관 내관을 삽입하여 기도를 확보하는 일이 급선무인데, 적절한 양압 환기를 30초 이상 시행함에도 불구하고 심박수가 분당 80~100회 이하이면 심마사지를 시행하고, 양압 환기와 심마사지를 30초 이상 적절하게 시행하였는데도 불구하고 심박동수가 분당 80회 이하이면 약물을 투여하는데 먼저 에피네프린(epineprine)을 5분 간격으로 반복 투여하여 보고, 신생아 집중 치료실(NICU)에 옮겨 치료를 계속하거나 엄밀한 관찰과 검진으로써 후유증 유무를 판단하여야 한다.[2]

2. 분만 단계

분만 단계는 보통 3기로 구분하여 분만 1기는 자궁경관 개대가 시작된 때로부터 자궁경관이 완전 개대될 때까지, 분만 2기는 그 후부터 태아를 만출할 때까지, 분만 3기는 그 이후를 의미하고, 분만 2기의 평균시간은 초산부의 경우 50분 정도이나 통상적으로 2시간으로 제한한다.

---

1) 해당 내용은 판결문에 수록된 내용임.
2) 하지만 현실적으로 신생아 집중 치료실(NICU)을 구비할 수 있는 분만병원이 많지 않다.

판례 5. 유도분만 중 응급 제왕절개술 지체로 인한 임신부 사망과 신생아 사지마비 발생 사건_부산지방법원 2007. 11. 28. 선고 2005가합1509 판결

    임신부는 출산경험이 없는 초산부로 임신 약 8개월째 되던 때부터 피고 병원에서 산전 진찰을 받아 왔으며 그 결과 이상이 없었다. 임신 40주 6일로 분만예정일이 지났지만 진통이 없자 의사의 권유에 따라 유도분만을 하기 위해 피고 병원에 입원했다. 자궁수축제(옥시토신) 투여했으나 자궁경관 개대와 태아 하강이 순조롭지 못해 분만이 지연되었다. 의사는 유도분만에 별다른 문제가 없는 것으로 판단하고 임신부를 당직의에게 인계 후 퇴근했다. 당직의는 임신부로부터 양막 파열과 출혈 증세가 있다는 말을 들었으나 옥시토신의 지속 투입 지시를 지시했다. 이후 임신부가 호흡곤란 호소하고 의식을 잃고 태아의 심박동수 56분/회까지 떨어졌다. 이에 당직의는 옥시토신 투입을 중단하고 보호자 동의를 얻어 응급제왕절개술을 실시하였다. 이후 산모를 회복실로 옮겼으나 심한 질출혈로 인한 응고장애 및 무뇨 증상이 지속되다가 사망했다. 부검결과 사망원인은 양수색전증으로 밝혀졌다. 신생아의 경우 다른 병원으로 전원시켰으나 저산소성 허혈성 뇌손상으로 인하여 사지마비 등 영구적인 장애 상태에 빠졌다. 자세한 사건의 경과는 다음과 같다[부산지방법원 2007. 11. 28. 선고 2005가합1509 판결].

1. 사건의 개요

날짜	시간	사건 개요
		• 원고: 신생아, 신생아의 가족
		• 피고: 재단법인(원고 신생아가 태어난 병원)
2002. 01. 24		• 망인은 출산경험이 없는 초산부
		• 임신 약 8개월째 되던 이때부터 피고 병원에서 초음파검사 등 산전 진찰을 받아 왔음. 진찰 결과는 이상 없음.
		• 분만예정일: 2002. 3. 25
2002. 03. 24		• 피고 병원 소속 산부인과 의사 초음파 검사 시행
		＝태아: 정상치보다 다소 클 것으로 추정

날짜	시간	사건 개요

대각결합선	좌골극 간격	체중
12.2cm	10.2cm	약 4kg 예상

＝임신부: 골반크기 계측 결과 정상적인 질식분만 가능한 것으로 판단

두정골 사이 직경	대퇴골 길이	체중
99.3mm	71.9mm	약 4kg 예상

2002. 03. 31

• 임신 40주 6일로 분만예정일이 지났지만 진통이 없음. 산부인과 의사의 권유에 따라 유도분만 위해 피고 병원 입원

＝임신부 활력징후

혈압	체온	맥박수	호흡
100/60mmHg	36.4℃	88회/분	24회/분

＝태아: 심박동수 132회/분

＝자궁경관: 약 60% 소실, 약 3cm정도 개대가 이루어진 상태

19:30 • 분만촉진제(프로스타글란딘 EG)를 1시간 간격으로 투여

2002. 04. 01

06:00 • 분만대기실로 옮김
• 자궁수축제(옥시토신) 최초 10방울/분의 속도로 정맥주사 후 경과관찰

09:30 • 자궁경관 개대와 태아 하강이 순조롭지 못해 분만 지연: 점차 옥시토신 투여량 증량
＝40방울/분의 속도로 정맥주사

시간	자궁경관의 소실 및 개대정도		태아 하강 정도	태아 심박동수 (회/분)	비고
	소실 정도 (%)	개대 정도(cm)			
06 : 30				131	불규칙한 자궁수축
07 : 30				126	옥시토신 투여량 −15방울/분
08 : 30	60	2~3		131	옥시토신 투여량 −25방울/분
09 : 30				130	약한 진통, 옥시토신 투여량을 35방울/분 속도로 늘렸다가, 10 : 00

날짜	시간	사건 개요				
						경부터는 40방울/분 속도로 늘림
	10 : 30				134	
	11 : 30				133	
	12 : 30				140	
	13 : 30	60~70	3	−3	143	
	14 : 30				150	1분 30초~2분 20초 간격으로 20~35초간 자궁수축이 지속됨
	15 : 30				134	
	16 : 00	80	4	−3 ~ −2		
	16 : 30				132	
	17 : 00	80~90	5	−1		양막 파열
	17 : 30				144	
2002. 04. 01	17 : 00	• 의사 회진 과정에서 망인의 양막 파열 소견 관찰 • 유도분만에 별다른 문제가 없는 것으로 판단하고 임신부를 당직의에게 인계후 퇴근함 = 태아가 다소 큰 편이어서 질식분만과 더불어 제왕절개술에도 대비할 것을 지시하면서 그에 대한 임신부 및 보호자의 동의가 있었다는 점을 당직의에게 알려줌 • 당직의는 임신부 진찰 과정에서 임신부로부터 양막 파열과 출혈 증세가 있다는 말을 들었으나 분만이 좀 더 진전되어야 할 것으로 판단하고, 옥시토신의 지속 투입을 지시함				
	18 : 10	• 임신부 두통 호소 • 당직의 기왕력을 물어본 것 외에 별다른 조치를 취하지 아니함				
	18 : 20	• 임신부 호흡곤란 호소, 의식을 잃음 • 태아 심박동수가 90회/분으로 급격하게 감소함				
	18 : 28	• 임신부: 혈압 90/60mmHg, 호흡이 10회/분으로 측정, 수축성 경련 증상 • 태아: 심박동수 56분/회까지 떨어짐 • 당직의 옥시토신 투입 중단, 응급제왕절개술 결정, 보호자인 원고의 동의 받음				

날짜	시간	사건 개요
2002. 04. 01	18 : 40	• 수술전 처치 시행 ＝도뇨관 삽입, 간 기능 및 심전도 검사, 항생제에 대한 피부반응검사 등
	19 : 00	• 수술실로 옮김
	19 : 20	• 마취: 당시 피고 병원 마취과 전문의가 퇴근하여 마취과 실장인 간호사가 마취 시행 ＝임신부의 의식 및 호흡상태가 좋지 못하다는 판단 하에 그 회복을 위해 임신부에 대한 마취를 잠시 늦춤 • 제왕절개술 시행
	19 : 31	• 신생아 만출(체중 4.29kg) ＝출생직후 호흡과 심박수: 정상 ＝울음이 없고, 활동성이 떨어지는 상태 ＝아프가 점수가 1분, 5분 모두 6점 • 출생 즉시 신생아를 신생아실로 옮긴 다음 비강 카테터를 통한 산소공급과 아울러 수액 요법, 이뇨제 및 항생제 등의 보존적 치료를 통하여 그 경과를 관찰 ＝신생아 그르렁거리는 소리(grunting)를 내면서 가끔 몸통 및 사지를 떠는 경련 양상, 발열, 신기능 장해 등의 증상을 보임
	20 : 25	• 산모 회복실로 옮겨짐
	20 : 50	• 산모 심한 질출혈로 인한 응고장애 및 무뇨 증상이 지속
	23 : 00	• 산모 사망(부검감정결과 사망원인: 양수색전증)
2002. 04. 04.		• 담당 의료진 신생아에 대해 혈액투석 및 저산소성－허혈성 뇌손상에 대한 정밀검사와 치료가 필요하다는 판단아래 다른 병원으로 전원
		• 신생아는 현재 저산소성－허혈성 뇌손상으로 인하여 사지마비, 간질, 발달 및 지능장해, 시각·청각·언어장해, 강직 및 관절구축 등 영구적인 장애상태†(맥브라이드 노동능력상실표 두부, 뇌, 척수 항목 IX－B－4항에 해당)

2. 법원의 판단

가. 분만 과정 중 응급 제왕절개술 지체로 인한 과실여부: 법원 인정

(1) 의료인 측 주장

신생아의 저산소성 – 허혈성 뇌손상은 임신부의 분만 전에 발생한 양수색전증에 따른 산소공급 부족에 그 원인이 있다는 것과 양수색전증은 현재의 의료수준에서 망인에 대한 분만방법으로 질식분만이 아닌 제왕절개술을 선택하더라도 피할 수 없는 불가항력적인 것이다. 따라서 의료진에게 과실이 있다고 해도 이는 신생아의 뇌손상의 원인이 될 수 없다.

(2) 법원의 판단

피고 병원에서 임신부에 대한 산전진찰 및 유도분만을 진행을 담당하였던 산부인과 의사의 과실이 인정된다. 태아가 통상적인 경우보다 머리나 몸집이 클 것으로 예상되는 상황에서 골반협착 등 난산의 가능성을 염두에 두고 질식분만(유도분만)과 아울러 제왕절개수술 두 가지 모두에 대비하여 그에 따라 적절한 조치를 취하여야 했다. 그럼에도 질식분만을 위하여 자궁경관이 개대될 때까지 기다리다 당직의에게 제왕절개수술에 대비할 것을 당부한 이외 별다른 조치 없이 퇴근하였다. 그럼으로써 제왕절개수술에 필요한 수술 전 조치(각종 검사, 혈액 준비, 마취과 전문의와의 연락 등) 등을 다하지 못하였다.

즉 담당의사는 태아의 두정골 사이 직경 및 그로부터 추정되는 체중을 감안하면 정상적인 질식분만이 다소 어려울 수도 있는 상황이었으므로, 이러한 경우 자궁 수축의 빈도, 강도, 지속시간 및 태아심박동수를 좀 더 짧은 간격으로 세심하게 확인하면서 옥시토신 투여량과 그에 따른 분만진행의 정도 및 태아의 상태를 주의 깊게 관찰했어야 한다(임신부에 대한 진료기록상 자궁수축에 관하여는 06 : 30경과 14 : 30경의 것 외에 별다른 내용이 없음). 그리고 당직의에게 임신부를 인계하기에 앞서 망인 및 보호자와의 상담을 통하여 옥시토신의 투여를 중단하고 제왕절개술에 의한 분만을 시도하는 등 조기에 태아를 안전하게 만출하기 위하여 필요한 조치를 취하여야 한다. 그럼에도 의사는 1시간마다 측정한 태아의 심박동수가 정상치를 벗어나지 않은 탓에 별다른 이상이 없는 것으로 판단하였다. 그래서 자궁수축제를 통한 유도분만에서의 집중적인 경과 관찰 및 그에 따라 필요한 처치를 소홀히 한 채 몇 시간 동안 옥시토신의 투입량만 지속적으로 늘리면서 질식분만을 고집한 과실이 있다.

피고 병원의 당직의도 즉각적이고 신속한 응급 제왕절개술을 시행했어야 함에도 이를 지체한 과실이 있다. 당직의는 임신부를 인계받을 당시 담당의로부터 질식분만과 더불어 제왕절개술에도 대비하라는 지시를 받은 상황이었다. 따라서 그 즉시 옥시토신의 투여량 및 경과시간에 따른 자궁경관이 소실 및 개대정도, 태아 심박동수, 자궁수축의 정도 등 유도분만의 진행과정을 면밀하게 관찰하여 만일의 사태에 대비함으로써 발생가능 한 이상상태에 적극적으로 대처하여야 할 주의의무가 있다. 그런데도 임신부에게 양막 파열과 더불어 출혈 및 두통 증세까지 나타났음에도 별다른 조치 없이 옥시토신을 계속 투여하는 방법으로 유도분만을 계속 시도하였다. 그러다 임신부가 의식을 잃고 난 후에야 비로소 응급 제왕절개수술을 결정하는 등 임신부와 태아의 안전을 위하여 필요한 조치를 신속히 취하지 않았다. 또한 응급 제왕절개술을 결정하고서도 수술 전 처치의 미흡, 마취과 전문의의 부재 등 그에 대한 대비가 제대로 이루어지지 아니한 탓에 1시간이 넘어서야 시술이 이루어져 필요한 조치가 지체된 과실이 있다. 이런 과실이 신생아의 뇌손상을 발생시켰다는 인과관계 추정을 반박할 명백한 증거가 없다.

나. 애초 분만방법의 선택에 과실이 있는지 여부: 법원 불인정

(가) 환자 측 주장

임신 말기 임신부에 대한 산전진찰결과 아두골반불균형에 의한 난산의 가능성이 확인되었으므로 제왕절개술을 선택했어야 함에도 무리하게 유도분만을 시도하여 양수색전증과 신생아의 저산소성 허혈성 뇌손상을 야기시켰다.

(나) 법원의 판단

아두골반불균형은 어느 정도 예측할 수 있지만 확진할 수 없다는 점, 임신부의 골반의 크기를 재었을 때 난산의 소견은 보이지 않은 점 등을 볼 때 애초에 의사가 제왕절개술보다 질식분만(유도분만)을 선택한 것에 대해 과실을 인정하기 어렵다.

3. 손해배상범위 및 책임제한

가. 의료인 측의 손해배상책임 범위: 30% 제한

나. 제한 이유

(1) 양수색전증은 현재의 의학수준에서 그 발생가능성을 사전에 예상하거나 이를 피할 수 있는 방법이 거의 없음

(2) 이 사건 분만 과정에서 피고 병원 담당 의료진이 그 경과관찰을 제대로 하고, 신속하게 응급 제왕절개수술을 시행하는 등 적절한 조치를 취하였다 하더라도 신생아의 상태가 완전히 정상이 되었을 것이라 단언하기 어려움

(3) 이 사건 분만 과정에서 나타난 임신부의 갑작스런 호흡곤란 및 그에 따른 태아심박동수의 감소는 그 진행경과에 비추어 볼 때 임상적으로 쉽게 예상하기 어려운 이상증상에 해당함

다. 손해배상책임의 범위

① 청구금액: 814,703,096원

② 인용금액: 174,994,245원

(1) 일실수입: 39,310,398원(131,034,660원의 30%)

(2) 기타손해: 100,683,847원(335,612,823원의 30%)

　　① 향후치료비: 138,461,780원

　　② 보조구 구입비: 7,299,556원

　　③ 개호비: 154,999,417원

　　④ 기왕치료비 손해: 34,852,070원

(3) 위자료: 35,000,000원

4. 사건 원인 분석

이 사건에서는 태아가 다소 큰 편이어서 질식분만과 더불어 제왕절개술에도 대비할 필요가 있었으므로 피고 병원에서는 즉시 제왕절개수술이 가능하도록 필요한

조치를 취했어야 했다. 그런데도 의료진은 제왕절개술 등 필요한 조치를 취하기 위한 준비를 제대로 하지 않고 임신부의 이상상태에 대한 필요조치를 제대로 취하지 않아 양수색전증으로 사망하고, 신생아는 저산소성 허혈성 뇌손상으로 인한 사지마비 등 영구적인 장애상태에 이르렀다. 의료진이 임신부의 두통 호소를 통해 양수색전증을 사전에 진단하기에는 어려움이 있지만, 분만경과 진행이 거의 없는 상태에서 10시간 가량 장시간 동안 옥시토신을 투여하기 보다는 조기에 태아를 안전하게 만출하기 위한 조치를 취하였어야 한다. 자문의견에 따르면 2002년 4월 2일 09 : 30경 자궁경관의 개대와 태아하강이 순조롭지 못해 분만이 지연되는 상황에서 제왕절개수술을 한 번은 고려했어야 한다. 마취과 의사 부재로 간호사가 마취를 시행한 문제 등도 있었다(〈표 5〉 참조).

〈표 5〉 원인분석

분석의 수준	질문	조사결과
왜 일어났는가? (사건이 일어났을 때의 과정 또는 활동)	전체 과정에서 그 단계는 무엇인가?	− 분만 과정 중 경과관찰(자궁수축제를 통한 유도분만에서의 집중적인 경과 관찰 및 그에 따라 필요한 처치를 소홀히 한 채 몇 시간 동안 옥시토신의 투입량만 지속적으로 늘리면서 만연히 질식분만을 고집함) − 분만(태아가 다소 큰 편이어서 질식분만과 더불어 제왕절개술에도 대비할 필요가 있었으며, 난산 발생 후 응급 제왕절개술을 고려해야 함에도 만연히 유도분만을 지속함)
가장 근접한 요인은 무엇이었는가? (인적 요인, 시스템 요인)	어떤 인적 요인이 결과에 관련 있는가?	• 환자 측 − 해당사항 없음 • 의료인 측 − 집중적인 경과관찰 및 처치 소홀 − 분만 지연 시 분만 방법에 대한 재검토를 하지 않음
	시스템은 어떻게 결과에 영향을 끼쳤는가?	• 의료기관 내 − 마취과 의사 부재로 간호사가 마취 시행(의료인력의 부족) • 법·제도 − 의원급 의료기관의 인력부족

5. 재발 방지 대책

원인별 재발방지 대책은 〈그림 5〉와 같으며, 각 주체별 재발방지 대책은 아래와 같다.

〈그림 5〉 산부인과(산과) 질적05 원인별 재발방지 사항 제안

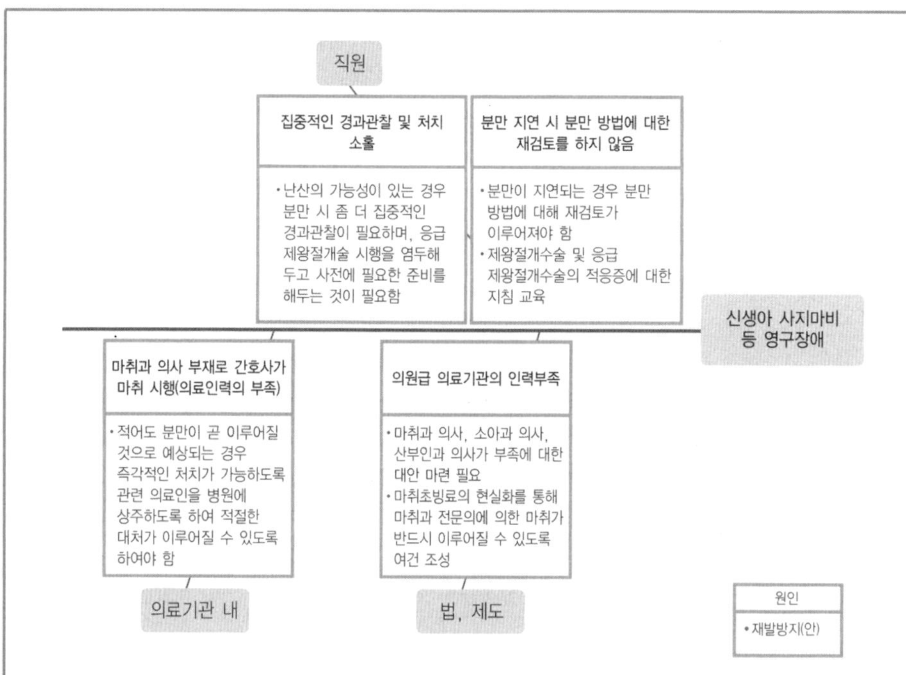

(1) 의료인의 행위에 대한 검토사항

분만 시 난산의 가능성이 높은 경우 좀 더 집중적인 경과관찰이 필요하다. 특히나 응급제왕절개술 발생가능성을 염두에 두고 필요시 즉시 제왕절개수술의 진행이 가능하도록 대비해두는 것이 필요하다. 분만 지연 시에는 분만방법에 대한 재검토가 이루어져야 한다.

(2) 의료기관의 운영체제에 관한 검토사항

적어도 분만이 곧 있을 것으로 예상되는 경우 즉각적인 처치가 가능하도록 관련

의료인이 병원에 상주하도록 하는 것이 필요하다.

(3) 학회·직능단체 차원의 검토사항

산부인과 의사, 마취과 의사, 소아청소년과 의사 등이 부족하여 간호사가 분만을 진행하다 발생하는 사고가 많아 이에 대한 사고발생의 예방대책 마련이 필요하다. 분만 방법의 선택에 있어 분만 진행 전과 분만 진행 중 제왕절개수술 시행이 필요한 적응증에 대한 가이드라인이 명확하게 제시될 필요가 있다. 다만, 의학적 근거가 명확한 경우에는 분만 방법의 선택에 있어 의료인의 자율성을 인정해줄 필요가 있다.

(4) 국가·지방자치단체 차원의 검토사항

마취초빙료의 현실화를 통해 마취과 전문의에 의한 수술 전 마취가 이루어질 수 있도록 하여야 한다. 분만과 관련하여 마취과 의사, 소아청소년과 의사, 산부인과 의사가 부족한 데 대한 대안 마련이 필요하다.

┃참고자료┃ 사건과 관련된 의학적 소견[3]

1. 유도분만

유도분만이란 자연적인 분만진통이 시작되기 이전에 양막 파열 여부와는 상관없이 분만을 목적으로 자궁수축을 유도하는 것이다. 적절한 자궁수축이 오는지를 지속적으로 감시하여야 하며, 더불어 태아의 상태를 지속적으로 감시하여야 한다. 유도분만의 합병증으로 드물게 과도한 자궁수축으로 인한 태아곤란증, 자궁파열, 태반조기박리 등이 있을 수 있다.

2. 프로스타글란딘 E2(Prostaglandin E2)

프로스타글란딘 E2는 자궁경관을 숙화시키기 위하여 국소적으로 사용하는 제제이고 옥시토신은 분만촉진용 자궁수축제이다. 프로스타글란딘 E2를 투입할 경우 계속적으로 자궁의 기능과 태아심박동수를 관찰하여야 하고, 투약 후 30분에서 2시간 동안 세심하게 관찰하여야 한다. 통상 자궁수축은 보통 1시간 이내에 나타나며 4시간에서 최고조에 도달하는 것으로 보고되고 있다.

3. 옥시토신

옥시토신을 이용하여 유도분만을 시행할 경우에는 숙련된 간호사가 세심하게 병상 간호를 맡아야 하고, 전자태아감시장치 등으로 계속하여 자궁수축의 빈도, 강도, 지속시간 및 태아심박동수를 세심하게 감시하여야 하며, 자궁수축이 10분 내에 5회 이상 일어나거나 1분 이상 지속된다거나 태아심박동수가 현저히 감소되면 즉시 투여를 중지하여야 한다. 옥시토신을 몇 시간 정도 주입하였는데도 자궁경관의 변화가 확연하게 나타나지 않거나 정상적인 질식분만이 용이하지 않을 것으로 예측되면 곧바로 제왕절개수술을 시행하여야 한다.

4. 양수색전증

산전, 분만 중 또는 분만 후 양수가 모체 혈액순환에 들어감으로써 유발되는 특징적인 임상질환이다. 현재까지 양수색전증의 원인은 명확히 밝혀지지 않았으며, 양수색전의 발생가능성을 사전에 예견할 수 있는 방법 또한 현재까지 전혀 없는 실정이다. 분만의 형태 및 시기와 관련하여 보면, 질식분만뿐 아니라 제왕절개수술의 경우에도 발생할 수 있고, 임신 중기의 태아 유

---

3) 해당 내용은 판결문에 수록된 내용임.

산 시에도 발생할 수 있으며, 분만 직후뿐만 아니라 태아가 만출된 이후에도 증상이 나타날 수 있다. 분만 후 발생의 경우 중 69%가 분만 5분 이내에 발생하나, 분만 후 36시간 만에 발생한 경우도 보고되고 있다. 가끔 오한, 구토, 불안, 동요 등의 예고증상이 나타날 수 있으나, 대부분 아무런 전조증상 없이 갑작스럽게 증세가 발현하게 된다. 전형적인 양수색전증은 급격한 저혈압, 저산소증, 소비성 응고장애(범발성 혈액응고장애에 의하여 혈액응고에 관계하는 인자의 감소를 특징으로 하는 병적 상태)를 특징으로 하며, 호흡곤란, 경련, 심폐정지, 범발성 혈액응고장애, 대량출혈 등의 증세를 보이게 된다. 일반적으로 호흡기계통의 이상, 심혈관계 이상, 혼수, 응고장애의 순서로 증세가 나타나게 되나, 환자에 따라 개인차가 심하여 일부 증상은 나타나지 아니하거나 증상 발현이 지연될 수도 있다. 1983년 이후 양수색전증을 치료한 임산부를 대상으로 한 연구에 따르면 임신부의 사망률은 60%에 달하고, 생존한 경우에서도 대부분 심각한 저산소증으로 인한 신경학적 합병증이 남으며, 태아의 생존율은 70%로 나타났지만 그 절반 이상이 태아곤란증으로 인한 신경학적 합병증이 동반되었다.

5. 태아곤란증 및 주산기 가사

자궁 내의 태반 호흡에서 출생 후 폐호흡 확립에 이르는 적응과정 중 산소결핍으로 초래되는 일련의 장애현상을 가사(假死)라고 한다. 태아기의 가사를 태아곤란증이라 하고, 출생후의 가사를 신생아 가사라 하며, 이 모두를 주산기 가사라고 한다. 분만경과 관찰 중 태아의 심박동수의 양상과 임신부의 자궁수축의 정도를 주의 깊게 관찰하여 태아곤란증 상황을 신속하게 인식하고 원인을 제거하기 위한 처치를 하여야 하는데, 태아심박동의 양상에 근거한 태아곤란증의 진단은 매우 제한적인 의미를 갖는다. 분만과정에 있어 임신부 및 태아의 상태를 관찰하는 시간 간격을 일률적으로 정할 수는 없으나, 미국 산부인과학회는 저위험 임신군의 경우 분만 제1기에서는 30분마다, 분만 제2기에서는 15분마다, 고위험 임신군의 경우 분만 제1기에서는 15분마다, 분만 제2기에서는 5분마다 태아 심음을 청취할 것을 권장하고 있다. 분만 중 태아심박동수 양상에 비추어 태아 상태가 나빠지리라 생각되면, 옥시토신 투여를 중지하고, 임산부 체위를 변경시키며, 수액공급을 증가시키고, 안면 마스크를 통해 분당 8~10L의 산소를 공급하여야 하는데, 이러한 조치에도 불구하고 효과가 없을 때에는 가장 빠른 방법으로 즉각적인 분만을 시도하여야 한다. 이 경우 질식분만이 제왕절개술의 준비보다 빠른 분만방법이라고 판단되면 질식분만을 할 수 있다.

판례 6. 분만 중 무리한 푸싱으로 인한 신생아 발달 지연 등 장애 발생_
수원지방법원 2009. 10. 13. 선고 2006가합1502 판결

1. 사건의 개요

임신부는 피고 의원에서 둘째 아이 임신 사실을 확인하고 정기적으로 산전 진찰을 받았다. 산전 진찰 결과 임신부와 태아 모두 특이소견 없는 정상상태로 진단되었다. 임신 40주 4일째 임신부가 정기검진을 위해 피고 의원을 내원했을 때 분만 1기로 검사 결과가 나와 분만을 위해 입원하였다. 분만 과정에서 분만이 원활하게 이루어지지 않자 담당간호사가 복부를 누르는 푸싱을 계속 실시하였으나 더 이상의 태아 하강이 이루어지지 않았다. 이에 의사는 임신부측의 동의를 얻어 제왕절개술을 실시하였다. 신생아의 근긴장도 저하 등의 증상이 나타나 다른 병원으로 전원하였다. 임신부는 분만과정에서 흉곽에 좌상을 입어 6일간에 걸쳐 정형외과 통원치료를 받았다. 신생아는 저산소성 뇌손상으로 인한 소뇌증 및 발달지연증세를 보이고 있다[수원지방법원 2009. 10. 13. 선고 2006가합1502 판결].

날짜	시간	사건 개요
2005. 11. 19.		원고(임신부): 1999. 3. 14.에 첫아이를 정상 분만한 경산부 원고(신생아), 원고(신생아의 부) • 피고 의원에서 둘째 아이 임신 사실 확인 • 분만예정일은 2006. 7. 2. • 이후 정기적으로 피고 의원에서 산전 진찰 받음. 임신부와 태아 모두 특이소견 없는 정상상태 진단
2006. 7. 6.	12 : 15경	• 임신 40주 4일째로 정기검진을 위해 피고 의원 내원 • 태아심음측정, 자궁경부의 개대정도 등 검사 시행, 분만 1기로 결과가 나와 분만 위해 입원

태아의 심박동수	자궁경부	태아하강도	자궁수축
142회/분	3cm 개대, 50% 소실	−3 (분만 1기)	5~6분 간격으로 관찰됨

	16 : 00경	• 양막 파열

날짜	시간	사건 개요
2006. 7. 6.	19 : 15경	• 자궁경부 4cm 개대, 태아하강도 －3
	20 : 30경	• 자궁경부 8cm 개대, 태아하강도 －2
	21 : 05경	• 자궁경부 완전 개대, 태아하강도 0
		• 분만 과정에서 분만이 원활하게 이루어지지 않자 담당간호사가 복부를 누르는 푸싱을 계속 실시하였으나 더 이상의 태아하강 없음
	21 : 40경	• 원고로부터 제왕절개술에 관한 동의 받음
	22 : 10경	• 제왕절개술 시행
	22 : 14경	• 분만
	12 : 15~ 21 : 50	• 태아심박동수 5~30분 간격으로 측정 = 최저 130회~최고 155회로 정상범위 내임(분만진통기록표에 의한 측정결과이고, 태아 심박동그래프의 기재에 의하면 12 : 39 경~20 : 50경의 태아 심박동수만 측정되었을 뿐 그 이후에는 측정되지 않음)
	분만 직후	• 신생아의 심장박동수 140회, 호흡수 50회, 아프가점수 1분 8점, 5분 9점
	22 : 20경	• 신생아에게 산소 3L/min 투여
	23 : 00경	• 신생아에게 산소 2L/min 투여
	23 : 15경	• 신생아의 근긴장도의 저하를 주요 증상으로 전원 위해 피고 의원 출발
2006. 7. 7.	00 : 30경	• 타 병원으로 전원 • 신생아의 활동성이 저하되고 끙끙거리며 후두부에 두피혈종이 관찰됨
	14 : 50경	• 산소포화도 50%
	15 : 20경	• 산소포화도 62%로 떨어져 엠부배깅을 통해 산소를 공급받으며 회복됨
	15 : 37경	• 무호흡 증상 보임
	15 : 50경	• 얼굴에 청색증 나타남
	16 : 15경	• 눈동자를 떨면서 양쪽 손을 까딱거리는 등 신생아 경련이 나타나기 시작
		• 전신형 경련발작이 하루 동안 총 7차례 발생함
		• 두부 컴퓨터단층촬영(CT) 시행 좌측 후두부 두개골 골절, 두개 내 혈종 및 뇌부종 증상 발견됨
		• 머리둘레 34.7cm(정상) • 진단서에 기록된 진단명: 신생아경련, 두혈종, 저산소성 뇌증
2006. 7. 8.		• 피고 의원 의사는 "향우 병원의 과실에 대해 민·형사상의 모든 책임을 지겠습니다"라는 각서를 작성하여 원고에게 교부함

날짜	시간	사건 개요
2006. 7. 11.		• 두부 자기공명영상(MRI) 시행 = 저산소증(저산소성 허혈성 뇌손상)으로 인한 심한 뇌위축 및 대뇌핵의 석회화 증상 발견됨
2006. 7. 20. ~ 2006. 8. 9.		• 원고(임신부)가 분만과정에서 흉곽에 좌상을 입어 6일간에 걸쳐 정형외과 통원치료 받음
현재		• 신생아는 저산소성 뇌손상으로 인한 소뇌증 및 발달지연을 보임

2. 법원의 판단

가. 처치상의 주의의무 위반 여부: 법원 인정

(1) 원고 측 주장

담당 주치의도 없는 상황에서 간호사 혼자 분만을 진행하였다. 장애가 있는 원고(임신부)의 복부와 흉부를 무리하게 압박하여 원고(임신부)에게 흉부좌상의 상해를 입히고, 신생아에게 두개골 골절 및 두개 내 혈종과 저산소성 허혈성 뇌손상을 발생시켰다.

(2) 의료인 측 주장

간호사가 원고(임신부)의 배를 압박한 것은 사실이나, 이는 원고(임신부)가 분만 2기에 접어들었음에도 더 이상의 태아 하강이 이루어지지 않아 분만을 돕고 빨리 진행시키기 위한 것으로 일반적으로 허용되는 압박이었고 그럼에도 정상분만이 진행되지 않아 제왕절개술을 시행하였다. 원고(임신부)의 흉부에 생긴 좌상은 가벼운 접촉으로도 발생할 수 있는 것이다. 신생아에게 발생한 두개골 골절 및 두개 내 혈종은 정상적인 분만과정에서도 충분히 발생할 수 있는 것으로 시간이 경과되면 자연적으로 치유된다. 신생아가 출생 직후에는 아무런 이상 징후를 보이지 않았음을 볼 때 신생아가 현재의 저산소증 상태에 있게 된 것은 푸싱 과정에서의 과실에 의해서가 아니라 태내에서 이미 발생한 뇌실 주위 백질 연화증에 의한 것이다.

(3) 법원의 판단

피고 의원 의료진으로서는 원고(임신부)의 자궁경부가 개대된 상태에서 푸싱을

할 당시 담당 의사의 지휘 아래 태아의 후두부에 손상이 가지 않도록 주의하여 시행
할 의무가 있음에도 간호사 혼자서 잘못된 방향으로 센 힘으로 무리하게 압박을 가
하였다. 이로 인해 원고(임신부)의 좌골극 사이에 끼인 태아의 후두부에 두개골 골절
및 두개 내 혈종이 발생했을 개연성이 높다. 태아의 두개골 골절 및 두개 내 혈종이
발생한 부위는 태아의 선진부인 후두부와 정확히 일치하는 좌측 후두부이며, 출생 1
일된 신생아에게서 두개골 골절과 두개 내 혈종이 발생한 것은 대부분 분만으로 인
한 손상이 그 원인인 점을 고려하면 푸싱을 무리하게 시도한 과실을 인정할 수 있다.
원고(임신부)가 푸싱으로 흉부좌상을 입었는데 이것도 푸싱으로 인한 강한 압박에 의
하여 발생한 것으로 보인다. 또한 산전 진찰과정에서 태아는 아무런 이상증세가 없었
고 출산 전후에 저산소성 허혈성 뇌질환의 원인이 될 만한 감염 등의 다른 이상이 있
었음을 인정할 자료가 없다. 그리고 주치의였던 의사가 과실에 대해 민·형사상 모든
책임을 지겠다는 취지의 각서를 작성하여 원고 측에 교부하였는데, 이는 일반적인 의
료사고와 비교해 볼 때 상당히 이례적인 점이다. 신생아가 분만 당시 후두부에 두개
골 골절 및 두개내혈종을 입은 점, 출생 직후 근긴장도가 저하된 증상을 보이고, 전
원 당시 호흡곤란 증상을 보인 점, 다음 날 수차례에 걸쳐 저산소증으로 인한 신생아
경련 증상을 보인 점을 볼 때 신생아는 출산 과정에서 저산소증이 유발되었음에도
피고 의원 의료진의 과실로 인하여 그에 관한 적절한 진단 및 처치를 받지 못한 채
분만 시까지 그 상태가 지속되어 저산소성 허혈성 뇌손상을 입고, 현재의 장애가 초
래된 것으로 추정할 수 있다.

나. 피고의 전원의무 위반 여부: 법원 인정

(1) 원고 측 주장

피고 의원 의료진은 출산 직후 신생아의 호흡 및 움직임이 이상하다는 사실을
미리 알고 있었다. 또한 피고 의원은 저산소증 등 위급상황에 대처할 능력이 부족하
였다. 그럼에도 즉각적인 전원조치를 게을리 하다가 나중에야 의사를 구급차에 동승
시키지도 않은 채 신생아를 전원하게 하여 저산소증을 악화시킨 과실이 있다

(2) 의료인 측 주장

신생아의 근력이 저하되어 상급병원에서 상태를 조금 더 지켜보기 위해 전원한

것일 뿐 저산소증의 증상이 발견되어 전원한 것은 아니었다.

(3) 법원 판단

피고 의원은 간호사만 동승한 채 신생아를 전원조치하였다. 또한 피고 의원 의료진은 신생아에게 분만 직후인 22 : 20경부터 산소 3L/min를, 그 후에도 호흡이 좋아지지 않아 산소 2L/min를 투여하였다. 그리고 전원 될 당시 주요 증상 중 하나는 호흡곤란이었으며 신생아는 산소 2L/min를 공급받으며 전원되었다. 이런 점을 볼 때 피고 의원은 출산 직후 신생아가 저산소증으로 인한 과호흡 증상이 있음을 인지하고 있었으며 그럼에도 즉각적인 전원을 지체하였다고 볼 수 있다.

다. 설명의무 위반 여부: 법원 인정

(1) 원고 측 주장

피고 의원 의료진은 무리하게 푸싱만을 시행하면서 정상분만을 진행시키다가 급히 제왕절개를 해야 하니 서명하라고 하면서 부동문자로 인쇄된 서약서에 서명무인만을 받은 채 제왕절개술을 시행하였다. 임신부와 태아의 정확한 상태 및 구체적인 조치의 내용이나 필요성 등에 대하여 전혀 설명하지 않았다.

(2) 의료인 측 주장

분만과정 및 제왕절개술의 필요성과 수술에 따른 합병증에 대하여 설명을 하고 수술 동의를 받았다.

(3) 법원의 판단

간호기록지에 '환자보호자에게 진행 장애에 대하여 설명 후 동의하에 OP(수술) 결정함'이라고 간단히 기재되어 있을 뿐이고, 담당 의사가 원고 및 원고의 보호자에게 임신부와 태아의 상태, 분만 진행 장애의 정도, 제왕절개술에 관하여 어떠한 설명을 하였다는 것인지에 대한 아무런 기록도 없다.

3. 손해배상범위 및 책임제한

가. 의료인 측의 손해배상책임 범위: 80% 제한

나. 제한 이유

(1) 임신부가 내과적인 질병이 없고, 임신 합병증을 동반하지 않았으며 태아가 산전 진찰 시 정상으로 관찰되는 경우에는 저산소증으로 인한 태아곤란증을 사전에 진단하거나 그 발생을 예견하기 어려움

(2) 분만 과정 중 피고 병원 의사들이 적절한 조치를 취하였다 하더라도 신생아의 상태가 완전히 정상이 되었을 것이라고 단정하기는 어려움

다. 손해배상책임의 범위

① 청구금액: 221,956,880원

② 인용금액: 98,203,733원

   − 기왕치료비: 14,569,420원

   − 향후치료비: 43,533,800원

   − 개호비: 18,529,697원

   − 보조구 구입비: 1,121,750원

   − 위자료: 36,000,000원

4. 사건 원인 분석

이 사건은 산전 진찰 시 정상이었던 임신부와 태아에 대해 분만 2기에 푸싱을 실시하였음에도 태아 하강이 이루어지지 않아 제왕절개술을 실시하였으나 산모는 흉곽에 좌상을 입고, 태어난 신생아에게는 두개골 골절 및 두개 내 혈종과 저산소성 허혈성 뇌손상이 발생되어 현재 소뇌증 및 발달지연을 보이고 있는 사건이다. 이 사건과 관련된 문제점 및 원인을 분석해본 결과는 다음과 같다.

첫째, 분만 과정에서 원만한 분만을 위해 시행하는 푸싱을 담당 주치의 없이 간호사 혼자서 무리하게 진행하였다. 푸싱은 담당 의사의 지휘 아래 태아의 후두부에

손상이 가지 않도록 주의하여 시행하여야 하며, 간호사 혼자서 센 힘으로 무리하게 압박을 가해서는 안된다.

둘째, 분만 담당 의사는 태아 심박동수, 태아하강도 등을 자주 측정하여 분만의 진행상황을 정확히 평가하고 이에 따른 적절한 분만 방법을 선택하여야 한다. 따라서 전자 태아심박동 감시 그래프에 의한 태아 심박동수 등을 분만 과정에서 지속적으로 측정할 필요가 있다.

〈표 6〉 원인분석

분석의 수준	질문	조사결과
왜 일어났는가? (사건이 일어났을 때의 과정 또는 활동)	전체 과정에서 그 단계는 무엇인가?	− 분만 중 푸싱 과정(담당 주치의도 없는 상황에서 간호사 혼자 분만 진행 장애가 있는 임신부의 복부와 흉부를 무리하게 압박함) − 분만 중 감시 및 기록 과정(자궁경부가 완전히 개대되어 분만 2기가 진행되기 시작한 21:05경부터 분만이 이루어진 22:14경까지 전자 태아심박동 감시 그래프에 의한 태아 심박동수를 측정하지 않음) − 수술동의 과정(간호기록지에 '환자보호자에게 진행 장애에 대하여 설명 후 동의하에 OP 결정함'이라고 간단히 기재되어 있을 뿐이고, 담당 의사가 원고 및 원고의 보호자에게 임신부와 태아의 상태, 분만 진행 장애의 정도, 제왕절개술에 관하여 어떠한 설명을 하였다는 것인지에 관하여 아무런 기록이 없음) − 전원과정(간호사만 동승한 채 신생아를 전원조치 하였음)
가장 근접한 요인은 무엇이었는가? (인적 요인, 시스템 요인)	어떤 인적 요인이 결과에 관련 있는가?	• 환자 측 − 해당사항 없음 • 의료인 측 − 인력 부족(의사의 지시, 감독 없이 간호사 단독으로 분만 진행, 설명과정 미흡)
	시스템은 어떻게 결과에 영향을 끼쳤는가?	• 의료기관내 − 분만 중 필수검사 미시행 • 법, 제도적 − 표준설명동의 서식 부재 − 의료기간종별, 환자 중증도에 따른 응급환자 이송절차 부재

셋째, 제왕절개수술을 하기에 앞서 임신부 및 임신부의 보호자에게 임신부와 태아의 상태, 분만 진행 장애의 정도, 제왕절개술의 발생가능한 부작용 등에 대해 구체적으로 설명하고, 이에 대한 기록을 남길 필요가 있다(〈표 6〉 참조).

5. 재발 방지 대책

원인별 재발방지 대책은 〈그림 6〉과 같으며, 각 주체별 재발방지 대책은 아래와 같다.

〈그림 6〉 산부인과(산과) 질적06 원인별 재발방지 사항 제안

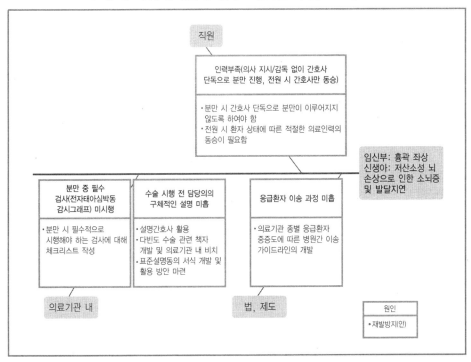

(1) 의료인의 행위에 대한 검토사항

이 사건에서는 분만 과정에서 태아하강이 이루어지지 않을 때 원만한 분만을 위해 실시하는 푸싱을 담당 주치의 없이 간호사 단독으로 무리하게 진행하였다. 간호사

는 의사의 지시가 있다 하더라도 간호사의 고유 업무 영역 이외의 의료행위를 수행해서는 안 되며, 간호업무범위 내의 의료행위만을 하도록 해야 한다. 그리고 전원 시 환자 상태에 따른 적절한 의료인력의 동승이 이루어져야 한다. 또한 의료인은 태아 심박동수, 태아하강도 등을 자주 측정하여 분만의 진행 상황을 정확하게 평가하고, 이에 따른 분만 방법을 선택함으로써 임신부와 태아의 안전을 최대한 확보해야 한다.

(2) 의료기관의 운영체제에 관한 검토사항

의료기관은 분만 중 필수적인 검사를 시행해야 하며, 구체적인 검사항목을 선정하여 체크리스트 양식으로 만들어 누락되는 검사가 없도록 해야 한다. 분만 중 수술과 관련된 정보를 제공하기 위해 설명간호사를 활용하거나 다빈도 수술에 대해 관련 책자를 의료기관 내에 배치하여 의학 정보에의 접근성을 용이하게 해야 한다. 의사는 수술 전 환자와 보호자를 대상으로 수술 동의 절차를 철저히 수행하고 그 내용을 의무기록에 반드시 남기도록 한다.

(3) 학회·직능단체 차원의 검토사항

관련 협회는 표준설명동의 서식의 개발과 이를 임상에서 활용할 수 있는 방안을 마련해야 하며, 다빈도 수술 및 사고 관련 책자를 제작하여 의료기관에 배포할 수 있다. 또한 의료기관 종별과 환자의 중증도에 따른 병원 간 이송 가이드라인을 마련하여 응급환자의 이송이나 전원이 좀 더 체계적이고 신속하게 이루어지도록 해야 한다.

(4) 국가·지방자치단체 차원의 검토사항

관련 기관 및 국가는 표준설명동의 서식을 개발하여 이를 임상에서 활용하도록 하는 방안을 마련해야 하며, 다빈도 수술 및 사고 관련 책자를 제작하여 의료기관에 배포할 수 있다. 또한 의료기관 종별과환자의 중증도에 따른 병원 간 이송 가이드라인을 마련하여 응급환자의 이송이나 전원이 좀 더 체계적이고 신속하게 이루어지도록 해야 한다.

┃ 참고자료 ┃ 사건과 관련된 의학적 소견[4]

1. 태아하강도

산도 내 태아선진부(후두)의 위치를 표시하는데, 골반 입구와 골반 출구의 중간 부분에 위치한 좌골극 부위(골반 중 가장 좁은 부위)를 기준(0)으로, 좌골극 상부에서 산도의 장축을 3등분하여 태아의 위치가 골반입구에서부터 좌골극까지의 각 지점에 이른 상태를 −3, −2, −1로 구분한다. 그리고 좌골극과 골반 출구 사이의 산도를 다시 3등분하여 태아의 위치를 +1, +2, +3으로 구분하는데 +3의 위치는 태아선진부가 질구에 도달하는 시점을 말한다.

2. 푸싱(pushing)

푸싱은 진통간격과 기간은 적절하지만 태아의 머리 하강이 순조롭지 않을 때 임신부의 복압을 높이기 위해 산보의 배를 가슴 쪽에서 아래 방향으로 밀어내는 처치를 말한다. 보통 푸싱은 분만 제2기에 하여야 하며, 자궁수축이 없을 때에는 푸싱을 독려하여서는 아니 되고 임신부를 쉬게 하여야 한다. 푸싱을 할 때는 태아가 아두골반불균형(태아의 머리크기가 임신부의 골반크기보다 커서 분만에 장애가 있는 경우)이 아님을 확인하여야 한다. 또한 태아에게 태아곤란증이 없는지 확인해야 하며, 모체 및 태아에 손상이 가지 않도록 주의해야 한다. 자궁이 완전 개대되지 않은 상태에서 아두의 진입 여부를 확인하지 않은 채 푸싱을 할 경우에는 모체 골반근육의 손상, 무리한 분만으로 인한 태아곤란증 유발 등을 초래할 수 있다.

3. 태아곤란증 및 주산기가사

자궁내의 태반호흡에서 출생 후 폐호흡 확립에 이르는 적응과정 중 산소결핍으로 초래되는 일련의 장애현상을 가사(假死)라고 한다. 태아기의 가사를 태아곤란증(fetal distress)이라 하고, 출생 후의 가사를 신생아가사(neonatal asphyxia)라고 하며, 이 모두를 주산기가사라 고 한다. 태아곤란증은 태아의 심박양상 및 심박동수 이상 등으로 의심할 수 있으며, 신생아가사는 호흡부전과 순환부전에 근거하여 임상적으로는 아프가 점수를 기준으로 정의하는데 3점 이하를 중증 가사, 4−6점을 중증도 가사라고 한다. 주산기가사에 의하여 다기관 기능부전이 초래될 수 있고 이 중 중추신경계에 미치는 영향으로 저산소성 허혈성 뇌증(저산소성 뇌손상)이 나타날 수 있다. 혈압 및 혈류가 감소하면 저산소성 허혈성 뇌병증이 흔히 동반되는데 만삭아에

---

4) 해당 내용은 판결문에 수록된 내용임.

서는 대뇌피질, 기저핵, 뇌간, 소뇌에 허혈성 손상으로 상지의 운동장애를 포함한 뇌성마비 등을 야기할 수 있다.

4. 저산소성 허혈성 뇌증

태아가 장시간 심한 저산소증에 노출되어 있으면 대사성 산증 및 태아 조직이나 장기의 손상이 오면서 결국 저산소성 허혈성 뇌증이 오게 된다. 자궁 내에서 출생 전 저산소성 허혈성 손상을 받은 태아는 많은 경우 출생 직후 명백한 신경학적 증상을 보이지 않을 수 있으나, 적어도 출생 과정 중에 손상이 발생하였을 경우는 대부분 출생 직후 명백한 신경학적 증상을 보이게 된다. 가사의 정도와 지속 시간이 길수록 증상이 심하게 나타나고 초지 증상은 대개 12시간 정도 지속되는데, 의식의 혼미 또는 혼수를 보이고, 주기적 또는 불규칙한 호흡, 근긴장도의 저하, 신생아 원시반사(모로반사, 빨기 반사 등)의 소실 등을 나타내며, 동공 반사는 유지되나 배회하는 안구의 움직임을 보인다. 중증도 이상의 가사인 경우 생후 6~24시간 이내에 50%에서 신생아 경련을 보인다.

판례 7. 태변흡인증후군시 기관내삽관 지연으로 인한 신생아 뇌성마비_ 대전지방법원 2011. 1. 27. 선고 2005가합695 판결

1. 사건의 개요

임신부는 임신 7주경부터 피고 병원에서 산전진찰을 받아왔다. 임신부에게는 경증의 임신성 당뇨가 있었으나 혈당조절이 잘되는 등 특이사항은 없었다. 진통이 시작되었을 때 임신부는 병원에 입원했고 병원 의료진은 유도분만제를 임신부의 질내 삽입했다. 분만 1기에 임신부가 의료진에게 진통을 호소하며 제왕절개수술을 요구하였으나, 담당의사는 제왕절개수술의 필요성이 발견되지 않는다면서 자연분만을 계속 진행하여 3.62Kg의 여아가 자연분만되었다. 출생 당시 신생아는 태변착색이 심한 상태였고 울음 및 움직임이 없고 사지가 창백하였다. 피고 병원 소아청소년과 의사가 호출을 받아 신생아를 진찰하였으나, 기관내삽관 및 이를 통한 분비물 흡인 및 산소 공급을 실시하지는 않았다. 이후 신생아중환자실로 이동 및 입원한 후에 기관내삽관 실시하고 인공호흡기 통하여 산소를 공급하였다. 뇌 MRI 촬영결과 신생아는 뇌피질 손상과 관련된 허혈, 자궁내감염 등이 의심되었다[대전지방법원 2011. 1. 27. 선고 2005가합695 판결].

날짜	시간	사건 개요
		원고(임신부): 1988, 1989년 2회의 자연분만 경험이 있는 경산부 원고(신생아): 현재 뇌성마비로 경도의 사지마비, 인지기능저하 등의 증세를 보임 피고: 병원('피고 병원') 운영자
2003. 4. 14.		• 임신부 임신 7주경부터 피고 병원에서 산전진찰을 받아옴 • 경증의 임신성 당뇨가 있었으나 혈당조절이 잘되는 등 특이사항은 없었음
2003. 11. 08.		• 임신 37주 아두크기: 38+4주로 다소 컸음
2003. 11. 24. (월요일)	12 : 00	• 분만예정일: 2003. 11. 26 • 진통이 시작되어 피고 병원 입원 • 당시 태아 위치는 두위 • 자궁수축 정도와 변화도는 양호하였음

날짜	시간	사건 개요
2003. 11. 24.	13：00	• 피고 병원 의료진은 유도분만제(자궁경부숙화제)인 싸이토텍 50μg을 원고(임신부)의 질내 삽입
	18：00	• 회진당시 분만이 임박한 징후는 없었음

	21：30	자궁수축	2−3분 간격	−
		태아 심박동수	120~160회/분	정상치: 120~160회
		태아변동성	양호	−

2003. 11. 25. (화요일)	01：00	자궁수축	1~2분 간격	−
		태아 심박동수	130~140회(경과기록) 또는 120회~170회 (간호기록지)	정상

	03：00	• 자궁경부가 6~7CM정도 개대(분만 1기) • 원고(임신부)가 피고 병원 의료진에게 진통을 호소하며 제왕절개수술을 요구하였으나, 담당의사는 자궁경부개대 진행이 잘되고 있고 태아 상태가 양호하며 달리 제왕절개수술의 필요성이 발견되지 않는다면서 자연분만이 가능하다 설명하고 자연분만진행을 계속하였음
	03：30	• 양수 파열 • 태아심박동수 140~150회
	03：40	• 자궁경부 완전개대(분만 2기) • 태아심박동수 80회까지 1~3분 동안 감소 ＝원고에게 산소 10ℓ 및 수액공급, 좌측위로 체위 변경
	04:10	• 산소 유지, 수액공급, 우측위로 체위변경

		태아 심박동수	120~140회(경과기록) 또는 110~140회(간호기록지)

	04：35	• 분만실로 이동

		태아 심박동수	120~130회(경과기록) 또는 110~145회(간호기록지)

	04：48	• 3.62Kg, 여아, 자연분만 • 출생당시 신생아 태변착색 ＋＋＋로 태변착색이 심한 상태 • 아프가점수: 1분에 2점, 5분에 3점 • 울음(crying) 및 움직임(moving) 없음 • 사지 창백, 몸통은 약간 선홍색 • 심장박동 불규칙, 자가호흡 약함, 자극 주어도 반응 없이 계속 울음 없음 • 벌브 실린지(bulb syringe) 이용하여 구강·비강 흡인 시행 • 앰부배깅을 시행하였으나 울음, 움직임이 회복되지 않음

날짜	시간	사건 개요
2003. 11. 25.	04:52	• 분만실의 호출을 받은 피고 병원 소아청소년과 의사가 분만실 도착 ＝원고 진찰하였으나 기관내삽관 및 이를 통한 분비물 흡인 및 산소공 급을 실시하지는 않음
	05:00	• 신생아중환자실로 이동 및 입원 • 입원당시 호흡곤란, 전신청색증, 사지 창백, 몸통은 약간 분홍빛, 후두 경 확인시 성대는 깨끗하였고 구강 및 비강 흡인시 혈액이 섞여 다량 흡인되었음
	05:10	• 기관내삽관 실시하고 인공호흡기 통하여 산소 공급 • 기관내삽관후 촬영한 흉부 엑스레이결과 폐렴소견이 관찰되지는 않음
	05:40	• 동맥혈가스분석결과(ABGA)

항목	결과	정상치
동맥혈	pH 6.945	약 7.4
standard BE	−24.1mmol/L	−2~−10mmol/L
HCO_3	5.4mmol/L	21~28mmol/L

날짜	시간	사건 개요
		• 간효소 상승: AST/ALT 174/36 • LDH 상승: 2943, 저나트륨 소견: 129 • 심한 산혈증 상태
	06:00	• 신생아 움직임 및 자극에 반응이 있고 자가호흡 있음
	16:30	• 산소포화도 90% 이상으로 회복 • 울음 및 움직임도 양호한 편이어서 기관내삽관 제거
2003. 11. 26.		• 사지를 휘두르면서 경련 발작 일으키는 등 경련 증세 보임
2003. 11. 27.		• 뇌초음파검사결과 신생아는 뇌실에 허탈 등이 있고 육안적 선천적 이상 의 증거는 발견되지 않는 뇌부종상태
2003. 12. 02.		• 뇌 MRI 촬영결과 뇌피질손상과 관련된 허혈, 자궁내감염 등이 의심되 는 상태였음
		• 2003. 12. 01. 태반조직검사결과 태반에서 융모양막염, 급성탈락막염 등 염증소견이 관찰되었으나, 탯줄에서는 염증소견이 발견되지 않음

2. 법원의 판단

가. 응급제왕절개수술을 실시하지 않은 과실이 있는지 여부: 법원 불인정

(1) 원고 측 주장

양수 파열이 된 2003년 11월 25일 03 : 30부터 분만 시인 04 : 48경까지 1시간 이상 태아는 지속적 태아심박동감소상태였다. 또한 태변착색이 있었는바 이는 태아곤란증이 있었음을 시사한다. 이에 대해 의료진은 산소공급, 수액공급, 체위변경 등 1차적 처치는 하였으나 이러한 1차적 처치 이후에도 지속적으로 태아심박동감소가 나타났으므로 응급 제왕절개수술을 실시하여야 했다. 또한 태아는 아두골반불균형으로 자연분만은 위험한 상태였음에도 피고 병원은 위와 같은 상황 및 임신부의 요구에도 불구하고 제왕절개수술을 하지 않고 무리하게 자연분만을 시도한 과실이 있다.

(2) 법원 판단

법원은 다음과 같은 근거에서 응급제왕절개수술을 실시하지 않은 과실을 인정하지 않는다.

(1) 태아심박동수가 03 : 40경 80회까지 1~3분가량 떨어졌으나 04 : 10경 120~130회 또는 110~140회로 회복되고 04 : 35경 120~130회 또는 110~145회로 유지되었는바, 일시 감소되었다가 회복되는 양상으로 지속적 태아심박동감소상태라고 보기 어렵다. 태아의 심박동수감소는 일시적이고 가변적이었는바 ① 변동이 없으면서 반복적인 만기 또는 다양성 심박동감소가 있는 경우, ② 변동이 없으면서 상당한 서맥이 있을 경우에는 매우 비정상적인 태아심박동감소로 진단하고 태아의 두피에서 혈액을 채취하여 혈액의 산도가 7.2 이하로 나온 경우 태아곤란증으로 확진하고 빨리 분만을 실시하여야 하나, 태아의 경우 이런 비정상적인 경우에 해당되었다고 보이지 않는다.

(2) 제왕절개수술은 ① 반복적인 제왕절개수술 또는 자궁수술을 받은 과거력이 있는 경우 ② 난산으로 인한 분만진행 실패의 경우 ③ 태아의 위치 이상의 경우 ④ 태아곤란증의 경우 등에 실시한다. 본 태아의 경우 태아곤란증이 있었다고 볼 사정을 발견하기 어렵고 달리 제왕절개수술의 적응증이 있었다고 볼 자료가 없다. 임신부 측은 출생 당시 태변착색이 있었으므로 신생아에게 태아곤란증이 있었음을 추정할 수

있다 주장한다. 하지만 최근 연구결과에 따르면 태변 유출과 신생아 예후와의 관계가 불분명하여 태변착색만으로 신생아가 태아곤란증 상태였다고 보기에 부족하다. 설혹 태아에게 태아곤란증이 있다 하더라도, 태아곤란증의 경우 우선 산소를 공급하고 측 좌위 자세를 바꾸며 수액공급을 증가시키는 등의 조치가 필요하다. 그리고 계속하여 태아심박동 이상이 관찰되면 가장 빠르고 안정되게 적절한 방법으로 조속한 분만을 시도하여야 하며 반드시 즉시 제왕절개수술을 할 필요는 없다.

나. 신생아가사에 대하여 적절한 대응조치를 취하지 않은 과실이 있는지 여부: 법원 인정

(1) 원고 측 주장

신생아는 출생 당시부터 태변흡인증후군이 있었고 아프가 점수가 1분에 2점, 5분에 3점에 불과한 상태로, 흡입된 태변을 충분히 제거하기 위해서는 즉각적인 기도확보와 인공환기가 절실한 상황이었으므로 즉시 산소를 공급하고 기관내삽관을 실시하여야 했다. 그럼에도 병원 의료진은 흡인 및 앰부배깅만을 실시하였을 뿐 즉각적인 산소공급 및 기관내삽관을 실시하지 않았다. 또한 신생아에게 태아곤란증이 있었음에도 분만실에 소아청소년과 의사가 대기하지 않았고, 출생 22분 후에야 비로소 효과적인 흡인 및 산소공급을 위한 기관내삽관을 실시하였으나, 이미 태변과 분비물이 신생아의 기도를 막고 기관지와 폐로 흡입되어 산소가 공급되지 않아 신생아가 저산소성 허혈성 뇌손상에 빠지게 되었다.

(2) 법원 판단

신생아에게 자극을 가했음에도 자발적 호흡이 돌아오지 않는 경우 양압환기를 실시하여야 하고 태변착색이 있으면서 활발하지 않은 경우에는 기관내삽관이 필요하다. 심한 태변착색을 보인 경우 태변흡인증후군을 예방하기 위하여 분만 즉시 후두경을 이용하여 기관내삽관을 한 후 흡인장치를 통하여 태변이 흡인되지 않을 때까지 계속하여 태변을 제거하여야 한다. 기관내삽관 시 성대주변에 이물질이 발견되지 않았고 기관삽관후 촬영한 흉부 엑스레이결과 폐렴소견이 관찰되지 않았으면 태변착색만으로 태변흡인증후군이 있었다고 단정할 수는 없으나, 신생아는 출생당시 태변착색이 심하였고 전신의 청색증이 있었고 아프가 점수가 1분에 2점, 5분에 3점인 점 등에 비추어 태변흡입증후군이 있었다고 보인다. 이에 따라 피고 병원은 태변흡인증후군을 보이는 신생아에 대하여 즉시 효과적인 흡인 및 산소공급을 위한 기관내삽관을 하여야 함에도 출생 후 22분이 지나서야 기관내삽관을 실시한 과실이 인정된다.

3. 손해배상범위 및 책임 제한

가. 의료인 측의 손해배상책임 범위: 60% 제한

나. 제한 이유

(1) 뇌성마비는 인구 1000명당 1–2명에서 발생하는 운동장애 증후군으로 그 원인은 명확하게 밝혀져 있지 않은 점

(2) 탯줄에 감염이 없어도 염증시 나타나는 화학물질이 태아에게 전달되어 태아가 감염될 수 있는데 태아의 태반조직검사결과 급성 탈락막염(acute deciduitis)과 융모양막염(chorioamnionitis)이 발견됨. 그외 뇌에서 백질연화증이 발견되지 않았다는 사정만으로 자궁내감염이 없었다고 단정할 자료가 없음.

(3) 산전진찰과 산전초음파 기록에는 자궁내감염을 의심할 만한 증상은 없었던 것으로 보아 무증상의 자궁내감염(subclinical intrauterine infection)도 완전히 배제하기 어려움. 이 경우 피고가 자궁내감염을 미리 진단하였거나 이에 대비하기 어려웠을 것으로 보임

(4) 2003. 12. 2. 신생아의 뇌 MRI 촬영결과에 의하면 자궁내감염이 의심되는데 모체의 융모양막염은 주산기 위험인자로서 신생아 뇌성마비의 원인이 될 수 있음.

(5) 신생아 뇌성마비는 출산 후 피고 병원의 기관내삽관의 지연을 포함한 일련의 조치과정 뿐만 아니라 임신부측 또는 태아측의 사유도 원인으로 하여 유발되었을 가능성도 있음

다. 손해배상책임의 범위

① 청구금액: 95,843,191원
② 인용금액: 79,220,566원

(1) 일실수입: 18,000,000원(30,000,000원의 60%)

(2) 향후치료비: 941,463원(1,569,105원의 60%)

(3) 임신부의 기왕치료비: 10,279,103원(17,131,839원의 60%)

(4) 위자료: 50,000,000원

4. 사건 원인 분석

이 사건의 임신부는 2회의 자연분만 경험이 있는 경산부로, 자연분만하였다. 신생아는 출산 당시 태변착색이 심한 상태였으나 피고 병원 의료진은 벌브 실린지를 통한 구강·비강 흡입만을 시행하였을 뿐 기관내삽관 및 이를 통한 분비물 흡인과 산소공급 시행을 지연하여 신생아가 출산 후 뇌성마비로 인한 장애를 입은 사건이다. 이 사건과 관련된 문제점 및 원인은 아프가 점수가 1~3이었으며 심한 태변착색을 보인 신생아에 대하여 기관내삽관 및 이를 통한 분비물 흡인과 산소공급을 즉시 시행하여야 함에도 출생 후 22분이 지나서야 시행한 점이다(〈표 7〉 참조).

〈표 7〉 원인분석

분석의 수준	질문	조사결과
왜 일어났는가? (사건이 일어났을 때의 과정 또는 활동)	전체 과정에서 그 단계는 무엇인가?	-분만 직후 응급처치 단계(아프가 점수가 1-3으로 심한 태변착색을 보인 신생아에 대한 기관내삽관 및 이를 통한 분비물 흡인, 산소공급이 지연됨)
가장 근접한 요인은 무엇이었는가? (인적 요인, 시스템 요인)	어떤 인적 요인이 결과에 관련 있는가?	•의료인 측 -기관내삽관 및 이를 통한 분비물 흡인과 산소공급 지연
	시스템은 어떻게 결과에 영향을 끼쳤는가?	

5. 재발 방지 대책

원인별 재발방지 대책은 〈그림 7〉과 같으며, 각 주체별 재발방지 대책은 아래와 같다.

〈그림 7〉 산부인과(산과) 질적07 원인별 재발방지 사항 제안

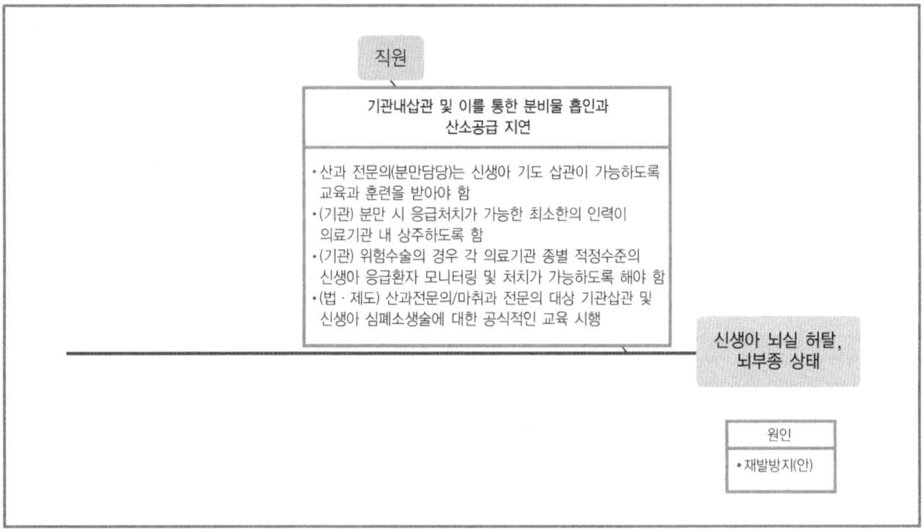

(1) 의료인의 행위에 대한 검토사항

위험요인을 가지고 있는 신생아 출산의 경우 소아청소년과 의사가 직접 1분 아프가 점수를 측정하고 이에 대하여 처치를 하는 것이 바람직하다. 신생아 기관내삽관의 적응증을 보면[5] '지속적 양압환기가 필요할 때, Bag and mask ventilation이 부적절할 때, 기도내로부터 분비물 제거가 요구될 때, 횡격막 탈장이 의심될 때, 극소미숙아일 때, 기관내 약물 주입이 필요할 때'이다. 위 적응증에 해당되는 경우 즉각적인 기관내삽관이 이루어질 수 있도록 하여야 한다.

(2) 의료기관의 운영체제에 관한 검토사항

위험분만 시 신생아 응급처치가 가능하도록 충분한 인력이 의료기관 내에 상

---

5) 대한신생아학회, 신생아진료지침 제2판, 광문출판사, 2008년, p. 45.

주하도록 해야 한다. 위험수술의 경우 수술실과 분만실에서 각 종별 의료기관(1차·
2차·3차)에 맞는 적정 수준의 신생아 응급환자 모니터링 및 처치가 가능하도록 해야
한다. 3차 병원은 고위험 신생아가 많기 때문에 응급환자처치시설과 소아청소년과
의사 응급호출 시스템을 정비해 놓아야할 것이다. 1~2차 병원은 소아청소년과 의사
가 대기할 수 있는 현실적인 여건이 되지 않을 수 있다. 따라서 산과 전문의에게 기
관삽관 내지 신생아 심폐소생술에 대한 공식적인 교육을 시행하는 것을 제안해 볼
수 있다. 물론 이로 인해 발생하는 추가적인 비용에 대해서는 적절한 보상이 이루어
지도록 해야 할 것이다. 모든 병원 종사자들이 현재 정기적으로 심폐소생술 교육을
받는 것처럼 위험분만과 관련된 의료인들(소아청소년과 의사를 포함하여)은 "분만 및
이와 관련된 신생아 심폐소생술 교육을 별도로 받는 것"도 고려해볼 수 있다.

(3) 학회·직능단체 차원의 검토사항

신생아의 기관내삽관을 위해서는 별도의 교육과 훈련이 필요하다. 그러나 현재
산부인과 의원에는 신생아 기관내삽관이 가능한 소아청소년과 의사가 없거나 있어도
매 분만 시마다 상주하기 어려운 한계가 존재한다. 따라서 신생아에 대한 즉각적인
응급처치가 가능하도록 적어도 산과에서 분만을 담당하는 전문의를 대상으로 신생아
기관내삽관에 대한 공식적인 교육을 시행하는 것을 고려해 볼 수 있다.

판례 8. 무리한 조기 분만 시도로 인한 태아 사망 및 임신부 열상_ 서울고등법원 2007. 3. 15. 선고 2006나56833 판결

1. 사건의 개요

임신부는 임신 27주 2일째부터 피고 병원에서 산전 진찰을 받아 왔다. 임신 40주에 유도분만을 위하여 병원에 입원하였다. 분만대기실에서 내진, 비수축 검사 및 초음파 검사 등 기본검사 시행하였다. 이후 분만이 진행되었고 22 : 30 밖에서 음주를 하고 돌아온 의사는 임신부를 분만대로 옮기도록 한 후, 레지던트와 같이 임신부의 배를 압박하였다. 분만 제2기에 의사는 태아곤란증을 의심하고 Vaccum을 이용한 흡입분만을 수회 시도하였다. 23 : 55 여아 분만되었으나 울지 않고 전신에 청색증 소견을 보이며 심박동이 없었다. 대기 중이던 소아청소년과 의사가 기관내삽관 및 심장마사지 등 회복조치를 한 후 태아가 사산하였음을 선언하였다. 부검결과 태아의 사인은 태아곤란증으로 판단되었다. 임신부도 흡입분만을 이용한 질식분만을 하는 과정에서 회음부 4도의 분만후 산도열상을 입었다[서울남부지방법원 2006. 5. 11. 선고 2004가합11880 판결, 서울고등법원 2007. 3. 15. 선고 2006나56833 판결].

날짜	시간	사건 개요
		원고(임신부) 피고 1: 학교법인(이하 '피고 병원'이라 함) 소속 병원 산부인과 전문의 피고 2: 학교법인
2003. 11. 13.		• 임신부 의정부 소재 병원에서 임신 5주 3일 진단 • 이후 위 병원에서 정기적인 산전진찰을 받아왔음
2004. 04. 14.		• 임신 27주 2일째 • 피고 1을 특진의로 하여 피고 병원에서 산전 진찰을 받게 됨
2004. 06. 23.		• 임신 37주 1일까지 외래진료를 시행한 결과 임신부·태아 모두 건강하다는 소견
2004. 07. 13.	오후경	• 임신 40주 • 피고 1의 진료를 받은 뒤 유도분만을 위하여 피고 병원에 입원

날짜	시간	사건 개요
2004. 07. 13.	22 : 00	• 분만대기실에서 내진, 비수축 검사 및 초음파 검사 등 기본검사 시행
2004. 07. 14.	00 : 00	• 자궁경부 숙화를 위해 질정(프로스타글란딘 E2) 넣음
	02 : 00	• 자궁 수축 정도 확인 ＝자궁 수축이 빈번하게 나타나 원고(임신부)에게 좌측위를 취하도록 한 후 경과 관찰
	02 : 40	• 태아심박동수 120~160회/분(정상) • 자궁이 과다 수축되는 양상을 보여 프로스타글란딘 질정 제거
	08 : 30	• 자궁 경부가 2cm 정도 개대 • 무통마취를 위한 도관 삽입
	12 : 10	• 내진 시행 ＝자궁경부 개대가 2cm 정도로 변화 없음 ＝자궁수축이 적정수준에 비하여 약하게 나타나 자궁 수축제 다시 주입
	18 : 00	• 자궁경부가 3~4cm 정도 개대 • 분만진행을 위해 인공 양막파수를 시행 ＝태변착색은 없었고, 태아심박동수 정상적
	19 : 40	• 전자태아감시장치에 2~3회 만기 태아심박동 감소가 나타남 ＝원고에게 좌측위 취하도록 하고, 심호흡을 격려하자 태아심박동수는 정상 소견을 보임
	20 : 00	• 자궁경부가 4~5cm정도 개대 • 자궁이 70% 소실됨
	21 : 30	• 자궁경부가 5~6cm정도 개대됨 • 자궁이 70~80% 소실됨 • 태아심박동수가 간헐적으로 100~140회/분으로 조기 태아심박동 저하 양상으로 1분간 떨어졌다가 150~180회/분으로 회복
	22 : 15	• 태아심박동수가 2회에 걸쳐 80~100회/분으로 조기 양상으로 40초 내지 1분간 떨어졌다가 다시 140~170회/분으로 유지됨 • 7/14. 18 : 00 피고 1은 교수들과의 저녁모임에서 맥주 2병을 마셨고, 22 : 00 병원 의료진으로부터 연락을 받고 집을 출발하여 22 : 10경 피고 병원에 도착하였음

표 안의 표 (22:00 행):

자궁경부	닫힌 상태
자궁내 압력	불규칙적, 10~20mmHg
태아 예상몸무게	3.18kg

날짜	시간	사건 개요
2004. 07. 14.	22:30	• 피고 1은 원고(임신부)를 분만대로 옮기도록 한 후, 의료진에게 Vaccum을 준비하도록 지시함 • 레지던트 3년차에게 푸싱을 시도하도록 지시하여 위 레지던트는 원고의 배를 누르기 시작하였음(피고 1 또한 원고의 배를 압박하였음)

자궁 경관개대	자궁경관 숙성도	태아 하강도	태아심박동수
6~7cm	80%	−1~0	110~180회/분

	22:55	• 태아심박동수: 110~120회/분
	23:00	• 태아심박동이 계속 감소되는 양상을 보이자 피고 1은 소아청소년과 의사에게 연락하여 분만실에 대기할 것을 요청함

자궁 경관개대	자궁경관 숙성도	태아 하강도	태아심박동수
8~9cm	90%	0	80~90회/분 (바로 110이상으로 회복)

	23:10	• 계속적인 푸싱상태 • 태아심박동수: 70~90회/분(110회로 회복)
	23:20	• 푸싱 격려 • 태아심박동수: 90~110회/분
	23:30	• 분만 제2기 • 피고1은 태아곤란증을 의심하고 Vaccum을 이용한 흡입분만을 수회 시도함(원고 주장: 8~9회, 피고 주장: 3~4회)

자궁경관개대	자궁경관 숙성도	태아 하강도
23:30경	완전개대	+1

	23:40	• 태아심박동수: 78회/분
	23:55	• 3.10kg, 여아 분만 • 아프가 점수: 1분에 0점, 5분에 0점 • 울지않고 전신에 청색증 소견을 보이며, 심박동이 없었음 • 부검결과 태아의 폐에 양수 성분이 중증도로 흡입됨 (이미 자궁 내에서 사망한 것으로 판단됨)
		• 대기 중이던 소아청소년과 의사가 기관내삽관 및 심장마사지 등 회복조치 했음에도 불구하고 사산하였음
	23:55	• 위 소아청소년과 의사는 태아가 사산하였음을 선언함

날짜	시간	사건 개요
2004. 07. 15.	00 : 03	• 태아를 신생아실로 옮겼으나 상태가 회복되지 않음
부검결과		• 태아의 사인: 태아곤란증 • 외표검사 결과 두부에서 두정부, 양측 측두부에 걸쳐 광범위한 종창 및 두피하출혈 형성 • 두정부 중앙에 6x6cm 범위로 형성된 원형의 표피박탈 • 우측 두정, 전두부에서 길이 2cm의 열창 및 2개소(길이 1.2cm, 0.3cm)의 선상 표피박탈 및 좌측두정, 전두부에서 2개소의 국소적인 표피박탈 형성 • 내경검사 결과 두부에서 두정부를 중심으로 후두부와 양측 측두부에 걸쳐 산류 및 모성건막하출혈이 광범위하게 형성되었음 • 두개골에서 두정골의 중앙변이 중첩되고 후두골과 두정골이 겹쳐졌음 • 폐부유시험상 양측 폐는 물에 뜨는 상태이고, 폐에서 양수성분이 중증도로 흡입되었고 폐포가 확장되어 있었음
		• 태아를 분만하기 전에 중앙회음절개술을 시행받은 원고는 흡입분만을 이용한 질식분만을 하는 과정에서 회음부 4도의 분만후 산도열상을 입음
		• 시간대별 분만경과 의무기록

시간	자궁 경관개대	자궁경관 숙성도	태아 하강도	태아심박동수
22 : 30경	6~7cm	80%	−1~0	110~180회/분
22 : 55경				110~120회/분
23 : 00경	8~9cm	90%	0	80~90회/분 (바로 110 이상으로 회복)
23 : 10경				70~90회/분 (110회로 회복)
23 : 20경				90~110회/분
23 : 30경	완전개대		+1	60~70회/분
23 : 40경				78회/분

2. 법원의 판단

가. 의사에게 무리한 조기 분만 실시의 과실이 있는지 여부:법원 인정(제1심) → 법원 인정(항소심)

(1) 원고 측 주장

의사가 분만 2기에 접어들지 않은 원고를 분만대로 옮겨 푸싱을 시작했다. 레지던트는 배를 압박하는 것에 그치지 않고 스스로 원고의 배 위에 올라와 위 원고의 배를 세게 누르며 무리하게 조기 분만을 시행하였다. 흡입분만은 분만 제2기에 시도하여야 하고 3~4회에 그쳐야 함에도 불구하고 의사는 원고를 분만대로 옮긴 22 : 30부터 분만이 완료된 23 : 55까지 1시간 25분에 걸쳐 8~9회의 흡입분만을 시도하였다.

(2) 의료진 주장

의사가 원고의 배를 압박한 것은 사실이나 이것은 원고의 복압을 주는 힘이 약하여 분만을 도와주고 분만을 빨리 진행시키기 위해 한 것으로 일반적으로 허용되는 압박이다. 의사가 흡입분만을 시도한 시점은 원고가 분만 제2기에 들어선 23:30경부터였고 3~4회 시도 끝에 태아를 만출한 것으로서 일반적으로 허용되는 흡입분만의 방법에 따랐다.

(3) 법원 판단

의사가 원고의 배를 압박한 7/14 22 : 30경에는 원고의 자궁경부는 6−7cm 개대되고, 자궁소실이 80%, 태아하강도가 0인 상태로 분만 1기에 있었다. 따라서 의사는 원고에 대한 내진이나 활력징후 측정, 금식 및 수액공급, 필요에 따른 진통제 투여, 방광기능 확인 및 태아심박동수 정기적 청진 등의 처치를 시행하여야 할 뿐, 통상 분만 2기에 이르러서 비로소 실시하는 푸싱과 흡입분만을 실시하여서는 아니 된다. 그럼에도 원고 또는 태아에게 빠른 분만을 시행하여야할 특별한 사유가 확인되지 않는 상황에서 의사가 원고의 배를 푸싱하는 등 무리하게 조기분만을 실시한 잘못이 있다. 의사는 7/14 08 : 30경 자궁경부가 2cm정도 개대되기 시작하였으므로 그날 밤 또는 다음날 새벽에 분만이 이루어질 것을 예상하였음에도 불구하고 같은 날 18 : 00경 음주(맥주 2병)한 후 이 사건 분만에 참여하여 판단력이 흐려진 상태에서 무리하게 분만을 실시했을 가능성을 배제할 수 없다. 비록 의사가 원고에 대하여 흡입분만을 시도한 시점 및 횟수를 정확히 특정할 수는 없지만 원고와 태아에게 나타난 결과에 비추어 볼 때 의사가 일반적으로 허용되는 기준을 넘어선 무리한 흡입분만을 시도하였음을 추인할 수 있다.

의사의 이런 과실은 태아 사망과 인과관계가 있음을 인정할 수 있다. ① 원고를 분만대로 옮기기 전까지 원고와 태아에게 특별히 위험한 징후를 발견할 수 없었는데 그 시각부터 그 전에는 볼 수 없었던 태아서맥이 나타났고 태아가 저산소증으로 사망하였다. ② 자궁이 완전히 개대되지 않은 상태에서 아두의 진입여부를 확인하지 않은 채 푸싱을 할 경우 모체 골반근육의 손상, 무리한 분만으로 인한 태아곤란증 유발 등을 초래할 수 있다. ③ 무리한 흡입분만으로 원고에게는 외상 및 출혈, 태아에게는 두피열상, 좌상, 두혈종, 두 개내 출혈, 태아 사망 등의 후유증이 발생할 수 있다는 점

나. 제왕절개수술을 행하지 아니한 과실 여부: 법원 불인정(제1심) → 법원 불인정(항소심)

(1) 원고 측 주장

의사가 원고를 분만대로 옮겨 흡입분만을 시도할 당시 태아 심박동수가 감소되는 태아곤란증이 나타났음에도 불구하고 제왕절개술을 시행하지 않고 계속 흡입분만을 진행하여 분만을 지체하였다.

(2) 의료인 측 주장

당시 원고의 자궁경부가 완전히 개대되었고 태아하강도가 +1정도로 응급제왕절개술을 시도하기보다는 흡입분만 등 보조적인 방법들을 이용하여 질식분만을 하는 것이 보다 안전하고 빠른 방법이라 판단하여 흡입분만을 시도하였다.

(3) 법원 판단

의사가 분만을 진행하던 중 태아의 심박동수가 떨어지는 현상을 보고 태아가 저산소증에 빠졌다고 판단한 후, 질식분만이 제왕절개술의 준비 및 시행보다 빠른 방법이라고 생각하여 질식분만을 강행한 것으로 볼 수 있다. 제왕절개술 실시가 질식분만보다 더 빠른 분만방법이었고 제왕절개술이 행하여졌다면 태아사망을 방지할 수 있

었다는 점을 원고 측이 입증하지 못하는 한 의사가 흡입분만의 방법을 선택하고 제왕절개술을 하지 않았던 점에 대해 과실이 있다고 할 수 없다.

3. 손해배상범위 및 책임제한

가. 손해배상책임의 범위: 위자료만 인정

나. 위자료 인정 이유

(1) 제1심

- 태아가 분만 중 사망하여 발생한 정신적 고통 및 원고의 회음부 4도 열상에 따른 신체적 고통이 있었음
- 다음번 임신에서 자궁경관무력증의 발생가능성 등으로 인한 정신적 고통이 있었음

(2) 항소심

- 이 사건 분만 후 원고는 2년 만에 다시 임신하게 되었으나 임신 후 지속적인 유산 및 조산 위험성과 치골 및 골반통증으로 시달렸음
- 원고가 다른 의사로부터 특별히 소개받아 피고 의사에게 특진을 의뢰했었음
- 이 사건 태아는 임신 40주를 모두 채우고 3.10kg의 정상체중을 가진 여아로 분만직전 원고와 태아 모두 정상소견으로 정상 분만이 기대되고 있었음
- 원고와 남편은 직업이 모두 의사로서 결혼 후 3년 동안 아기를 기다려 왔음
- 원고는 회음부 4도 열상을 입음으로써 치료기간 동안 상당한 신체적 고통을 입었음

다. 손해배상책임의 범위

(1) 제1심

① 청구금액: 250,699,214원

② 인용금액: 45,000,000원

　　― 위자료 45,000,000원

(2) 항소심

① 청구금액: 205,699,214원

② 인용금액: 75,000,000원

4. 사건 원인 분석

　　피고 의사는 분만 2기 전에 임신부의 배를 압박하여 분만을 진행하였고 태아곤란증이 의심되자 빠른 분만을 위해 흡입분만을 수회 시도하였지만 태아는 사산되었고 임신부는 회음부에 4도 열상을 입었다. 더욱이 임신부의 담당의사인 피고는 그날 밤 또는 다음날 새벽에 분만이 이루어질 것을 예상하였음에도 불구하고 그날 저녁 음주를 한 후 이 사건 분만에 참여하여 출산의 전 과정을 지휘한 바, 이것이 주의의무 위반이라는 독립적인 과실로 인정되지는 않았으나 피고의사의 과실에 대한 비난 가능성을 강화시키는 요인으로 인정되었다. 이 사건과 관련된 문제점 및 원인을 분석해본 결과는 다음과 같다.

　　첫째, 임신부의 상태가 분만 1기에 있었고 조기분만을 실시할 이유가 없음에도 통상 분만 2기에 실시하는 푸싱과 흡입분만을 시행하였다.

　　둘째, 무리한 흡입분만 시도로 임신부에게 4도 회음부열상 및 산과적 상부질 열상을 입혔을 뿐만 아니라 태아의 두정부, 양측 측두부 및 후두부에 걸쳐 광범위한 종창 및 두피하출혈, 두정부에 표피박탈, 두정, 전두부에 열창 및 산류와 모성건막하출혈 등이 광범위하게 형성되었다.

　　셋째, 담당의사가 음주 후 분만을 진행하여, 환자와 의료진 간 신뢰관계에 부정적인 영향을 미쳤을 것이다(〈표 8〉 참조).

〈표 8〉 원인분석

분석의 수준	질문	조사결과

왜 일어났는가?
(사건이 일어났을
때의 과정 또는
활동)
	전체 과정에서
	그 단계는
	무엇인가?
		− 분만 시작 과정(분만 1기로 조기분만을 실시할 이유가
		  없음에도 통상 분만 2기에 시행하는 푸싱과 흡입분만
		  시행)
		− 분만 진행 과정(무리한 흡입분만으로 임신부와 태아에
		  게 상해 입힘)
		− 환자와 의료인의 신뢰형성 단계(담당의, 음주 후 분만
		  참여)

가장 근접한 요인은 무엇이었는가? (인적 요인, 시스템 요인)	어떤 인적 요인이 결과에 관련 있는가?	• 의료인 측 − 통상 분만 2기에 실시하는 푸싱과 흡입분만을 조기에 시행 − 금속 소재의 흡입컵 사용 − 음주 후 분만참여
	시스템은 어떻게 결과에 영향을 끼쳤는가?	

5. 재발 방지 대책

원인별 재발방지 대책은 〈그림 8〉과 같으며, 각 주체별 재발방지 대책은 아래와
같다.

〈그림 8〉 산부인과(산과) 질적08 원인별 재발방지 사항 제안

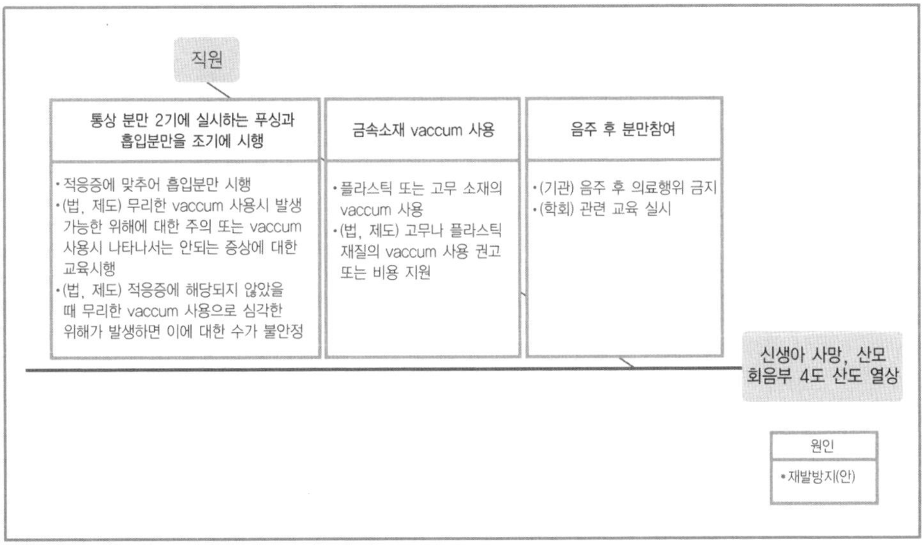

(1) 의료인의 행위에 대한 검토사항

적응증에 맞추어 태아하강도가 적절할 때 흡입분만을 시행해야 한다. 경관개대
가 충분히 이루어지지 않은 상황에서 무리하게 흡입분만을 사용할 경우 임신부와 태
아 모두에게 상해를 입힐 수 있으므로, 태아하강도가 충분하게 이루어진 상태에서 사
용하도록 한다.

(2) 의료기관의 운영체제에 관한 검토사항

금속 소재의 흡입컵을 사용하기보다는 플라스틱 혹은 고무 소재의 흡입컵을 구
비해두고 사용하도록 권고하여야 한다. 의료인이 음주 후 의료행위를 하지 못하도록
기관 내 규정을 마련하여야 한다.

(3) 학회·직능단체 차원의 검토사항

무리한 흡입분만 시행 시 발생가능한 위해에 대해 충분한 주의를 주고, 흡입컵 사용 시 주의해야 할 증상에 대한 교육을 시행하도록 한다. 또한 음주 후 의료행위와 관련된 법·윤리 교육이 필요하다.

(4) 국가·지방자치단체 차원의 검토사항

적응증에 해당되지 않았을 때 시행하는 무리한 흡입분만의 경우에는, 이에 대한 수가 인정을 하지 않는 방안을 고려해볼 수 있다. 고무나 플라스틱 재질의 흡입컵 사용을 권고하고 이에 대한 비용을 지원하는 방안을 고려해볼 수 있다.

┃ 참고자료 ┃ 사건과 관련된 의학적 소견6)

1. 태아곤란증

태아곤란증은 지속적으로 자궁내 태아에게 저산소증 및 산증을 일으킬 수 있는 상황을 말하는데, 그 원인 중 임산부측 원인으로 저혈압·저산소증이 있고, 태반의 순환장애·태반조기박리·자궁파열 등이 있으며, 태아감염·빈혈·출혈·약물 등이 있고, 이외에 자궁의 과다한 수축, 제대탈출 등이 있다. 따라서 분만경과 관찰 중에는 태아의 심박동수의 양상과 임신부의 자궁수축의 정도를 주의 깊게 관찰하여 태아곤란증 상황을 신속하게 인식하고 그 원인을 제거하기 위한 처치를 하여야 한다. 통상 임상에서 태아심박동의 양상(서맥, 빈맥, 심박동 변동성의 소실, 반복적인 만기 태아심박동의 감소 등)에 근거하여 태아곤란증을 추정하게 되나 이러한 태아심박동 양상에 근거한 태아곤란증의 진단은 매우 제한적인 의미를 갖는다. 태아심박동감소가 나쁘게 나타나더라도 그 지속시간이 짧고, 간헐적으로 나타나는 때에는 태아에 의미 있는 영향을 미치지 않으나, 분당 120회 이하로 반복하여 감소하면 태아곤란증이 의심되고 자궁수축 이후 1분에 100회 미만의 심박동이 있었다면 비록 다음 수축 전에 120~160회로 회복되더라도 태아곤란증은 거의 확실한 것으로 보아야 한다.

분만과정에 있어 임신부 및 태아의 상태를 관찰하는 시간 간격을 일률적으로 정할 수는 없으나, 미국 산부인과학회는 저위험 임신군의 경우 분만 제1기에서는 30분마다, 분만 제2기에서는 15분마다, 고위험 임신군의 경우 분만 제1기에서는 15분마다 분만 제2기에서는 5분마다 태아심음을 청취할 것을 권장하고 있다. 분만 중 태아심박동 양상에 비추어 태아의 상태가 나빠지리라고 생각되면 옥시토신을 투여하던 경우에는 이를 중지하고 임산부의 체위를 변경시키며 수액공급을 증가시키고 안면마스크를 통해 분당 8~10리터의 산소를 공급하여야 하는데 이러한 조치에도 불구하고 효과가 없을 때에는 가장 빠른 방법으로 즉각적인 분만을 시도하여야 하고 이 경우 질식분만이 제왕절개술의 준비보다 빠른 분만방법이라고 판단되면 질식분만을 할 수 있다.

2. 흡입분만

임신부에게 심장질환, 급성 폐부종, 분만중 감염증, 신경학적인 조건, 극도의 피로 또는 분만 제2기의 지연 등이 있을 경우 태아에게 제대탈출, 태반조기박리, 태아곤란증 등이 있을 경우에

---

6) 해당 내용은 판결문에 수록된 내용임.

시도하고 그 시기는 자궁경부가 완전히 개대되기 전에도 필요에 따라 시도할 수 있으나 경관열상의 가능성을 증가시킬 수 있으므로 대개는 분만 제2기에 시도된다. 무리한 흡입분만으로 인한 후유증으로 임신부에게는 모체의 외상 및 출혈이 있고, 태아에게는 두피열상, 좌상, 두혈종, 두 개내 출혈, 신생아 황달, 결막하 출혈, 견갑난산의 고빈도, 망막 출혈, 태아 사망 등이 있다.

경과관찰 관련 판례

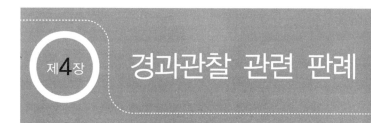

제4장 **경과관찰 관련 판례**

판례 9. 분만 중 압박 및 태아곤란증 조치 미흡으로 인한 신생아 뇌성마비 발생 사건_서울고등법원 2008. 1. 29. 선고 2005나 81832 판결

1. 사건의 개요

임신부는 다른 산부인과에서 산전진찰을 받아 왔으나 임신성 당뇨 치료와 분만을 위해 피고 병원으로 전원되어 왔다. 산전진찰 당시 초음파 검사 결과 정상적인 질식분만이 가능한 상태였다. 전원한 다음날 분만 진통이 개시되어 임신부는 출산을 위하여 피고 병원에 입원하였다. 의사는 분만촉진제(옥시톡신)를 투여하여 유도분만을 시도하였다. 이때 태아는 태아곤란증이 관찰되었다. 신생아는 출산 후 전신 상태가 뻣뻣해지고 경련 발생이 발생하였으며, 그 후 뇌성마비와 발달지체로 진단되었다 [서울남부지방법원 2005. 8. 25. 선고 2003가합8771 판결, 서울고등법원 2008. 1. 29. 선고 2005나81832 판결].

날짜	시간	사건 개요
		피고: 대학병원
		원고: 임신부, 1996년·1999년 질식분만을 통해 2회 자연분만력을 가진 경산부(고령). 1999년 두 번째 출산시 임신성 당뇨 진단, 4.45kg의 거대아 출산하고 혈당 조절을 위하여 인슐린 치료를 받은 경험이 있음
		원고 4인: 임신부의 가족

날짜	시간	사건 개요
2000. 11. 01.		• 원고(임신부)는 2000. 11. 15. 출산예정으로 산전 진찰은 A산부인과에서 받음 • 임신성 당뇨 치료와 분만을 위해 피고 병원으로 전원 • 산전진찰 당시 초음파 검사 결과 등: 정상적인 질식분만이 가능한 상태로 판단

아두대횡경	대퇴골 길이	태아 심박동	혈당검사 결과
9.09cm	6.6cm	활동적	공복시 혈당 125mg/dl
태아 태위와 크기는 임신주수와 비슷한 정상크기			식후 2시간 혈당 199mg/dl

날짜	시간	사건 개요
2000. 11. 02.	17:30	• 분만진통 개시로 출산을 위하여 피고 병원에 입원 • 양막은 파수되지 않은 상태 = 자궁경부: 1cm 개대, 30-40%의 자궁경부 소실 • 임신부의 혈압이나 태아의 심장박동수는 정상범위로 안정적인 상태
	19:00	• 분만촉진제(옥시토신) 투여
2000. 11. 03.	01:40	• 유도분만, 진통의 증대 • 인위적인 양막파수 시행
	02:00	• 태아심박수: 분당 100회 = 태아곤란증 관찰 • 임신부에게 산소를 투여하고 임신부의 체위를 좌측 앙와위로 눕도록 변경
	02:30	• 태아심박수가 분당 90회로 떨어짐

	03:08	• 원고 김★(신생아) 출산
		  = 몸무게 3.43kg
		  = 아프가 점수 출생 후 1분 경과 6점, 5분 경과 7점
		• 2:00경부터 출산시인 3:03까지 사이에 태아와 임신부의 상태를 나타내는 심박동-자궁수축 감시 장치의 기록, 간호일지기록, 분만과정에 대한 의료진의 처치여부에 관하여 아무런 기록이 없음

2000. 11. 05		• 원고 김★(신생아) 전신 상태가 뻣뻣해지고 경련 발생
2000. 11. 06		• 뇌 CT촬영결과 뇌실질, 뇌실내 다발성 급성 출혈(우측 측두협 부위에 약 1cm 크기의 난원형 고밀도의 급성뇌출혈 병변 관찰, 크기가 작은 점성 출혈 병소가 두측 미상핵과 좌측 전두협 기저부에서 관찰됨)이 관찰
2000. 11. 07		• 머리 양쪽으로 2×2cm 크기의 괴사성 조직 발견 • 눈 주위에 멍이 진해짐

날짜	시간	사건 개요
		• 피고병원 소아청소년과에서 원고 김★에 대하여 신생아경련, 뇌저산소증, 뇌출혈(뇌실질, 뇌실내출혈), 뇌출혈 후 다발성 뇌석회화, 측두부 괴사 진단
2000. 12. 18.		• 원고 김★ 퇴원
2000. 12. 31.		• 원고 김★는 피고 병원의 재활의학과에서 통원치료를 받고 있음
2002. 01. 18.		• 피고병원으로부터 뇌성마비로 인한 뇌병변장애, 발달지체 진단
2003. 02.경		• 신체감정시 뇌성마비, 사지마비, 정신지체 등으로 물리치료, 작업치료, 발달지도 등이 필요한 상태

2. 법원의 판단

가. 신생아 뇌출혈 및 뇌성마비에 대한 과실이 있는지 여부: 법원 인정(제1심) → 법원 인정(항소심)

(1) 의료인 측 주장

임신부의 임신성 당뇨병으로 태아의 혈관이 만성적으로 약해져 있는 상태에서 분만시 정상적으로 나타나는 스트레스로 인해 혈관이 손상되어 뇌출혈이 발생하였다. 그 결과 신생아에게 뇌성마비가 초래되었다.

(2) 법원의 판단

임신부는 두 번째 출산 당시 임신성 당뇨로 거대아 출산 전력이 있어 이 사건 출산을 앞두고 안전한 분만을 위해 피고 병원에 내원한 고령의 임신부이다. 또한 내원 당시 공복시 혈당 125mg/dl, 식후 2시간 혈당 199mg/dl으로 측정된 경우로 이후 분만을 위한 진통과정에서 보다 주의 깊게 내진과 태아심박동수 및 자궁수축 정도에 대한 측정 등을 실시하여 분만이 순조롭게 진행되고 있는지, 임신부의 자궁수축 정도에 비례하여 태아가 적절하게 하강하고 있는지 등을 수시로 확인하여야 할 주의의무가 의료진에게 있었다.

그럼에도 피고 병원의 의무기록에는 태아의 심박동과 자궁수축력의 변화를 감시하였다는 기록만 있을 뿐 그 결과가 기록되어 있지 않고, 피고 병원의 과실 판단에 중요한 자료가 되는 태아곤란증이 관찰된 시점부터 출산당시까지의 분만과정에 관해 아무런 기록도 남아 있지 아니한 상태이다. 또한 피고 병원 산부인과에서 작성한 기록에는 신생아에 대한 아프가 점수가 1분 6점, 5분 7점으로 기재되어 있는데 반해 소아청소년과 작성의 기록에는 1분 2점, 5분 7점으로 기재되어 출생 당시 신생아의 상태를 판단할 수 있는 중요기록에 중대한 차이가 있다. 그런데 소아청소년과 의료진이 신생아 출생 후 1분 아프가 점수를 임의로 기재할 수 없는 점에 비추어보면, 피고 병원 산부인과 작성의 진료기록지에 기재된 신생아의 아프가 점수를 믿기 어렵다. 이렇게 아프가 점수가 달리 기재되어 있다는 점에 관하여 피고 측에서 납득할 만한 해명을 못하였다.

2심 법원의 촉구에 따라 피고가 진료기록지를 추가로 제출하였다. 그 중 간호기록지의 기재에 의하면 2000. 11. 3. 02 : 30경 태아 심박수가 분당 90회로 떨어졌다는 사실을 인정할 수 있을 뿐, 그 밖에 구체적인 분만과정을 파악하기에는 그 기재내용이 미흡하다. 추가로 제출된 진료기록지에도 분만 중 태아곤란증이 발견된 2000. 11. 3. 02 : 00경 이후 심박동－자궁수축 감시장치의 기록이나, 분만과정에 대한 의료진의 처치여부에 관한 기록이 포함되어 있지 않다.

이 사건 분만 직전까지 임신부와 태아 모두 특이소견 없이 정상상태였음에도 분만 직후 신생아에게 뇌출혈, 다발성 뇌석회화, 뇌성마비 등이 발생하였다. 태아에게 태아곤란증이 나타난 시기부터 출산시까지 분만과정에 대한 진료기록이 전혀 존재하지 않아 출생과정에서 피고들이 어떠한 조치를 취하였는지 전혀 알 수 없다. 하지만 임신부가 출산 직후 주산기 가사여서 소생술이 시행되었고, 출산 전후의 분만 중 외상에 기인한 것으로 추정할 수 있는 측두부괴사가 신생아에게 발견된 점 등을 볼 때 신생아에게 나타난 위와 같은 결과는 분만 도중 주산기가사 기타 이에 유사한 상황에 처하자 피고 의료진이 신생아를 신속하게 만출시키기 위하여 무리하게 복부압박 및 흡입분만 등을 실시하게 하여 발생하였다고 볼 수밖에 없다. 설령 정상분만을 하였음에도 이러한 증세가 나타난 것이라 하더라도 피고 의료진이 분만을 시행하는 과정에서 임신부나 태아의 상태에 관하여 감시를 게을리하지 않았다면 적기에 조치를 취하거나 제왕절개술을 사용함으로써 신생아에게 위와 같은 증세가 나타나지 않도록 할 수 있었을 것으로 보인다.

피고는 임신부의 임신성 당뇨병을 신생아 뇌성마비의 원인이라고 주장하나 임신부는 임신성 당뇨 전력이 있어 산전진찰을 해 오던 산부인과에서 임신 37주의 만삭상태에서 피고 병원으로 전원하여 출산을 위한 진찰을 받았고, 검사 당시 당뇨로 인한 태아비대나 기타 특이소견이 발견되지 않아 정상분만이 가능한 것으로 판단되었다. 따라서 임신부의 임신성당뇨병이 신생아의 뇌출혈 및 뇌성마비의 원인이라고 인정하기 힘들다.

3. 손해배상범위 및 책임제한

가. 의료인 측의 손해배상책임 범위: 50% 제한(제1심, 항소심)

나. 제한 이유

(1) 태내에서부터 임신성당뇨 등으로 인한 저산소증이라는 원인이 있을 수 있는 점

(2) 피고들이 분만 후 임신부 및 신생아에 대하여 분만 과정에서 할 수 있는 적절한 조치를 취하였다고 하더라도 신생아의 상태가 완전히 정상이 되었을 것이라 단정하기 어려운 점

(3) 뇌성마비 발생 신생아 중에서 분만 과정상의 원인으로 발생하는 확률은 15%로 알려져 있으므로 의료인 측의 과실에 더하여 원인불명의 다른 원인이 개재되었을 가능성을 완전히 배제할 수 없는 점

다. 손해배상책임의 범위

(1) 제1심

① 청구금액: 557,833,162

② 인용금액: 122,158,236원

(1) 일실수입: 59,475,785원(118,951,571의 50%)

(2) 치료비 등: 49,682,451원

　　- 기왕치료비: 973,920원

　　- 향후치료비(물리·작업치료비, 발달지도 혹은 특수교육): 59,793,984원

　　- 보조구 구입비(특수 휠체어, 보청기): 3,770,300원

　　- 개호비: 32,826,699원

(3) 위자료: 13,000,000원

(2) 항소심

① 청구금액: 894,239,947원

② 인용금액: 202,591,874원

(1) 일실수입: 66,728,515원(133,457,031원의 50%)

(2) 치료비 등: 228,021,594원(456,043,189원의 50%)

　　　－ 기왕치료비: 10,391,255원

　　　－ 향후치료비: 94,609,758원

　　　－ 보조구 구입비: 4,276,460원

　　　－ 기왕 및 향후 개호비: 346,765,716

(3) 위자료: 30,000,000원

4. 사건 원인 분석

이 사건은 임신성 당뇨와 거대아 출산의 기왕력이 있는 고령의 고위험 임신부에 대해 피고가 정상적인 분만 가능 상태로 판단하여 유도분만을 진행하였으나 예상하지 못한 태아곤란증이 발생하여 신생아가 뇌성마비에 이르게 된 사건이다. 문제 발생 시 대처가 용이하지 않은 심야시간에 분만이 이루어질 수 있음에도 불구하고 저녁 7시에 분만촉진제를 투여하여 분만을 앞당긴 이유가 명확하지 않고, 결과적으로 사고로 이어졌을 수 있다는 자문의견이 있었다. 이 사건과 관련된 문제점 및 원인을 분석해본 결과는 다음과 같다.

첫째, 피고 병원의 의무기록에는 태아의 심박동과 자궁수축력의 변화를 감시하였다는 기록만 있을 뿐, 그 결과가 기록되어 있지 않았으며, 피고 병원의 과실 판단에 중요한 자료가 되는 태아곤란증이 관찰된 시점부터 출산당시까지의 분만과정에 관해 아무런 기록도 남아 있지 않다. 이로 인하여 태아곤란증이 예방과 예측이 어려운 증상임에도 불구하고 본 판결에서는 피고의 책임을 인정하고 있다.

둘째, 문제 발생 시 대처가 용이하지 않은 심야시간에 분만이 이루어질 수 있음

에도 불구하고 특별한 이유 없이 저녁 7시에 분만촉진제를 투여하여 분만을 앞당겼
다. 이는 통상적으로 이루어진 투여 및 처치였을 수 있다.

셋째, 임신부는 기왕증으로 두 번째 출산시 임신성 당뇨를 진단 받고 4.45kg의
거대아를 출산한 경험이 있다. 출산 후에도 혈당 조절을 위하여 인슐린 치료를 받은
경험이 있는 바, 고위험임신부에 해당됨에도 그에 적절한 주의가 기울여지지 않았다
(〈표 9〉 참조).

〈표 9〉 원인분석

분석의 수준	질문	조사결과
왜 일어났는가? (사건이 일어났을 때의 과정 또는 활동)	전체 과정에서 그 단계는 무엇인가?	− 분만 중 분만진행 경과 및 태아 상태에 대한 감시과정과 분만 후 태아의 감시 및 기록과정(산전·산후 감시가 소 홀하였으며, 검사 결과에 대한 기록이 제대로 이루어지지 않음) − 약물 투여(심야시간에 분만이 이루어질 수 있음에도 특별 한 이유 없이 저녁 7시에 분만촉진제 투여)
가장 근접한 요인은 무엇이었는가? (인적 요인, 시스템 요인)	어떤 인적 요인이 결과에 관련 있는가?	• 환자 측 − 과거력(임신성 당뇨, 거대아 출산 경험) • 의료인 측 − 분만 중 분만진행 경과 및 분만 중 태아 상태에 대한 감 시 소홀 − 진료기록작성 미비 − 분만촉진제를 늦은 시간임에도 투여하여 분만 진행
	시스템은 어떻게 결과에 영향을 끼쳤는가?	• 법, 제도 − 분만 시 경과관찰에 필요한 감시 장치 사용에 대한 수가 미흡

5. 재발 방지 대책

원인별 재발방지 대책은 〈그림 9〉와 같으며, 각 주체별 재발방지 대책은 아래와 같다.

〈그림 9〉 산부인과(산과) 질적09 원인별 재발방지 사항 제안

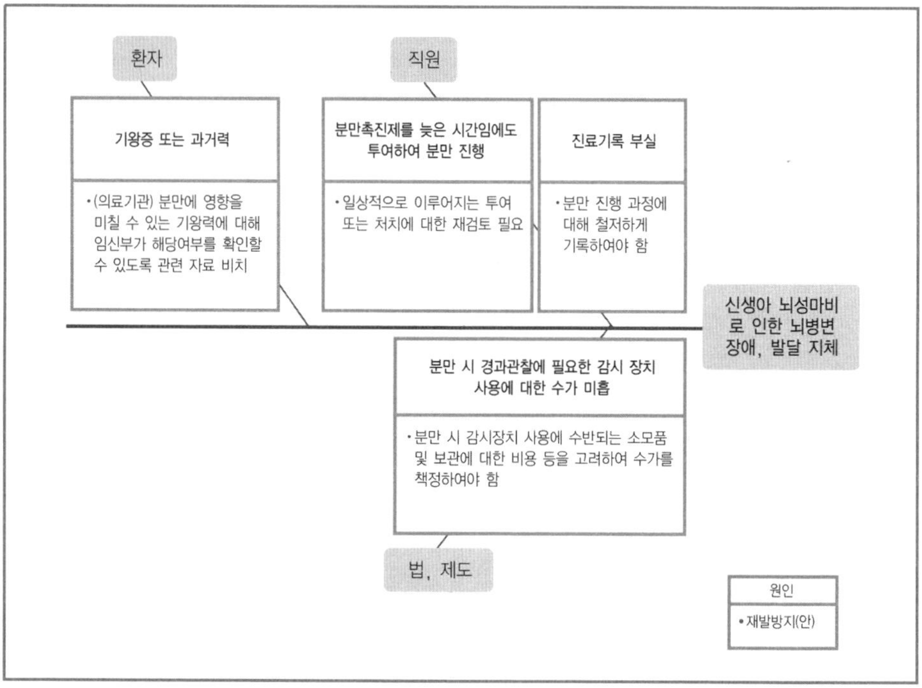

(1) 의료인의 행위에 대한 검토사항

통상적으로 이루어지는 투여 또는 처치에 대해 그 적절성에 대한 재검토가 필요하다. 또한 분만 진행 과정에 대해 철저하게 기록하여야 한다.

(2) 의료기관의 운영체제에 관한 검토사항

분만 방법 선택 또는 분만 시 영향을 미칠 수 있는 기왕력 등의 정보 제공을 임신부가 잘 할 수 있도록 관련 정보를 팜플렛 등으로 작성하여 원내에 비치해 두고 임신부와 및 보호자가 확인할 수 있도록 하여야 한다. 또한 고위험 산모 관리 절차를

수립하여야 한다.

(3) 학회·직능단체 차원의 검토사항

분만 방법 선택 또는 분만 시 영향을 미칠 수 있는 기왕력 등의 정보 제공을 임신부가 잘 할 수 있도록 관련 정보를 팜플렛 등으로 작성하여 의료기관에 배포할 수 있다.

(4) 국가·지방자치단체 차원의 검토사항

분만 시 감시 장치 사용에 수반되는 소모품 및 보관에 대한 비용을 고려하여 수가를 책정해야 한다. 태아와 임신부의 감시를 위한 감시장치(모니터)에 대한 수가는 사용 시간이나 검사지 등 소모품의 사용량과 관계없이 1회로 지불되고 있기 때문에 적절한 수가 책정이 필요하다.

┃참고자료┃ 사건과 관련된 의학적 소견[1]

1. 분만감시 및 처치

분만 진통 중 태아의 심박동과 자궁내압을 정기적으로 연속해서 기록하여 자궁수축의 빈도, 강도와 기간 및 수축에 대한 태아심박동의 반응을 살펴본다. 필요한 경우 진통을 하는 동안 계속해서 태아감시장치를 한다.

2. 태아곤란증

혈액가스검사에서 저산소증, 고탄산혈증, 산증이 동반되어야 하며, 태아심박동 양상 및 심박동수의 이상, 만기 태아심박동 감소, 다양성 태아심박동 감소, 지속성 태아 서맥(<120회/분) 및 빈맥(>160회/분), 양수의 태변 착색이 있을 때에 태아곤란증을 의심하여야 한다. 태아곤란증은 태아심박동 곡선의 양상에 따라 진단하는데, 이는 자궁내 상태를 알아내는 실마리는 되지만 이것으로 태아 손상의 정도를 확인할 수 없다.

분만 진통중 태아심박동곡선의 해석 결과 태아 상태가 나빠지리라고 예상되면, 옥시토신을 투여하여 유도분만 시도 도중에는 즉시 이를 중단하고, 임산부의 체위를 변화시키며, 안면마스크로 충분한 양의 산소를 공급하고 수액을 투여한다. 이러한 처치로서 태아곤란증을 신속히 교정해 줄 수 있을 때에는 분만을 지연시킬 수 있다. 분만 진통 초기 위 조치에도 태아곤란증이 교정되지 않으면 즉시 제왕절개수술에 의한 분만을 시도한다.

3. 신생아 뇌출혈

외상, 가사, 출혈성 질환, 혈관기형 등이 원인이며, 두 개내 출혈의 발생원인은 만삭아의 경우 외상, 미숙아의 경우 저산소증에 기인한 경우가 많고, 뇌실내 출혈의 경우 미숙아의 경우에 발생하며 그 소인은 배아기질의 혈관벽의 약화, 다인성으로 알려지고 있다.

4. 뇌성마비

뇌성마비의 빈도는 1,000명 출생 당 약 1-2명이고, 뇌성마비가 발생한 신생아 중 분만 과정이 원인이 되어발생하는 확률은 약 15% 정도로 알려져 있다.

---

1) 해당 내용은 판결문에 수록된 내용임.

판례 10. 간호사 분만진행에 따른 응급제왕절개술 지연으로 신생아 사망_수원지방법원 2007. 12. 20. 선고 2005가합2216 판결

1. 사건의 개요

임신부는 피고 병원에서 산전진찰를 받아오다 주기적인 복부진통을 느껴 분만을 위하여 입원하였다. 당시 병원에는 피고인 의사와 간호사 4명이 당직근무했다. 의사의 지시에 따라 간호사들이 내진을 실시했으며 자궁경관이 완전 개대된 상태에서 임신부에 대한 분만을 시도했다. 간호사들은 임신부에 대한 복부 압박을 계속하다 임신부의 호흡곤란 증세가 심해지자 의사에게 알렸다. 의사는 직접 임신부의 상태를 살펴 태아의 상태를 태아곤란증으로 진단하고 응급 제왕절개수술을 시행하였다. 이로써 신생아를 분만했으나 신행아는 자가호흡이 없는 중증의 가사상태였다. 제왕절개수술에 참여한 마취과의사가 즉시 신생아에 대하여 심폐소생술 및 기관내삽관술을 시행하였으나 회복되지 못하고 사망하였다. 신생아에 대한 부검감정결과 사망원인은 밝혀지지 않았다[수원지방법원 2007. 12. 20. 선고 2005가합2216 판결].

날짜	시간	사건 개요
		• 망인 신생아 • 원고 A: 1992년 질식분만 경험이 있는 경산부로 사건 당시 37세의 고령 • 원고 B 2인은 원고 A의 가족 • 피고 A(○산부인과 병원 개설·운영자) ＝분만 담당시간: 2004. 09. 8. 09 : 25~09 : 55 • 피고 B(○산부인과 근무 의사) ＝분만 담당시간: 2004. 09. 08. 06 : 40~09 : 25
2004. 05. 06.		• 원고 A(임신부)는 임신 22주 3일에 피고 병원에 최초 내원. 그 이후 정기적으로 피고들로부터 산전진찰를 받아옴
2004. 09. 07.		• 임신 40주 1일째, 임신부 및 태아 상태 모두 양호하여 질식분만 결정 ＝태아 예상체중: 3.7kg
2004. 09. 08	06 : 30	• 임신부 주기적인 복부진통을 느껴 분만을 위하여 ○ 병원 입원 • 당시 ○병원에는 피고 B와 간호사 4명 당직근무 했음

날짜	시간	사건 개요
2004. 09. 08	06 : 40	• 간호사가 분만대기실에서 원고에 대한 내진 실시. 자궁경관이 4cm 개대된 분만 1기 • 태아심박동수는 정상범위, 조기양막파수, 양수에 태변착색 증상이 있음 • 당시 당직의사인 피고 B는 원고 A에 대한 내진을 직접 실시하여 자궁경관의 소실정도와 태아하강도를 관찰하지 않음
	07 : 10	• 당직의인 피고 B는 태아심박동수가 다소 떨어졌다는 간호사의 보고를 받음 = 피고 B는 태아심박동장치 기록지를 보고 서맥증상으로 판단 = 임신부에게 산소 공급 및 좌측위 취하고 심호흡하도록 격려할 것을 간호사에게 지시
	07 : 15	• 태아심박동수: 109 – 123회
	07 : 20	• 태아심박동수: 110 – 130회(점차 정상범위로 회복)
	08 : 30	• 간호사들은 자궁경관 완전 개대된 상태에서 임신부를 분만실로 옮겨 분만 시도. 태아 하강이 원활이 진행되지 않아 약 20분간 복부 압박을 실시하였으나 별다른 효과가 없었음 • 원고 호흡곤란 증세 호소
	08:50	• 간호사들은 임신부를 분만대기실로 옮겨 산소를 공급하며 복부 압박을 계속함
	09 : 25	• 원고 A의 호흡곤란 증세가 심해져 간호사들은 피고 B에게 원고 A의 상태를 알림 = 피고 B는 태아의 상태를 태아곤란증으로 의심. 응급 제왕절개수술 시행 결정
	09 : 55	• 피고 A는 임신부에 대한 제왕절개수술 실시. 임신부의 자궁경부에 4cm 정도의 열상, 복강내 200cc 혈액이 고여 있었음 • 3.75kg의 신생아(여아) 분만 • 신생아는 3번의 경부제대륜(numhal cord). 분만시 아프가 점수가 1분에 1점, 5분에 0점으로 자가호흡이 없는 중증의 가사상태 • 제왕절개수술에 참여한 마취과의사는 즉시 신생아에 대하여 심폐소생술 및 기관내삽관술을 시행하였으나 회복되지 못하고 사망 • 신생아에 대한 부검감정결과 사망원인은 밝혀지지 않음

2. 법원의 판단

가. 응급제왕절개술 시행 지연에 과실이 있는지 여부: 법원 인정

(1) 의료인 측의 주장

신생아는 이 사건 분만과정에서 원고 A에서 발생한 자연적 자궁파열로 인한 혈액을 흡입하여 사망하였다. 자연적 자궁파열은 현재의 의료수준에서는 예견하기 어려운 것이었으므로, 피고들에게는 아무런 의료상 과실이 없다. 설혹 피고들에게 의료상 과실이 있다 하더라도 이것이 신생아의 사망원인이 될 수 없다.

(2) 법원 판단

원고 A는 다음과 같은 여러 가지 난산의 증거가 나타났다.

① 37세로 비교적 고령임 ② 입원 당시 조기양수파열과 태변착색의 증상 ③ 자궁수축 이후 태아심박동수가 감소 ④ 자궁경관이 완전히 개대되었음에도 태아 하강이 제대로 진행되지 않음 ⑤ 호흡곤란 증세를 보임.

따라서 피고 의사는 원고 A의 상태를 직접 관찰하면서 지연분만으로 인하여 발생할지 모르는 응급상황에 대비하여야 함에도, 만연히 간호사들에게 원고 A를 맡겨두었다. 간호사들은 의사에게 원고 A의 상태를 보고하지 않은 채 약 1시간 가량 복부압박만을 가하는 방법으로 무리한 질식분만을 시도함으로써 응급 제왕절개수술 시행을 지연한 과실이 있다. 태아는 산전진찰 과정에서 별다른 이상이 없었는데도 응급 제왕절개수술로 태어난 직후 사망한 이상, 병원의 과실과 신생아의 사망 사이에는 인과관계가 있다고 할 것이다.

피고들은 원고 A의 자궁파열은 자연적인 것이라고 주장한다. 하지만 원고 A는 자궁관련 수술을 받은 기왕력이 없는데, 이러한 손상 받지 않은 자궁에서 자연적인 자궁파열이 발생할 확률은 매우 희박하다. 그리고 분만시 심한 자궁압력을 가하는 것이 자궁파열의 한 원인이 될 수 있다. 그리고 부검결과 사망한 신생아가 자궁 내에서 혈액을 흡입하였다고 볼 만한 소견이 나타나 있지 않다. 따라서 피고들 주장은 병원의 과실과 신생아 사망 사이의 인과관계 추정을 번복하기에 부족하다.

나. 애초에 제왕절개수술을 선택하지 아니한 과실 여부: 법원 불인정

(1) 원고 측 주장

원고 A는 이 사건 분만 이전에 근종이 있고, 아두골반불균형 상태로서 제왕절개술을 실시했어야 한다. 그런데도 의료인 측은 산전진찰 과정에서 이를 미리 진단하지 못하여 무리한 질식분만을 시도하였다.

(2) 법원 판단

원고 A에게 자궁근종이 있었다거나 아두골반불균형 상태였다는 점을 인정할 증거가 부족하다.

다. 신생아 출생후 응급소생술을 시행하지 아니한 과실 여부: 법원 불인정

(1) 원고 측 주장

신생아의 태아곤란증이 심각하였으므로 의료진은 적절한 응급소생술을 시행했어야 하는데 하지 않았다.

(2) 법원 판단

제왕절개수술에 참여한 마취과의사가 당시 중증의 가사상태에 있던 신생아에게 심폐소생술을 하고 기관내삽관술을 시행하였다.

3. 손해배상범위 및 책임제한

가. 의료인 측의 손해배상책임 범위: 60% 제한

나. 제한 이유

(1) 임신부에 대한 산전진찰 결과 임신부 및 태아에게 별다른 이상 징후가 보이지 않아 자연분만 과정에서 크게 문제가 발생할 것으로 예측하기 어려웠던 것으로 보임.

(2) 피고 의사는 간호사들로부터 임신부의 상태를 보고받은 후 응급 제왕절개수술을 시행하였으며, 마취과 의사가 신생아에 대해 적절한 응급처치를 취하였음.

다. 손해배상책임의 범위

① 청구금액: 184,203,946원

② 인용금액: 109,722,368원

(1) 일실수입: 76,922,368원(128,204,531원의 60%)

(2) 장례비: 1,800,000원(3,000,000원의 60%)

(3) 위자료: 31,000,000원

4. 사건 원인 분석

이 사건은 고령이며 입원 당시 조기양막파수, 양수에 태변착색 증상이 있는 임신부의 분만 진행을 의사가 간호사들에게 맡기고 간호사들은 약 1시간 가량 무리한 질식분만을 시도하여 그 결과 응급제왕절개수술이 지연되어 신생아를 사망에 이르게 된 사건이다. 간호사는 의사가 함께 있을 때에만 분만진행이 가능하다. 다만 별도의 훈련 과정을 거쳐 조산사 자격을 취득한 간호사의 경우에는 의사가 없을 때도 분만 진행이 가능하며, 실제로도 조산원 등에서 분만업무를 수행하고 있다.

이 사건은 의사가 임신부에 대한 직접 내진 및 분만 진행 참여를 하지 않아 적시에 임신부의 상태를 확인하지 못한 결과 발생한 사건으로 보인다는 자문의견이 있었다. 즉 피고 의사는 원고에 대해 직접 내진을 실시하여 자궁경관의 소실정도와 태아하강도를 관찰하지 않았다. 대신 간호사들이 내진을 실시하고 분만을 진행하였는데 이때 간호사들은 임신부의 상태를 의사에게 보고하지 않은 채 약 1시간 가량 복부압박만을 시행하였다. 의사는 만연히 간호사들에게 위 업무를 맡길 것이 아니라 임신부의 상태를 충분히 관찰하면서 응급상황에 대비하여야 하며, 간호사들이 보고를 하지 않더라도 정기적으로 분만중인 임신부의 상태를 확인하여 적절한 분만이 이루어질 수 있도록 하여야 했다. 분만실을 담당하고 있는 의사는 보다 철저하게 분만과정을 관찰해야 하며 필요할 때에 적절한 응급처치를 수행해야 한다(〈표 10〉 참조).

〈표 10〉 원인분석

분석의 수준	질문	조사결과
왜 일어났는가? (사건이 일어났을 때의 과정 또는 활동)	전체 과정에서 그 단계는 무엇인가?	−분만 전 진찰과정(산부인과 의사가 임신부에게 직접 내진을 실시하여 자궁경관의 소실정도와 태아하강도를 관찰하지 않고 간호사가 시행함) −분만 진통 과정 중 푸싱 및 감시과정(간호사들이 임신부의 상태를 의사에게 보고하지 않은 채 약 1시간가량 복부압박만을 시행함) −분만 시 응급처치과정(간호사들은 임신부의 자궁경관이 완전 개대된 상태에서 별다른 효과가 없었음에도 약 1시간가량 복부압박만을 가하여 무리한 질식분만을 시도하다가 응급 제왕절개수술 시행이 지연됨)
가장 근접한 요인은 무엇이었는가? (인적 요인, 시스템 요인)	어떤 인적 요인이 결과에 관련 있는가?	• 환자 측 −고령, 입원 당시 조기양막파수, 양수에 태변착색 증상이 있었음 • 의료인 측 −분만 시 의사의 주의의무 소홀(분만 과정 중 의사가 임신부를 직접 관찰, 검진하지 않음) −내진 등의 의료행위를 간호사가 독단적으로 시행 함
	시스템은 어떻게 결과에 영향을 끼쳤는가?	• 의료기관 내 −산부인과 의료인력의 부족 • 법·제도 −산부인과 관련 의료인력의 부족 −불가항력적 사고에 대한 보상 미비(의료인의 무과실 책임에 대한 국가적 지원 부족)

5. 재발 방지 대책

원인별 재발방지 대책은 〈그림 10〉과 같으며, 각 주체별 재발방지 대책은 아래와 같다.

〈그림 10〉 산부인과(산과) 질적10 원인별 재발방지 사항 제안

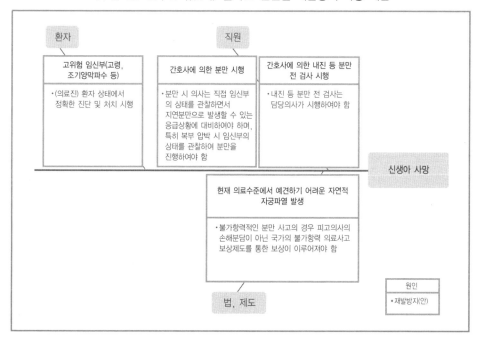

(1) 의료인의 행위에 대한 검토사항

내진 등 분만 전 검사는 간호사가 아닌 담당의사가 직접 시행해야 한다. 분만 시 의사는 직접 임신부의 상태를 관찰하면서 지연분만으로 발생할 수 있는 응급상황에 대비하여야 하며, 특히 복부 압박 시 임신부의 상태를 관찰하여 분만을 진행하여야 한다.

(2) 의료기관의 운영체제에 관한 검토사항

의료기관은 산부인과 인력을 충원하기 위한 노력이 필요하다.

(3) 국가·지방자치단체 차원의 검토사항

국가 및 지방자치단체는 산부인과의 충분한 인력충원을 위한 제도적 지원 등의 방안을 모색해야 한다. 불가항력적인 분만 사고의 경우 국가적 차원에서 보상이 이루어지도록 해야 한다.

판례 11. 감입태반 임산부의 산후출혈에 대한 감시소홀로 인한 임산부 사망_서울중앙지방법원 2008. 4. 16. 선고 2007가합38668판결

1. 사건의 개요

임신부는 피고 의사로부터 임신을 진단받고 이후 정기적인 산전 진찰을 시행받았다. 임신 25주경, 초음파검사상 전전치태반으로 진단되어 절대 안정을 권고받았다. 이후 질출혈로 두 번 입원 치료를 받았다. 임신 37주 3일, 질출혈로 세 번째 입원하였고 다음날 제왕절개수술을 받아 신생아를 분만하였다. 수술 소견상 감입태반이었고 유착이 있었다. 의사는 태반을 최대한 박리 후 출혈부위를 봉합하였고 유착을 분리 수술하고 지혈조치하였다. 수술 도중과 수술 후 수혈을 받았으며 자궁수축제 등을 맞았다. 이후 산모의 호흡곤란으로 산소를 공급했으며 심폐소생술을 시행하였다. 이후 대학 병원으로 전원하였으나 심정지 상태였고, 부검결과 전치태반에 기인한 출혈이 사망원인으로 추정되었다[서울중앙지방법원 2008. 4. 16. 선고 2007가합38668판결].

날짜	시간	사건 개요
		A: 여자, 1964. 12. 10생(사망 당시 연령: 42세 2개월) 피고 1: 산부인과(이하 '피고병원'이라 함) 운영자 피고 2: 피고병원 산부인과 전문의(산전검사 및 산후관리 담당 주치의) 피고 3: 수술 담당의 피고 4: 사건발생 당시의 당직의 원고 3인: 망인의 배우자와 자녀들
2006. 7. 31.		• A, 피고 2로부터 임신 6주 1일로 진단받음 • 이후 정기적인 산전진찰 시행
2006. 12. 7.		• 임신 25주경, 초음파검사상 전전치태반으로 진단. 절대안정 권고받음
2007. 2. 8.		• 임신 33주 6일 • 질출혈을 주호소로 내원. 입원치료를 받음
2007. 2. 12.		• 퇴원
2007. 2. 26.		• 임신 34주 4일 • 질출혈이 재발생하여 재입원함
2007. 3. 2.		• 퇴원 • 3. 7. 제왕절개술을 받기로 함

날짜	시간	사건 개요
2007. 3. 4.	01 : 45	• 임신 37주 3일 • 재차 질출혈을 주호소로 내원 • 피고 병원 의료진은 A를 입원시킨 후 다음날 제왕절개수술을 시행하기로 함
2007. 3. 5.	11 : 39	• 헤모글로빈수치: 10.8g/dl(적혈구 3.55)
	12 : 26	• 피고 2의 집도하에 제왕절개술로 2.98kg의 여아인 원고(신생아)를 분만함 • 수술소견: 감입태반이었고 장간막 앞쪽 복벽의 유착이 있었음, 피고 3은 태반을 최대한 박리 후 출혈부위를 다발성으로 봉합하였고, 기왕의 제왕절개수술로 인한 방광과 자궁체부 상부까지의 유착, 대망과 복막의 유착을 분리 수술하고 지혈조치한 후 14 : 20경 수술 종료 • 수술 도중 12 : 40경 출혈이 많아 마취과 전문의가 전혈 3봉지를 20분 간격으로 수혈하고 혈액대용제 1봉지를 투여하였음
	12 : 26	• 분만 후 메덜진(자궁수축제)정맥주입
	13 : 55	• 자궁수축제 1 앰플을 1L수액에 혼합하여 투여 • 자궁수축이 좋지 않아 날라돌 투여
	14 : 50	• 전혈 1봉지 수혈함 • 실혈량: 1,600ml
	16 : 10	• 병실로 이실 • 이실 직전 혈압 105/86mmHg, 맥박은 분당 103회이었고, 자궁수축 및 질출혈 여부를 관찰함
	20 : 00	• 5% 포도당 수액 1,000ml를 투여
	21 : 00	• 자궁수축 및 수술부위의 지혈목적으로 복부에 올려두는 모래주머니를 치웠음 • 당시 활력징후 = 124/75mmHg, 76회/분, 37.3℃
	21 : 25	• 측정한 같은 날 16:10부터의 소변량이 180ml이었고, 혈뇨가 관찰 = 담당간호사가 피고 4에게 알렸으며 피고 4는 라식스(이뇨제) 1/2 앰플을 정맥 주사할 것을 지시함
	22 : 10	• 수술부위 통증 호소
	22 : 22	• 전체적으로 힘들다고 호소 <table><tr><td>혈압</td><td>93/68mmHg</td></tr><tr><td>맥박</td><td>분당 54회</td></tr></table>

날짜	시간	사건 개요
		<table><tr><td>호흡</td><td>분당 20회</td></tr><tr><td>혈색소 수치</td><td>7.4g/dl</td></tr><tr><td>혈소판 수치</td><td>147,000/㎣(정상범위)</td></tr></table>
2007. 3. 5.	22:35	• 숨이 차다고 호소함 <table><tr><td>혈압</td><td>109/75mmHg</td></tr><tr><td>맥박</td><td>분당 54회</td></tr><tr><td>호흡</td><td>분당 40회</td></tr></table> • 피고 4는 농축적혈구 2단위의 확보를 지시함
	22:37	• 호흡곤란이 계속되자, 산소마스크로 산소를 공급하고 심전도 감시 시작함 • 산소포화도가 75%로 측정 =산소공급량을 분당 3.5리터에서 5리터로 증량 =산소포화도는 90%로 유지됨
	22:39	• 수술실로 전실함 • 기도삽관 및 정맥주사 라인을 확보 • 산소포화도: 88%로 측정됨
	23:30	<table><tr><td>탄산수소나트륨</td><td>각 1앰플</td><td></td></tr><tr><td>라식스</td><td>각 1앰플</td><td>이뇨제(푸로세미드)</td></tr><tr><td>염산에페드린</td><td>각 1앰플</td><td>진해거담제[2]</td></tr><tr><td>5% 포도당</td><td>500ml</td><td></td></tr><tr><td>도파민</td><td>2앰플을 정맥 주사</td><td></td></tr></table>
	23:35	• 피고 병원 진료기록에는 농축적혈구 1단위의 수혈을 시작하고 에피네프린, 탄산수소나트륨, 염산에페드린 각 1앰플을 정맥 주사한 것으로 기재되어 있음
	24:00	• 심폐소생술 시행하였으나, 상태의 호전 없었음
2007. 3. 6.	00:36	• ○○대병원으로 전원 조치
	01:15	• ○○대병원 응급실에 전원 됨 • 심정지 상태, 혈색소 수치는 4.8g/dl, 질출혈 있음
	02:06	• 의료진의 소생술에도 불구하고 A 사망
		• 부검결과: 복강 내에 500ml 이상의 혈성액이 고여 있고, 자궁 저부를 중심으로 응고된 혈액이 들어있으며, 자궁 하방 결찰 부위를 중심으

2) 판결문에 기재된 내용을 그대로 옮긴 부문으로, 이 사건에서는 교감신경항진을 위해 사용하였음.

날짜	시간	사건 개요
		로 경계가 불분명한 출혈 소견을 보이고, 좌·우측 흉강 내에 1,100ml 이상의 혈성액이 고여있고, 내부 장기의 빈혈 소견을 보는 등 실혈에 의한 전신적인 빈혈 소견을 보이고 자궁 조직에서 태반 유착 소견, 수 개소의 결찰 흔적 외에는 특이 소견이 없어 전치태반에 기인한 출혈을 사망원인으로 추정함

2. 법원의 판단

가. 의료진의 주의의무 위반: 법원 인정

(1) 원고 측 주장

산모가 감입태반으로 인한 대량출혈로 사망하였는데 의료진이 산모에 대한 수술 후 경과관찰을 소홀히 하여 대량출혈을 조기에 진단하지 못하였다. 또한 출혈의 징후를 발견하였을 때 신속히 자궁적출술을 시행하지 아니하였고 대량출혈에 대한 적절한 수혈을 하지 않았다.

(2) 의료인 측 주장

산모는 감입태반으로 인한 과다출혈로 사망한 것이 아니라 양수색전증으로 사망한 것이다. 양수색전증은 이를 예방할 수 없고 발병하는 경우 그 예후가 치명적이어서 의료진이 주의의무를 다하더라도 사망이라는 결과를 회피할 수 없다. 따라서 설혹 의료진에게 과실이 있다고 하더라도 그 과실과 산모의 사망과의 사이에는 인과관계가 없다. 또한 의료진은 산모의 자궁수축과 질출혈, 활력징후를 면밀히 감시하였으나 별다른 이상이 없어 21:00경 자궁수축제 투여를 중단하고 지혈용 모래주머니도 치웠었다. 21 : 25경 측정한 소변량은 시간당 30ml 정도이므로 정상범위에 포함되고 22 : 22경 혈액검사를 하였으므로, 수술 후 경과관찰에 필요한 주의를 다하였다. 그리고 산후출혈을 의심할만한 자궁이완이나 출혈소견이 없었던 이상 신속한 자궁적출술을 시행할 의무가 있다고 할 수 없다. 이렇게 적시에 수혈결정 및 수혈처치가 이루어졌으므로 피고들에게 아무런 주의의무 위반이 없다.

(3) 법원 판단

산모는 감입태반으로 인한 과다출혈로 사망하였다고 판단된다. (1) 부검의도 사망원인으로 당초 양수색전증을 의심하였다가 전치태반으로 인한 출혈로 추정하였다. (2) 산모가 수술 후 우선 소변량이 감소한 후 저혈압, 맥박 감소, 호흡곤란 등 산후출혈에서와 같은 임상증상을 보였고 대학병원에 도착하였을 때 혈색소 수치가 4.8g/dl로서 과다출혈 상태이었다. (3) 양수색전증은 부검결과 모든 사례에서 폐부종이 발견되고, 75%는 폐혈관 내에서 태아 조직 등이 발견되는데, 이 사건 부검결과에서는 좌우측 폐 중량이 각 278gm, 256gm으로 폐실질의 위축 소견을 보이고 울혈 소견 외에는 폐혈관, 기관지, 기관 및 폐 실질조직에서 특기할 이상 소견을 보이지 않는다. 또한 양수색전증은 8,000~80,000 임신당 1명의 빈도로 발생된다고 보고된 드문 질환이다.

의료진의 주의의무 위반은 인정된다. (1) 수술 중과 그 직후에 1600ml 정도의 수혈을 하여 실혈량을 보충하였음에도 그 후 22 : 22경까지의 사이에 적어도 대략 1,300ml의 출혈이 점진적으로 있었던 것으로 보인다. 그런데도 의료진은 단지 육안으로만 출혈 여부를 관찰하였을 뿐이고, 대량출혈의 정확한 진단을 위하여 필요한 혈액검사나 활력징후 감시를 소홀히 하였다. 소변량 체크도 5시간만에 1회 이루어졌다. 이렇게 산후출혈의 위험이 큰 산모임에도 조기에 산후출혈을 발견하지 못하였다. (2) 22 : 22경 혈액검사결과 및 22 : 35경 산모의 임상증상에 비추어 의료진은 그 무렵 상당량의 산후출혈이 있음을 알 수 있었을 것으로 보인다. 그런데도 이때 혈액 확보를 지시했을 뿐 산모 상태가 악화된 23 : 35경에 이르러서야 수혈을 하기 시작하였다. (3) 즉시 자궁적출술을 시행하지도 않고 심폐소생술을 요하는 정도로 산모의 상태가 악화된 24 : 00경에야 대학병원으로 전원시켰다. (4) 의료진은 통상 혈액확보에 1시간 가량 소요된다는 점을 예견하면서도 출혈의 증상이 명백해진 이후에야 혈액확보나 전원할 병원을 알아봤다. 이는 일반적인 산모에 대하여는 적절한 조치가 될 수 있으나 산후출혈의 위험성이 높았던 이번 사건 산모에 대하여는 적절한 조치를 한 것이라고 보기 어렵다.

나. 설명의무 위반: 법원 불인정

(1) 원고 측 주장

수술후 감입태반으로 인하여 대량출혈이 있을 수 있고 이 경우 즉각적인 자궁적출술이 필요하다는 점에 대해 설명하지 않았다.

(2) 의료인 측 주장

감입태반으로 인한 산후출혈의 가능성에 대하여 모두 설명하였다.

(3) 법원 판단

임신부와 남편에게 수술 후 감입태반으로 인하여 산후출혈이 발생할 수 있다는 점을 설명한 사실을 인정할 수 있으므로 산후출혈의 가능성을 설명한 이상 자궁적출술이 필요할 수 있다는 점에 관하여 설명하지 아니한 것만으로 임신부의 알권리를 침해했다고 보기 어렵다.

3. 손해배상범위 및 책임제한

가. 의료인 측의 손해배상책임 범위: 50% 제한

나. 제한 이유

(1) 산모에게 수술 후 질출혈이 많지 않아 의료진이 산후출혈의 증상을 쉽게 발견하기 어려웠던 점.

(2) 산모가 감입태반으로 인한 과다출혈로 사망한 것 외에 다른 원인으로 사망했을 가능성을 완전히 배제할 수 없는 점.

다. 손해배상책임의 범위

① 청구금액: 468,883,320원
② 인용금액: 102,045,811원
(1) 일실수입: 64,545,811원(일실수입 129,091,622원의 50%)
(2) 장례비: 1,500,000원(3,000,000원의 50%)
(3) 위자료: 36,000,000원

4. 사건 원인 분석

이 사건은 임신 중 전전치태반으로 질출혈의 증상을 가지고 있던 임신부가 제왕절개수술을 받아 분만한 뒤 수술 후 경과관찰 및 응급·전원조치 상의 과실로 대량출혈이 발생하였고 그로 인해 사망에 이르게 된 사건이다. 이 사건과 관련된 문제점 및 원인을 분석해본 결과는 다음과 같다.

첫째, 수술 후 출혈이 점진적으로 있었던 것으로 추정되는데, 의료진은 단지 육안으로만 출혈 여부를 관찰하였을 뿐, 대량출혈의 정확한 진단을 위하여 필요한 혈액검사나 활력징후 감시를 소홀히 하였으며 소변량 체크도 5시간 만에 1회만 하여 조기에 산후출혈을 발견하지 못한 과실이 있다.

둘째, 수술 전 Hb의 수치가 10.8g/dl으로 출혈의 위험성이 높다는 사실을 알고 있었음에도 산후출혈에 대비한 적절한 수혈의 준비를 하지 않았고 즉각적인 자궁적출술을 시행하지도 아니한 채, 심폐소생술을 요하는 정도로 망인의 상태가 악화된 후

〈표 11〉 원인분석

분석의 수준	질문	조사결과
왜 일어났는가? (사건이 일어났을 때의 과정 또는 활동)	전체 과정에서 그 단계는 무엇인가?	−수술 후 경과관찰 소홀(산후출혈의 위험이 높았던 임신부에 대해 출혈의 정확한 진단을 위한 혈액검사나 활력징후 감시를 소홀히 한 채, 육안으로만 출혈 여부를 관찰함) −적절한 응급조치를 수행하지 못함(산후출혈의 위험이 높았던 임신부에 대한 적절한 수혈 준비가 되어있지 않았고, 전원이 지연됨)
가장 근접한 요인은 무엇이었는가? (인적 요인, 시스템 요인)	어떤 인적 요인이 결과에 관련 있는가?	•환자 측 −전전치태반 및 질출혈 증상 •의료인 측 −출혈 진단을 위해 필요한 검사 및 경과관찰을 소홀히 함 −출혈위험이 높은 수술을 시행하기에 앞서 수혈 준비를 하지 않음
	시스템은 어떻게 결과에 영향을 끼쳤는가?	•법·제도 −출혈위험이 높은 수술 시행 전 수혈 준비의 어려움

에야 전원을 시키는 등 적절한 응급조치를 수행하지 않은 잘못이 있다(〈표 11〉 참조).

5. 재발 방지 대책

원인별 재발방지 대책은 〈그림 11〉과 같으며, 각 주체별 재발방지 대책은 아래와 같다.

〈그림 11〉 산부인과(산과) 질적11 원인별 재발방지 사항 제안

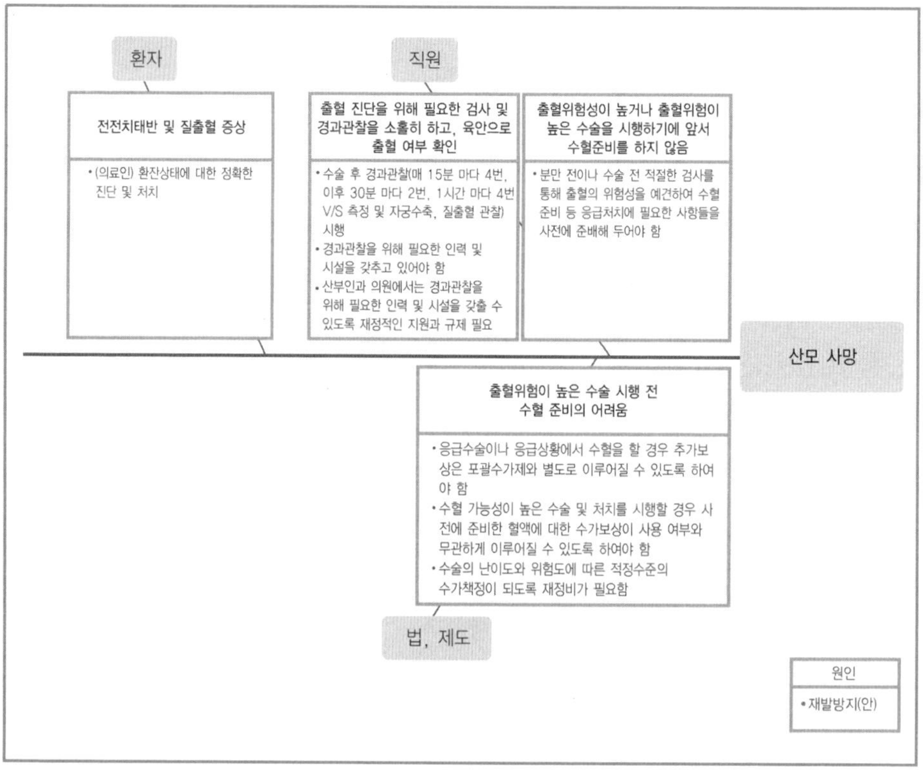

(1) 의료인의 행위에 대한 검토사항

수술 후 경과관찰에 대한 가이드라인(매 15분 마다 4번, 이후 30분 마다 2번, 1시간 마다 4번 V/S 측정 및 자궁수축·질출혈 여부 관찰)에 따라 충분한 경과관찰이 이루어져야 한다. 분만 전이나 수술 전 적절한 검사를 통해 출혈의 위험성을 예견하여 수혈 준비

등 응급처치에 필요한 사항들을 사전에 준비해두어야 한다.

(2) 의료기관의 운영체제에 관한 검토사항

수술 환자에 대한 경과관찰을 하기에 충분한 인력과 시설을 갖추고 있어야 한다.

(3) 국가·지방자치단체 차원의 검토사항

수술을 시행하는 경우, 의원급 의료기관에서도 경과관찰을 위해 필요한 인력 및 시설을 갖출 수 있도록 재정적인 지원과 규제가 필요하다. 전치태반으로 인한 제왕절개 수술의 경우 혹은 응급 제왕절개 수술의 경우 일반적인 제왕절개 수술보다 수혈이 필요한 경우가 많을 뿐만 아니라 사용되는 수술 재료의 양도 많다. 그러나 포괄수가제 도입으로 사용되는 혈액과 수술재료의 비용이 고정되면서 이에 대한 충분한 수가 보상이 이루어지고 있지 못하다. 출혈 가능성이 높은 기왕증을 가진 환자나 수혈 가능성이 높은 수술 및 처치를 시행할 경우 사전에 준비한 혈액에 대한 수가보상이 사용 여부와 무관하게 이루어질 수 있도록 하여야 한다. 또한 일부 산부인과 수술은 수술의 난이도와 위험도에 맞지 않게 수가 책정이 되어 있다. 예를 들어, 현재 수가 체계에서 전치태반을 진단명으로 입력할 경우 위험도 평가가 낮아질 뿐만 아니라 포괄수가제 적용으로 적절한 수가 보상이 이루어지고 있지 못하다. 수술의 난이도와 위험도에 따른 적절한 수가책정이 이루어질 수 있도록 현 수가체계에 대한 지속적인 재정비가 필요하다.

┃참고자료┃ 사건과 관련된 의학적 소견3)

1. 감입태반

태반이 비정상적으로 자궁근층을 침입한 경우를 말한다. 태반과 자궁벽 사이에 정상적으로 존재하는 탈락막 형성에 결함이 있을 때 발생하게 되는데 특히 이전 제왕절개술의 반흔에 태반이 착상되었을 경우에 더 빈도가 증가한다. 감입태반은 태반 유착의 범위, 정도, 위치 등에 따라 처치가 다양한데 유착부위가 클수록 출혈이 심해지며 즉시 수혈을 시행하여야 하고, 이러한 경우 대부분 즉각적인 자궁적출술이 필요하다. 최근에는 수술을 시행하기 전에 보존적인 방법으로 태반을 자궁에 그대로 놔두고 예방적으로 자궁동맥혈전술을 시행하기도 하나 이러한 방법이 모든 환자에게 시행 가능한 것은 아니며, 혈압, 출혈 정도, 의식 등 환자의 상태에 따라 시행 여부를 판단하여야 한다. 보존적 방법으로 출혈이 멈추지 않으면 자궁적출술을 시행한다. 비정상적인 태반의 유착은 분만 직후나 산욕기 후반기에 심한 출혈, 자궁 내 감염 등을 유발시킬 수 있어 임신부의 이환율과 사망률을 높인다. 따라서 분만 후 감입태반이 완전히 제거되지 않은 경우에는 환자의 활력징후(혈압, 맥박, 호흡수, 발열, 소변량 등)를 면밀히 관찰하여 출혈 여부를 확인해야 한다. 또한, 자궁수축이 좋은지를 자주 확인해야 한다.

2. 산후출혈

태아 및 태반이 만출된 이후 500ml 이상의 출혈이 있는 경우를 말한다. 24시간 내의 출혈을 1차 산후출혈, 24시간 이후에 발생하는 출혈을 2차 출혈이라고 하는데 산후출혈의 가능성이 큰 임신부에 대하여는 임신부의 활력징후(혈압, 맥박의 변동 유무, 소변량)를 관찰하고 채혈하여 임신부의 혈색소와 적혈구 용적률(헤마토크릿)을 자주 측정하여 출혈 여부를 면밀히 감시하여야 한다. 산후출혈은 출혈량에 따라 4단계로 구분되는데, I군은 900ml 이하의 출혈(혈액량 15% 감소)이 있는 경우로서 특별한 증상과 징후를 보이지 않는다. II군은 1,200ml내지 1,500ml의 출혈(혈액량 20~25% 감소)이 있으며 맥박수 증가, 간혹 빈호흡, 기립성 저혈압, 소변량 감소를 보일 수 있다. III군은 1,800ml 내지 2,100ml의 출혈(혈액량 30~35%)이 있으며 명백한 혈압 하강, 빈맥, 빈호흡이 나타나고 피부가 차고 습하게 된다. IV군은 40% 이상의 혈액량 감소가 있는 경우로서 심한 순환혈액량의 감소로 혈압측정이 어렵고 쇼크에 이르게 된다. 사지의 맥박이 소실되고 빈뇨 또는 무뇨에 빠진다. 즉각적인 순환혈액량 보충이 이루어지

---

3) 해당 내용은 판결문에 수록된 내용임.

지 않으면 순환기 허탈 및 심정지가 초래될 수 있다.

3. 양수 색전증

양수 색전증은 분만 도중 혹은 분만 직후에 양수가 임신부의 순환계로 들어가 호흡곤란을 일으키면서 경련, 심폐정지, 범발성 혈관내응고병증, 손상부위의 대량출혈을 일으키면서 급격히 사망에 이르게 되는 병이다. 그 병리학적 기전은 아직 확실히 밝혀져 있지 않으나 양수 내의 구성물질인 태아의 피부세포, 솜털, 점액이나 태변 등이 혈관 내에 유입되어 이들에 의해 범발성 혈관내응고병증이 발생하고 섬유소 혈전에 의해 폐의 미세혈관이 폐쇄되어 폐성심을 유발하는 것으로 추정된다. 양수 색전증은 8,000~80,000 임신당 1명의 빈도로 발생된다고 보고된 드문 질환으로서 예견이나 예방할 수 없고 급작스런 호흡부전 및 순환기 허탈로 사망에 이르게 된다. 초기 진단은 쉽지 않고 증세가 발현된 경우 산소 공급 및 위축된 심장 기능을 유지하도록 하는 것이 주요한 치료방법일 뿐 현재까지 양수 색전증에 대한 유효한 치료방법은 밝혀져 있지 않다. 양수 색전증으로 사망한 경우 외견상 특기할 만한 소견이 없으나 사망이 지연되면 범발성 혈관내응고병증, 폐부종 등의 소견을 보이기도 하며 폐의 모세혈관에서 양수성분이 관찰되거나 태아의 피부세포가 관찰되기도 한다. 양수색전증으로 사망한 환자에 대하여 부검을 할 경우 태아의 피부세포 등이 발견되는 경우는 73~75%가량이다.

판례 12. 정상 분만 산모의 산후출혈에 대한 관찰 소홀로 인한 산모_ 서울남부지방병원 2009. 7. 16. 선고 2007가합6933 판결

1. 사건의 개요

임신부는 출산을 위해 피고의원에 내원하여 신생아를 출산했다. 분만 직후 산모의 활력 징후에는 특별한 이상이 보이지 않았다. 간호사가 분만 이후의 처치를 하며 환자를 관찰하였다. 그런데 병실로 이동하기 위해 산모를 휠체어에 옮기는 도중 오심, 구토 증세가 있어 유치도뇨관을 삽입하였다. 곧 산모가 경련을 일으키며 의식을 잃었는데 자궁이완증에 의한 쇼크라고 진단하였다. 산소마스크를 통한 산소 공급 등 여러 조치가 취해졌다. 30분 쯤 후 산모는 의식을 잠시 회복하였으나 질출혈이 증가하였고, 산모를 상급병원으로 전원하였다. 상급병원에서는 혈액량 감소로 인한 쇼크로 진단하고 혈액과 수액을 공급하고 출혈을 막기 위한 자궁동맥색전술을 시행하였다. 수술 후 산모는 잠시 의식을 회복하였으나 미만성 혈액응고장애가 진행되어 결국 사망하였다[서울남부지방병원 2009. 7. 16. 선고 2007가합6933 판결].

날짜	시간	사건 개요
		A: 임산부 1975년생(사고 당시 30세 10개월)
		원고 1: 신생아
		원고 2: 임산부의 배우자
		피고 1: 분만 주관 의사
		피고 2: 산부인과 의원(이하 '피고의원'이라 한다)의 운영자
		피고 3, 4, 5: 피고의원 의료인
2006. 11. 8.		• A 출산을 위해 피고의원에 내원함
2006. 11. 9.		• 피고 1의 주관 하에 원고(신생아)를 출산함 • 분만 직후 A의 활력징후 	혈압	110/70mmHg | |---|---| 	맥박	70회/분 | 	호흡수	20회/분 | • 특별한 이상 징후는 보이지 않음 • 피고 1은 태반반출 후 초음파검사를 통하여 A의 자궁과 복강 내부를 확인하고 회음부를 봉합함

날짜	시간	사건 개요
		• 피고 의원 소속 간호사가 분만 이후의 처치를 하며 관찰함
	13 : 50	• 병실로 이동을 위해 A를 휠체어에 옮기는 도중 오심, 구토증세가 있어 유치도뇨관을 삽입함
2006. 11. 9.	13 : 55	• A는 경련을 일으키며 의식을 잃음 • 혈압이 체크되지 않았고 맥박은 150 – 160회/분(빈맥)상태이며 자궁의 수축이 풀리고 질출혈이 관찰됨 ＝피고 의원 의료진은 자궁이완증에 의한 쇼크라고 진단 ＝산소마스크로 산소 8리터 줌 ＝에페드린 1앰플(교감신경 활성으로 인한 혈압강화제) 투여 ＝판타스판 투여 ＝프라즈마용액(혈장 증가로 인한 혈압강화제)을 투여함 ＝자궁수축을 위해 싸이토텍(자궁수축제) 4알을 항문에 삽입 ＝에페드린 1앰플을 추가 투여 ＝초음파검사 시행 ＝추가로 싸이토텍 5알을 질 내에 삽입 ＝헤스플라즈마 6% 연결 ＝날라돌(자궁수축제)을 생리식염수에 혼합하여 정맥주사 함 ＝자궁마사지 계속함 • B 병원에 농축적혈구 3파인트를 보내줄 것을 요청함
	14 : 10	• 활력징후는 맥박 130~140회/분으로 측정됨
	14 : 30	• 의식을 잠시 회복하고 맥박은 140회/분으로 측정되었으나 질출혈이 증가함 ＝A를 상급병원으로 전원하기로 결정함 ＝C 대학 병원과 119에 연락함
	14 : 50	피고 1의 동행 하에 피고 의원을 출발함
2006. 11. 9.	15 : 04	• C 대학 병원 도착 ＝도착 시 A의 혈압은 89/45mmHg로 체크되었으나 바로 49/27mmHg로 떨어졌고, 맥박은 123회/분, 의식은 경면상태, 헤모글로빈 수치는 3.0g/dl, 혈액가스 검사상 산도는 6.855, 염기과잉은 － 24.8로 대사성 산중 및 과다출혈 상태임 ＝C 대학 병원은 혈액량 감소로 인한 쇼크로 진단함, A에게 혈액과 수액을 공급하고 중탄산염을 투여하고 출혈을 막기 위하여 자궁동맥색전술을 시행함 위 수술 후 A는 잠시 의식을 회복함

날짜	시간	사건 개요
2008. 11. 10.	21 : 18	• 미만성 혈액응고장애가 진행되어 다장기부전, 혈관의 과투과로 인한 복강내 체액유출, 폐부종으로 A 사망함

2. 사건에 대한 법원의 판단요지

가. 분만 직후 산후출혈에 대한 주의의무 위반: 법원 인정

(1) 원고 측 주장

피고 의원의 의료진은 산모의 생체징후를 측정하고 자궁수축상태와 자궁저부를 촉진하여 자궁내 출혈 여부를 확인하여야 함에도 이를 소홀히 하여 산모의 자궁이완 상태를 방치하여 산모가 쇼크 상태에 이르게 하였다.

(2) 의료인 측 주장

의료진은 산모의 분만 후 회음부 봉합과 산후 처치 과정에서 산모의 생체징후를 체크하는 등 산모를 관찰하며 병실로 옮기기 위한 준비를 하였다. 13:55경 산모가 쇼크를 일으킨 직후 피고 병원에 전원을 할 때까지 약간의 출혈은 있었으나 과다출혈의 소견은 보이지 않았다. 의료진으로서는 할 수 있는 최선의 응급조치를 다하여 상급 병원에 산모를 전원시켰으므로, 산모에 대한 관찰 및 처치 과정에 어떠한 과실이 있다고 볼 수 없다. 상급병원에서 자궁동맥색전술을 시행한 후 산모의 활력징후가 호전되고 의식이 돌아오며 폐에 이상소견이 나타나지 않았는데, 위 병원에서 수술 후 의식이 있는 산모에게 자동모드로 인공호흡기를 부착하고, 계속된 대량 수혈을 하였다. 그 결과 급성 대사성 산증, 폐수종 등의 합병증을 유발하여 산모가 사망에 이르게 된 것이다.

(3) 법원의 판단

분만 직후 산후출혈에 대한 의료진의 관찰 소홀 과실이 인정된다. 산모 측은 회음부 봉합 당시 이미 피고 의원에서 산모의 과다출혈을 인지하였다고 주장한다. 그러나 전원 기록지에 회음부 봉합 당시 질출혈이 있었다고 기록되어 있는 점 및 13 : 50경 산모에게 도뇨관을 삽입하였다고 간호기록지에 기록되어 있는 점만으로 의사가 과다

출혈사실을 미리 인지하고 있었다고 인정할 수 없다. 하지만 의사는 분만시인 12 : 52부터 산모가 정신을 잃은 13 : 55분까지 산모의 자궁이완 여부 및 자궁내 출혈 여부를 확인하는 것을 게을리 하였다. 단지 간호사가 산모의 곁에서 산모의 상태를 지켜보았다는 사정만으로 산모에 대한 주의 및 관찰 의무를 다하였다고 보기 어렵다. 의사가 분만 후 산모에 대하여 자궁저부를 촉진하는 등으로 자궁이완증세가 있는지와 자궁 내에 출혈이 있는지 여부를 확인하였더라면 13 : 55경 이전에 이상을 발견하여 적절한 조치를 취함으로써 신체 기관에 대한 비가역적 손상을 어느 정도 방지할 수 있었음에도 이를 게을리 한 결과 산모의 출혈사실을 뒤늦게 발견하였고 산모가 과다출혈로 인한 저혈압으로 발생한 다기관부전증으로 사망에 이르게 되었음이 추정된다. 피고 의료진은 산모의 사망 원인이 상급병원의 과다수혈이라고 주장하지만 법원이 판단하기에 산모에게 나타난 폐부종, 복부팽창, 급성 호흡부전증후군, 심정지가 과다 수혈 때문이라고 인정하기는 어렵다. 상급병원에서 산모의 실혈을 보충하기 위하여 산모에게 적혈구 농축액 10개, 신선동결혈장 23개, 혈소판 농축액 20개, 전혈 4개, 혈액 용해제재 등을 투여하였는데 이는 수술 후에도 낮은 혈압으로 인하여 다장기손상이 계속되는 상태에서 혈압유지를 위하여 이루어진 조치이고 급성 출혈의 경우 다량 수혈에 의한 순환기계 과부하는 흔히 일어나는 것이 아니기 때문이다.

나. 수혈 지연에 과실이 있는지 여부: 법원 불인정

(1) 원고 측 주장

의료진은 산모에게 수혈할 혈액이 준비되어 있었음에도 즉시 수혈을 하지 아니하여 산모가 과다출혈로 인한 사망에 이르게 하였다.

(2) 법원의 판단

피고 의원이 다른 병원에 주문한 혈액이 산모를 상급병원에 이송시키기 전 피고 의원에 도착하였다는 원고 측 주장을 인정할 증거가 없다.

다. 의료진의 전원 지연 과실 여부: 법원 불인정

(1) 원고 측 주장

의료진은 산모의 회음부 봉합시부터 과다출혈이 있음을 인지하였음에도 즉시 수혈과 수술적 치료가 가능한 병원에 전원하지 않고 관찰처치만을 하였다.

(2) 법원 판단

원고 측은 13:55경 산모가 전체 혈액의 50% 정도를 출혈한 상태였으므로 즉시 수혈이 가능한 상급병원으로 산모를 전원시켰어야 한다고 주장한다. 하지만 피고 의원에서 행한 일련의 조치와 전원결정 과정 및 전원의 준비에 필요한 시간 등을 고려하여 볼 때, 피고 의원이 산모의 전원을 지연하였다고 인정할 수 없다.

3. 손해배상범위 및 책임제한

가. 의료인 측의 손해배상책임 범위: 20% 제한

나. 제한 이유

(1) 피고 의사가 분만 후 15분 간격으로 자궁저부를 촉진하는 것을 게을리하여 산모의 자궁이완성 출혈에 대한 즉각적인 조치를 취하는 것을 지연하였다고 하더라도, 산모의 이상상태를 발견한 13:55경부터 상급 병원으로 전원할 때까지 피고 의원은 과다출혈로 인하여 생긴 응급상황에 대처하기 위한 수액주입, 혈액준비, 산소마스크, 자궁수축제 투입, 혈압강화제 투입, 소변줄 삽입 등 당시 상황에서 피고 의원이 할 수 있었던 조치를 취한 점.

(2) 산모에게는 분만 당시만 하더라도 자궁출혈이나 출혈을 의심할 만한 특별한 증상이 없었던 점.

(3) 분만 후 응급상황이 발생한 시각까지의 시간은 약 1시간 남짓인데, 회음부 봉합에 걸리는 시간을 고려한다면 산모의 상태를 확인하지 않은 시간은 더 줄어들게 되며 특히 산모의 경우에는 짧은 시간 안에도 급격한 출혈이 발생할 수 있음을 고려하여 볼 때, 의사가 15분 간격으로 자궁저부를 촉진하였더라도 얼마나 빨리 이를 발

견할 수 있었을 것인가가 분명하지 않고, 이를 조금 일찍 발견하였다 하더라도 산모의 사망을 막기 어려웠을 가능성 또한 존재하는 점.

다. 손해배상책임의 범위

① 청구금액: 2,646,110,010원
② 인용금액: 201,442,682원
각 피고에 대하여
(1) 청구금액: 521,508,382원
(2) 일실수입: 86,121,343원(430,606,714원의 20%)
(3) 위자료: 14,000,000원

4. 사건 원인 분석

이 사건은 질식 정상분만을 주관한 의사가 산모의 분만 후 15분 간격으로 자궁저부 촉진 등의 방법으로 자궁이완 여부와 자궁 내 출혈이 있는지 여부를 확인했어야 함에도 하지 않아 과다출혈로 산모가 사망에 이르게 된 사건이다. 정상 분만의 경

〈표 12〉 원인분석

분석의 수준	질문	조사결과
왜 일어났는가? (사건이 일어났을 때의 과정 또는 활동)	전체 과정에서 그 단계는 무엇인가?	-분만 후 경과관찰 소홀(분만 후 임신부의 혈압, 맥박, 질출혈 정도, 자궁 저부 수축 정도를 살펴보기 위한 자궁저부의 촉진이 필요함에도 간호사가 곁에서, 임신부의 상태를 지켜보기만 함)
가장 근접한 요인은 무엇이었는가? (인적 요인, 시스템 요인)	어떤 인적 요인이 결과에 관련 있는가?	• 의료인 측 -분만 후 필요한 검사 및 경과관찰을 통한 출혈여부 확인이 이루어지지 않음
	시스템은 어떻게 결과에 영향을 끼쳤는가?	

우에도 고위험 분만과 동일하게 분만 후 1~2시간 동안에 상당한 출혈이 있을 수 있고, 질출혈 없이 혈액이 자궁강 내에 고여 있을 수 있다. 따라서 이 사건에서처럼 단지 간호사가 산모의 곁에서 산모의 상태를 지켜보았다는 사정만으로는 산모에 대한 주의·관찰 의무를 다하였다고 보기 어렵다고 판단되며, 이러한 주의·관찰 의무 소홀이 이 사건과 관련된 문제점 및 원인이라고 볼 수 있다(〈표 12〉 참조).

5. 재발 방지 대책

원인별 재발방지 대책은 〈그림 12〉와 같으며, 각 주체별 재발방지 대책은 아래와 같다.

〈그림 12〉 산부인과(산과) 질적12 원인별 재발방지 사항 제안

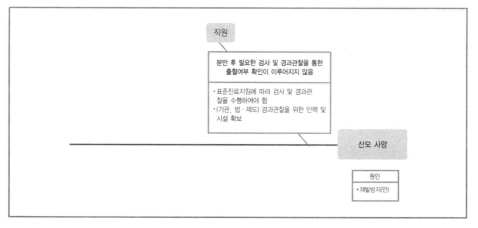

(1) 의료인의 행위에 대한 검토사항

본 사건의 경우 훈련된 의료진이 분만 후 상태관찰을 잘 수행하였을 경우 충분히 사고를 예방할 수 있었을 것으로 생각된다. 분만 또는 수술 이후 의료진은 산모의 활력징후, 자궁수축 정도, 질출혈 등의 검사와 경과관찰을 소홀히 해서는 안 된다. 이 때 이런 업무를 간호사나 의사 중 어떠한 인력이 수행하였느냐보다는 표준진료지침에 따른 적절한 경과관찰을 시행하는지 여부가 더 중요할 것이다.

(2) 의료기관의 운영체제에 관한 검토사항

수술 환자에 대한 경과관찰을 하기에 충분한 인력과 시설을 갖추고 있어야 한다.

(3) 국가·지방자치단체 차원의 검토사항

수술을 시행하는 경우, 의원급 의료기관에서도 경과관찰을 위해 필요한 인력 및 시설을 갖출 수 있도록 재정적인 지원과 규제가 필요하다.

판례 13. 신생아 무호흡증 등에 대한 조치 및 전원 지연으로 인한 신생아 심신 장애 발생_대법원 2007. 1. 26. 선고 2006다 66791 판결

1. 사건의 개요

임신부는 임신 39주 1일 이슬이 비치고 진통이 시작되어 피고 병원에 입원하였다. 의사는 유도분만을 시행하였는데 분만 초기 진행은 다소 원활하지 않았으나 후기로 가면서 순조롭게 이루어졌다. 그러나 태아가 만기 태아 심박동 감소(late deceleration)의 소견을 보여 임신부에게 산소마스크로 산소 공급하고 자세 교정 등의 조치를 취하며 분만 진행하여 신생아가 분만되었다. 분만 당시 신생아는 중증 가사 상태로 12분간 무호흡 상태 지속되었는데 의료진은 무호흡 확인 후 산소 공급하고 심폐소생술을 시행하였다. 분만 후 12분만에 자발적 호흡이 시작되자 신생아를 인큐베이터에 넣었다. 이후 신생아에게 청색증 및 호흡곤란 증세 나타나자 기관내삽관을 시행한 이후 S의료원에 전원하였다. S의료원은 신생아가 도착하자마자 약 40분간 심폐소생술 시행하여 심박동 및 호흡이 회복되기는 하였으나 뇌손상으로 인한 극도의 운동, 감각 및 정신 장애가 발생하였다[인천지방법원 부천지원 2005. 12. 23. 선고 2003가합3248 판결, 서울고등법원 2006. 9. 5. 선고 2006나12833 판결, 대법원 2007. 1. 26. 선고 2006다 66791 판결].

날짜	시간	사건 개요
		원고(임신부): 과거 별다른 병력이 없는 초임부. 사고 당시 만 31세 원고(신생아): 여아 피고: N병원(피고 병원) 운영
2003. 02. 04		• 임신 37주 4일 • ○산부인과에서 임신 확인하고 정기적인 산전검사 받아옴 = 임신이 지속되는 동안 임신부와 태아에 별다른 이상은 없었음 • 이사로 피고 병원에서 산전검진을 받게 됨
2003. 02. 15.	03 : 30	• 임신 39주 1일 • 이슬이 비치고 진통을 시작함

날짜	시간	사건 개요
2003. 02. 15.	04 : 45	• 원고(임신부) 피고 병원 도착 • 피고 병원 의료진은 임신부 도착 직후 비수축검사(NST) 실시 = 태아 심박동수: 분당 135회로 측정
	05 : 30	• 분만위해 원고(임신부) 입원 • 5% 농도의 포도당 수액 500ml 정맥주사
	06 : 30	• 자궁수축제인 옥시토신 5unit를 위포도당 수액에 혼합하여 점적 투여 • 유도분만 시행. 유도분만 시행 중 중앙전자감시장치를 임신부에 부착하여 가동하면서 임신부의 자궁수축 및 태아 심박동수 관찰함 • 자궁개대 및 태아 심박동수

시간	자궁개대	태아 심박동수
05:00	자궁경부 폐쇄된 상태	분당 138회
06:00	—	분당 144회
06:30	1FB 개대	분당 145회
08:05	2FB 개대	분당 150회
09:00	2cm 내지 3cm 개대	분당 140회
09:40	3cm 개대	분당 136회
10:40	—	분당 137회
12:40	—	분당 139회
13:40	5cm 개대	분당 140회
14:15	6cm 개대	분당 144회
15:20	6cm 내지 7cm 개대	분당 110회
15:40	8cm 내지 9cm 개대	분당 120회
15:50	완전 개대(10cm): 분만 2기	분당 123회
16:10		분당 132회
16:35	(임신부 분만실 이동)	분당 125회

날짜	시간	사건 개요
		• 분만 초기 진행은 다소 원활하지 않았으나 후기로 가면서 순조롭게 이루어짐
	15 : 20	• 태아 심박동수가 정상범위에서 벗어남: 분당 110회

	16 : 10	• 만기태아 심박동 감소(late deceleration)의 소견을 보임
		  = 분만간호기록지에 기재된 시간이 16 : 10인 것으로 보아 위 증상이 그 이전에 시작되어 계속된 것으로 보임
		  = 임신부에게 산소마스크로 분당 5ℓ 정도의 산소 공급, 자세 교정 등 조치 취하며 분만 진행(피고측에서 태아심박동 변화양상을 알 수 있는 그래프 등을 제출하지 않고 있음)

날짜	시간	사건 개요
2003. 02. 15.	16 : 50	• 3.22kg 여아 원고(신생아) 분만 • 분만당시 신생아의 상태 = 중증 가사 상태 = 울음이 없음 = 약 12분간 무호흡 상태 지속 = 아프가 점수: 분만 1분 경과 후 3점 • 피고 병원 의료진 처치 = 신생아의 무호흡 확인 즉시 산소마스크를 이용하여 산소 공급 = 약 20분간 심폐소생술 시행
	17 : 02	• 분만 후 약 12분 만에 자발적 호흡 시작
	17 : 15경	• 인큐베이터에 넣음 • 산소공급하면서 상태 관찰 = 신생아 체온이 34.4℃: 저체온증 소견 = 인큐베이터 온도를 올림

시간	신생아 체온
18 : 30	35.1℃
19 : 20	35.9℃
20 : 30	37.2℃

날짜	시간	사건 개요
	20 : 35	• 인큐베이터 제거
2003. 02. 16.	08 : 00	• 체온: 37℃ 이상
	12 : 00	• 체온: 36.4℃로 떨어지면서 발한 및 오한 증상 보임 = 농도 5%의 포도당 수액 투입
	22 : 00	• 임신부에게 신생아 면회를 허용하기도 하였음
2003. 02. 17.	01 : 40	• 2/16 12 : 00 무렵부터 2/17 01 : 40경까지 2차례에 걸쳐 원고(신생아)를 다시 인큐베이터에 넣어 산소공급을 하는 과정을 반복하여 상태 관찰 = 신생아 상태에 관한 별다른 검사를 실시하지는 않았음
	05 : 30	• 원고(신생아)에게 청색증 및 호흡곤란 증세 보임 = 피고 병원 의료진은 산소마스크에 의한 산소공급 시작하였으나 호흡곤란 증세 지속
	06 : 40	• 기관내삽관을 시행 • 서울 소재 S의료원으로 전원 결정
	07 : 20경	• 피고 병원 의료진 중 소아청소년과 의사가 구급차에 동승하여 신생아의 전원 시작

날짜	시간	사건 개요
2003. 02. 17.		= 전원 과정 중 계속하여 기관내삽관을 통한 산소공급을 유지하였음
	08:20경	• 약 1시간 만에 S의료원 도착 • 당시 심장박동, 자발적 호흡이 전혀 없음, 전신에 청색증, 자극에 반응이 없는 혼수상태로서 적절한 산소공급이 있었다고 보기 어려울 정도로 상태가 극도로 악화되어 있었음 • S의료원 의료진은 신생아 도착하자마자 약 40분간 심폐소생술 시행 = 심박동 및 호흡이 회복되기는 하였으나 진단 결과 심한 태아 가사, 저산소성 허혈성 뇌증 의증, 급성신부전 의증, 패혈증에 의한 쇼크 의증, 대사 이상 의증 등의 소견 보임 • 뇌초음파 검사 결과 = 심한 허혈성 저산소성 뇌증, 뇌파 검사에서 광범위한 뇌기능 이상 소견
현재		• 위와 같은 뇌손상으로 인하여 극도의 운동, 감각 및 정신 장애 고착됨 • 맥브라이드 종합평가표상 장해등급: 두부, 뇌, 척수 IX-B-4항

2. 법원의 판단

가. 분만 후 신생아 이상에 대한 신속한 처치 및 전원에 과실이 있는지 여부: 법원 인정(제1심) → 법원 인정(항소심) → 법원 인정(상고심)

(1) 의료인 측 주장

분만 전·후 과정에서 신생아 무호흡 내지 호흡곤란 등 저산소증을 예견할 만한 징후가 없었다. 병원 의료진은 신생아의 무호흡 내지 호흡곤란에 대해 최선의 응급조치를 다하였다. 신생아의 후유장애는 병원의 의료상 과실로 말미암은 것이 아니라 전적으로 체질적 소인에 기인한 것이다.

(2) 법원 판단

이 사건 분만 진행 중 산전검사에서 별다른 이상이 없었던 태아에게 2/15, 15:20경 일시적인 태아 심박동 감소(태아의 심박동이 분당 110회로 급격하게 감소함) 및 2/15, 16:10경 만기 태아 심박동 감소 소견이 있었다. 이런 증상이 오래 지속되면 태아에게 심각한 손상이나 사망의 가능성이 있는데도 병원 의료진은 임신부에게 분당 5L의 산소 공급을 하였을 뿐 그 이후 분만이 이루어지기까지 40분 이상 위 증상에 대한 적절한 처치를 하지 않았다. 또한 분만 직후 신생아가 12분간 자발호흡을 하지 못하고 자발 호흡을 시작한 후에도 체온 변화를 동반한 발한, 오한 증세를 나타내고 결국 청색증 및 호흡곤란 증세를 나타났으면 신생아의 뇌 및 호흡기관의 상태를 보다 정밀하게 검사하여 그 원인을 파악한 후 이에 대한 적절한 처치 또는 전원을 하였어야 한다. 그럼에도 신생아의 상태가 악화되어 결국 청색증 및 호흡곤란 증세를 보여 전원을 하기까지 인큐베이터를 통한 산소공급 및 체온유지 등의 조치만을 단속적으로 시행하였을 뿐(도중에 3회나 인큐베이터를 제거하였음) 태아의 상태를 보다 상세히 진단하고 처치하기 위한 별다른 조치를 전혀 취하지 않았다. 최종적으로 인큐베이터를 제거한 이후 청색증 및 호흡곤란 증세를 발견한 다음 기관내삽관을 하기까지 무려 70분의 시간을 지체하였고 그 후 전원에 착수하기까지도 40분의 시간이 소요되었다. 따라서 분만 과정 및 분만 후 전원에 이르기까지 응급상황 발생에 대하여 피고 병원 의료진이 적절하고 신속한 처치를 하지 못하였고, 전원 조치마저 게을리한 잘못이 인정된다.

3. 손해배상범위 및 책임제한

가. 의료인측의 손해배상책임 범위: 65% 제한

나. 제한 이유

(1) 분만 전·후 정황상 신생아의 체질적 소인도 이 사건 의료사고에 어느 정도 기여하였다고 보이는 점

(2) 산과 및 소아청소년과 관련 의료의 특성상 갑작스런 응급상황 발생시 설혹 의료진이 최선의 처치를 다한다고 하더라도 여러 변수에 따라 치명적인 결과가 초래될 가능성을 완전히 배제할 수 없는 점

다. 손해배상책임의 범위

① 청구금액: 461,932,718원
② 인용금액: 218,070,370원

(1) 일실수입: 84,133,306원(129,435,855원의 65%)

(2) 기왕치료비: 8,180,955원(12,586,084원의 65%)

(3) 향후치료비: 5,516,368원(8,486,720원의 65%)

(4) 개호비(보통 성인여자 1명의 개호): 84,239,743원(129,599,604원의 65%)

(5) 위자료: 36,000,000원

4. 사건 원인 분석

임신부는 초임부로 피고 병원에서 유도분만을 진행하였으나, 분만 중 만기 태아 심박동 감소 소견을 보였고, 분만 후에도 신생아가 중증의 가사상태로 약 12분 간 무호흡 상태가 지속되었다. 이후 신생아는 체온 변화를 동반한 발한, 오한 증세를 나타냈음에도 피고 병원 의료진은 이에 대한 적절한 처치 및 전원을 하지 않아 청색증 및 호흡곤란 증세가 나타났으며 기관내삽관 및 전원이 지연되어 뇌손상으로 인한 극도의 운동, 감각 및 정신 장애가 고착된 사건이다. 이 사건과 관련된 문제점 및 원인을 분석해본 결과는 다음과 같다.

첫째, 분만 2기에 이르면서 태아 심박동수가 정상범위에서 벗어나고 만기 태아 심박동 감소 소견이 보인다면 질식 정상 분만보다는 제왕절개수술을 하는 것이 안전할 수 있다.

둘째, 의료진은 중증가사 상태로 태어난 신생아를 인큐베이터에 넣어 산소공급 및 체온유지를 하였다. 그러던 중 20시 35분 경 인큐베이터를 제거하였는데 다음 날 12시 경부터 신생아의 체온이 다시 저하되면서 발한과 오한 증상을 보인 바 결과적으로 인큐베이터 제거가 적절하였다 보기 어렵다.

셋째, 분만 직후 신생아에게 발생한 응급상황에 대하여 기관내삽관 등 적절하고 신속한 응급처치를 하지 못하였다. 적응증과 아프가 점수 등을 고려하였을 때, 환자는 기관내삽관이 필요해 보이며, 5분 아프가 점수에 따른 환자 처치에 대한 계획이 필요하다(기록 부재로, 응급처치에 소아청소년과 의사의 직접적인 처치나 감독이 있었는지 알 수 없음). 이 신생아의 경우에는 기관내삽관 및 심폐소생술, 인큐베이터로 이동, 혈액검사 및 흉부방사선 검사 시행과 더불어 추가적인 평가와 처치를 위하여 상급병원으로 바로 이송하는 것이 도움이 되었을 것이다. 그렇지 못하였더라도 15일 17 : 15 인큐베이터 치료를 시작할 시점이나 16일 오전 그리고 저혈당 발생 시점, 17일 새벽 산소투여 시점 등에서 소아청소년과 의사에 의한 환아 재평가가 이루어지고 전원이 결정되었으면 예후에 도움이 되었을 것으로 보인다.

넷째, 전원과정에서의 적절한 환자 케어가 이루어지지 못하였으며 전원이 지연되었다(〈표 13〉 참조).

〈표 13〉 원인분석

분석의 수준	질문	조사결과
왜 일어났는가? (사건이 일어났을 때의 과정 또는 활동)	전체 과정에서 그 단계는 무엇인가?	− 분만 단계(분만 중 만기태아 심박동 감소의 소견을 보였으나 임신부에게 분당 5L의 산소 공급을 하였을 뿐 그 이후 분만이 이루어지기까지 40분 이상 증상에 대한 적절한 처치를 하지 않음) − 분만 후 신생아 처치 단계(분만 직후 신생아에게 발생한 응급상황에 대한 신속한 응급처치가 이루어지지 했으며, 인큐베이터 제거 시기가 적절하지 못하였음) − 전원 단계(전원이 지연되고 전원 과정 중 적절한 처치가 이루어지지 못함)
가장 근접한 요인은 무엇이었는가? (인적 요인, 시스템 요인)	어떤 인적 요인이 결과에 관련 있는가?	• 의료인 측 − 심박동 이상, 만기 태아 심박동 감소 등 이상증상을 발견하였음에도 이에 대한 검사 및 전원, 수술 등 별도의 조치를 취하지 않음 − 분만과정 중 발생한 응급상황에 대한 적절한 대처 능력 부족 (분만 중 제왕절개수술이 필요한 상황을 인지하지 못함) − 인큐베이터 제거 시 관련 검사 및 처치 미흡
	시스템은 어떻게 결과에 영향을 끼쳤는가?	• 의료기관 내 − 전원시기 지연 및 전원 중 적절한 처치(산소공급, 응급약물 처치 및 투약 등에 대한 준비 및 구급차 내 장비 구비 등) 미흡

5. 재발 방지 대책

원인별 재발방지 대책은 〈그림 13〉과 같으며, 각 주체별 재발방지 대책은 아래와 같다.

〈그림 13〉 산부인과(산과) 질적13 원인별 재발방지 사항 제안

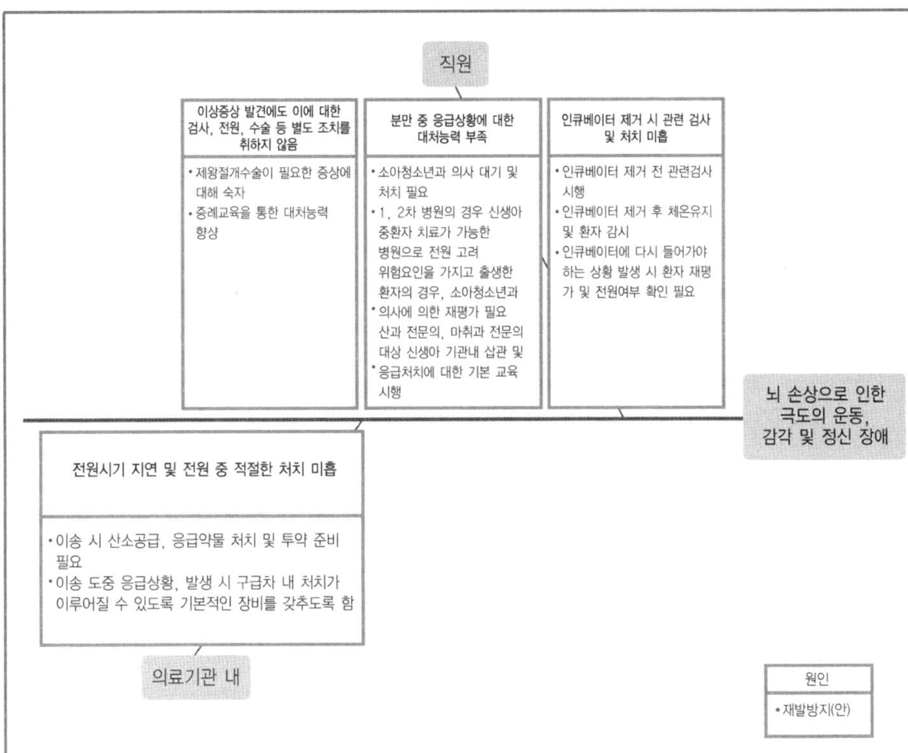

(1) 의료인의 행위에 대한 검토사항

의료인은 반드시 제왕절개수술이 필요한 증상에 대해 숙지하고 있어야 하며 이와 관련된 증례교육을 통해 해당 증상에 대한 인지도를 높이는 것이 필요하다. 신생아 인큐베이터는 중환자의 집중치료, 체온유지 등의 필요가 있을 시 사용하고, 인큐베이터 제거 고려 시 환자에 대한 일반적, 신경학적 신체검진 및 필요시 혈액검사,

흉부방사선영상검사를 행해야 한다. 그리고 인큐베이터를 제거하더라도 한동안은 보온기(warmer) 등을 사용하여 체온유지를 위한 처치를 해야 한다. 신생아가 인큐베이터에 다시 들어가야 할 상태라면 그 상태에 대한 재평가 및 신속한 전원 결정이 필요할 수 있다.

(2) 의료기관의 운영체제에 관한 검토사항

처음부터 위험요인을 가진 환자의 경우 소아청소년과 의사의 대기 또는 처치가 반드시 이루어지도록 해야 한다. 1, 2차 병원의 경우 근처의 신생아중환자 치료 가능 병원으로 우선 전원하는 것이 필요하다. 이송 과정의 위험 때문에 통상적으로 신생아 중환자의 이송시에는 산소공급, 응급약물 처치 및 투약 등에 대한 준비가 필요하며 가능한 한 가까운 병원으로의 전원이 이루어질 수 있도록 해야 한다. 위험 요인을 가지고 출생한 신생아의 경우에는 1, 2차 병원이라고 하더라도 매일 소아청소년과 의사에 의한 재평가가 이루어질 수 있도록 하고 담당 간호진도 이에 대한 경각심을 갖도록 교육이 필요하다. 1, 2차 병원의 경우에는 초기 기관내삽관 등 응급처치를 할 소아청소년과 의사를 모두 확보하기가 어렵다. 이런 경우에는 담당 산부인과 의사도 신생아 기관내삽관이나 응급처치에 대하여 기본 교육을 받도록 하는 것을 고려해볼 수 있다.

(3) 국가·지방자치단체 차원의 검토사항

신생아중환자의 이송시에는 이송자체가 환자에게 위험할 수도 있기 때문에 이송 도중 발생하는 응급상황에 대해 구급차 내에서 처치가 이루어질 수 있도록 기본적인 장비를 갖추도록 하여야 한다.

▌참고자료▐ 사건과 관련된 의학적 소견[4]

1. 태아 심박동 감소(태아 서맥) 및 만기 태아 심박동 감소(late deceleration)

태아 심박동이 분당 120회 이하로 15분 이상 지속될 경우 문제되나, 분당 110회 내지 119회 사이의 경도의 태아 서맥(徐脈)은 다른 태아 심박동의 변화들과 함께 나타나지 않는다면 그것만으로 태아의 상태가 나쁘다고는 할 수 없다.

만기 태아 심박동 감소는 자궁 태반 기능부전(uteroplacental insufficiency)으로 인한 태아의 저산소증(fetal hypoxia)과 대사 장애의 결과로 나타난다. 즉 모체로부터 태반을 통해서 태아에게 공급되는 혈류량의 부족으로 태아에게 저산소증과 대사 장애가 발생될 가능성을 암시한다. 따라서 만기 태아 심박동 감소 소견이 오랫동안 지속되면 주의 깊게 그 회복 여부와 양상을 관찰해야 하고, 태아의 심각한 손상이나 태아 사망의 가능성이 있음을 염두에 두어야 한다. 자궁수축제인 옥시토신 자극에 의한 자궁의 과다 수축도 만기 태아 심박동 감소의 주요 원인이 된다.

2. 아프가 점수와 처치

분만 후 1분이 경과한 후에 아프가 점수가 0점 내지 3점인 경우 즉각적인 소생술을 시행하여야 하고, 일반적으로 아프가 점수가 1점 내지 3점인 경우 대부분 기관내삽관과 폐의 팽창이 필요하며, 후두경 하에서 후두와 기관내 흡인물을 제거하고 기관내삽관을 하여 기도를 확보하는 일이 급선무이다. 아프가 점수가 4점 내지 6점인 경우 호흡 개시를 위한 자극이 필요하고 100% 산소와 마스크를 사용하여 양압 환기를 하여야 한다. 자발 호흡의 개시, 청색증 소실 및 자발적인 호흡의 지속 상태를 보아서 소생술을 중지하고 계속 관찰한다. 경도의 호흡억제 상태의 환아는 이러한 조치만으로 즉시 심박수가 증가하고 규칙적 자발적 호흡이 시작되나, 15초 내지 30초 동안의 처치에도 호전이 없거나 악화하는 경우에는 기관내삽관하여 보조 환기를 계속해야 한다.

3. 체온변화를 동반하는 발한과 오한이 있을 경우의 처치

일반적으로 패혈증, 전해질 대사 이상 등이 있는 경우 위와 같은 증세가 나타나며, 이러한 경우 패혈증에 대한 검사(혈중 백혈구 수치, 백혈구 분획 수치, 염증 반응 수치, 혈액 배양, 소

---

4) 해당 내용은 판결문에 수록된 내용임.

변 배양, 동맥혈 가스분석)와 전해질 대사 검사(혈당, 나트륨, 칼륨, 칼슘 등)가 시행되어야
한다.

판례 14. 산후 출혈 시 수혈 지체로 인한 산모의 의식불명_대구지방법원 2011. 11. 3. 선고 2010가합3869 판결

1. 사건의 개요

임신부는 피고 의사의 산부인과 병원에서 정기적인 산전진찰을 받아오다가 진통이 시작되어 입원하였다. 임신부가 출산과정의 출혈을 우려하자 의사는 병원에 혈액검사를 할 임상병리사가 확보되어 있고 수혈을 할 혈액이 충분하다고 안심시켰다. 의사는 유도분만을 하여 신생아를 자연분만 시켰다. 이후 질 출혈이 일어나고 산모는 가슴 답답함을 호소하였다. 의사는 농축적혈구를 수혈하기로 결정하고 혈액반응을 위한 교차검사를 위해 10분여 거리의 E병원에 검사 의뢰하였는데 병원의 임상 병리사가 휴가였고 대체근무자는 위 검사 능력이 되지 않았다. E병원의 교차검사가 끝난 농축 적혈구를 수혈하고 자궁마사지를 계속하였으나 질 출혈이 계속되었다. 이에 따라 G병원으로 전원하기로 하고 의사가 직접 산모를 구급차에 태워 병원으로 출발하였다. G병원 응급실에서 응급조치를 취하였으나 산모의 의식이 저하되고 출혈이 멈추지 않아 색전술을 시행한 후 중환자실로 이송하였다. 심폐소생술을 시행하였고 뇌파검사결과 중증도의 뇌기능장애가 진단되었다. 현재 산모는 의식을 찾지 못하고 생존에 필요한 일상생활도 도움을 받지 않으면 해결할 수 없는 상태이다[대구지방법원 2011. 11. 3. 선고 2010가합3869 판결].

날짜	시간	사건 개요
		원고: 한 번 출산 경험 있는 경산부, 사고 당시 36세 피고: 산부인과 병원(이하 '사건 병원'이라 한다)의 운영자
2009. 4. 11.		• 원고가 사건 병원에 내원. 이후 정기적인 산전진찰 시행
2009. 9. 9.		• 원고 진통이 시작되어 입원 • 혈색소: 11.4g/dl, 헤마토크릿 32.7% • 원고가 출산과정의 출혈을 우려함 　= 피고는 사건 병원에 혈액검사를 할 임상병리사가 확보되어 있고 수혈을 할 혈액이 충분하다고 원고를 안심시킴
		• 원고의 간헐적 진통이 계속되자 피고는 유도분만을 하기로 결정함

날짜	시간	사건 개요
2009. 9. 10. (목요일)	07 : 30 − 09 : 30	• 옥시토신을 포도당 주사액과 함께 투약
	11 : 30	• 1분 간격의 진통이 시작됨
	11 : 32	• 회음절개(정중)를 실시함 • 신생아를 자연분만 함
	11 : 37	• 태반 만출됨 • 메덜진과 옥시토신을 정맥 투여함
	12 : 20	• 자궁경부 7시 방향의 열상과 절개한 회음부를 봉합함
	12 : 25	• 옥시토신 투여 • 자궁경부, 질벽 등에 출혈을 확인함 = 자궁 수축은 양호함 • 패드를 질 내에 삽입하여 압박을 가함 • 자궁마사지를 지시함 • 1시간 후 질 출혈 여부를 관찰하기로 함
	12 : 40	• 활력징후 측정 = 혈압 110/80mmHg, 맥박 80회/분 • 자궁수축을 위한 마사지 시행 • 원고는 회음부 통증을 호소함

	12 : 55	• 활력징후 측정
		  = 혈압 90/60, 맥박 106회
		• 자궁부에 채운 패드 1장이 흠뻑 젖을 정도의 질 출혈을 확인함
		• 원고 가슴 답답함 호소
		  = 산소마스크를 통해 산소 공급
		  = 하트만 1L를 연결하여 400ml를 수액 주입함

	13 : 00	• 활력징후 측정 = 혈압 100/60, 맥박 110, 산소 포화도 99 − 100%

	13 : 05	• 자궁부에 채운 패드 2장이 흠뻑 젖을 정도의 질 출혈 확인
		• 의식은 명료하나 얼굴이 창백해짐
		  = 메덜진 1병을 정맥주사함
		  = 농축적혈구를 수혈하기로 결정함

	13 : 15	• 원고의 자궁수축이 좋지 않음을 확인함
		  = 날라돌(2ample)을 포도당(500ml)와 혼합하여 정맥에 최대치로 점
		    적 주사함
		• 혈압 90/60

날짜	시간	사건 개요
2009. 9. 10.		• 혈액반응을 위한 교차검사를 위해 10분여 거리의 E병원에 검사 의뢰함 = 사건 병원의 임상 병리사는 휴가였고 대체근무자는 위 검사 능력이 되지 않음
	13 : 25	• 생리식염수 1L 주사
	13 : 30	• 질 출혈이 멎는 양상이 보이자 자궁 마사지를 한 후 패드 1장을 자궁 에 넣어 지혈을 시도함
	13 : 45	• 혈압: 80/40으로 떨어짐 • 하트만 600ml 빠르게 정맥투여
	13 : 46	• E병원에 농축 적혈구 1pint(400ml 이하 동일)검사 의뢰
	13 : 47	• 농축 적혈구 1pint 검사 의뢰함
	14 : 00	• 자궁수축이 풀리면서 다시 질 출혈 양상을 보임 • 날라돌(2앰플)을 포도당(500ml)와 함께 최대치로 정맥에 점적 주 사함 = 혈압 80/50 • 1pint는 혈액형 검사만 마친 후 응급으로 수령하여 수혈함5)
	14 : 30	• 생리식염수 1L를 원고에게 주사함
	14 : 37	• E병원에 추가로 농축 적혈구 1pint에 대한 혈액반응 교차검사를 의 뢰함
	14 : 38	• E병원에 추가로 농축 적혈구 1pint에 대한 혈액반응 교차검사를 의 뢰함
	14 : 50	• 산소포화도 98%, 의식 명료함, 혈압 80/50 = 자궁마사지 계속함 = 질 출혈이 계속 됨 • G병원으로 전원 결정함
	15 : 00	• 피고는 직접 원고를 구급차에 태워 병원으로 출발함 • 사건 병원의 직원 F는 E병원으로부터 검사가 끝난 혈액 1pint 수령함

	15 : 10	• G병원 응급실에 도착함
		= '혈압 160/100, 체온 37도, 맥박 160회, 의식은 명료, 중증도의 혼
		   란, 1시간 30분 동안의 출혈이 통제되지 않았고 농축 적혈구 1pint
		   를 수혈하고 내원하였다'고 기재되어 있음

---

5) 분만기록지에는 13 : 25경 농축적혈구 1pint, 14 : 30경 농축적혈구를 1pint를 수혈한 것처럼 기재
   되어 있으나 E병원의 혈액검사 접수기록, 혈액불출기록 등에 비추어 13 : 25경의 수혈은 믿을 수
   없고 응급으로 불출한 농축적혈구 1pint의 수혈은 빨라야 14:10경, 늦어도 14 : 30경에 시작된 것
   으로 보인다.

날짜	시간	사건 개요
2009. 9. 10.		• 도착 직후 상태 = 10분에 500ml의 출혈이 관찰됨 = 중심정맥압: 2cmH₂O • G병원 의료진은 비강을 통해 원고에게 산소 투여함 • 중심정맥관 삽입 및 혈액 검사, 심전도 검사, 혈핵형 검사, 혈액반응 교차검사를 시행함 • 심전도 검사상 심실빈맥의 소견 보여 아데노신 1회 투여함 • 원고의 과호흡, 의료진에 대해 비협조적인 태도를 보임 = 기관 내 삽관 시행, 진정제 투여
	15 : 12	• 혈색소 6.1g/dl, 헤마토크릿 수치 18.8% = 전체 혈액량의 30%가 넘는 1,800ml의 실혈이 있었던 것으로 추정됨
	15 : 30	• 사건 병원의 직원 F는 검사가 끝난 혈액 2pint 수령함
	15 : 40	• 사건 병원의 직원 F가 받은 농축 적혈구 2pint를 G병원에서 수혈함
	15 : 45	• 혈압 110/80
	15 : 53	• 원고의 의식이 저하됨 • 출혈이 멈추지 않음 = 혈관조영실에서 좌측 자궁 동맥내 자궁경부가지 색전술 및 우측 내장골동맥 색전술을 시행함 • 출혈이 멈춘 것을 확인함
	17 : 13	• 중환자실로 이송됨 • 혈압 측정되지 않고 맥박수 80회, 질 출혈 증상이 확인됨
	17 : 15	• 맥박수 70회로 측정 되었으며 점점 늘다가 40회 미만으로 감소함 • 심폐소생술 시행함
현재		• 뇌파검사결과 중증도의 뇌기능장애가 진단됨 • 원고는 의식을 찾지 못하고 생존에 필요한 일상생활도 도움을 받지 않으면 해결할 수 없음
2009. 11. 17.		• 뇌 MRI 검사 시행함
2010. 4. 22.		• 뇌 CT촬영결과 저산소성 뇌손상으로 인한 심한 뇌위축이 발견됨 • G병원에서 진료 중 WPW 증후군이 발견되었음

2. 사건에 대한 법원의 판단 요지

가. 진료기록의 위·변조 여부: 법원 인정

(1) 원고 측의 주장

의사가 2009. 9. 10. 14 : 00 이후에 원고에게 농축적혈구 1pint만 수혈하였음에
도 불구하고 13 : 25경, 14 : 30경 두 차례에게 걸쳐서 농축적혈구 2pint를 수혈한 것
처럼 분만기록지를 허위로 작성하였다.

(2) 법원 판단

진료기록의 위·변조를 인정한다. 분만기록지 중 13 : 25경 농축적혈구를 1pint
수혈하였다는 기재는 사후에 기재된 허위로 판단된다. ① E병원에서 최초로 응급으
로 공급된 농축적혈구 1pint의 시간이 14:00이다. ② G병원응급센터 기록지에 농축
적혈구를 1pint수혈한 상태라고 기재되어 있다. 이 기재는 원고와 함께 구급차를 타
고 G병원에 방문한 피고 의사의 진술에 의한 것으로 보인다.

나. 산후 출혈에 대한 경과관찰의무 위반 여부: 법원 인정

(1) 법원의 판단

법원은 피고 의사가 원고의 산후 출현에 대해 경과관찰의무 위반이 있음을 인정
한다. ① G병원에서 10분 만에 500ml에 해당하는 많은 양의 실혈이 발견되었고 피
고 병원에서는 1,800ml 이상의 실혈이 있었던 것으로 추정되는데 이는 자궁경부의
열상으로 보기에는 그 양이 너무 많고 자궁수축이 원활하지 않았던 사정을 고려하면
이완성 자궁출혈로 보인다. ② 원고의 출혈시기가 명확하지는 않으나 피고 병원 의
료진은 12 : 20 자궁경부열상의 봉합수술을 마친 후 자궁저부에 대한 마사지를 하면
서도 12 : 55경 처음으로 질 출혈을 발견하였다. 12 : 55경 자궁을 압박하던 패드가
흠뻑 젖은 상태로 발견되었고 13 : 05경 원고가 가슴이 답답하다는 증상을 호소하고
얼굴이 창백해지는 증상까지 보였으므로 늦어도 그 시기에는 이미 상당한 실혈이 진
행된 것으로 보인다. ③ 환자 출혈 시 혈액의 손실량을 정확히 산정해야 하나 피고
병원 의료진은 원고의 정확한 출혈량을 계산하기 위한 아무런 시도도 하지 않았다.
④ 원고의 실혈량은 전체 혈액량의 30%를 넘는 1,800ml에 이르렀으므로 적어도 1

시간 내에 그 40%인 720ml를 수혈해야하지만 피고 병원 의료진은 원고에게 출혈이 확인된 12 : 55경부터 G병원으로 전원한 15:00경까지 사이에 농축적혈구 400ml만 수혈하였으므로 그 수혈량이 충분하다 볼 수 없고 수혈을 시작한 시간도 출혈 발생 이후 상당한 시간이 경과한 14 : 00 이후 무렵으로 지체되었다.

다. 원고의 출혈에 대한 의사의 관찰·처치상의 의무위반과 원고의 저산소성 뇌손상간의 인과관계: 법원 인정

(1) 의료인 측 주장

원고는 15 : 10경 G병원 응급실 내원 당시 이완성 자궁출혈이 계속되고 있기는 하였으나 의식이 명료하고 활력징후는 혈압 160/100, 맥박 160으로 매우 양호한 상태였으므로 이때까지는 뇌손상이 없었다. 원고에게 발생한 저산소성 뇌손상은 G병원에서 시행한 자궁동맥 색전술의 실패로 인한 저혈량성 쇼크, 심정지가 원인이다. 또한 G병원의 진료도중 원고에게 WPW 증후군이 발견되었다. 원고가 G병원 응급의료센터에 전원했을 당시에는 심실빈맥의 소견이, 중환자실로 이송되었을 때는 심실세동의 소견이 있었는데 이는 빠른 부정맥 등의 소견을 보이는 WPW 증후근의 임상증상과 부합한다. WPW 증후군의 경우 일정한 경우 심정지가 발생하여 돌연사 할 수 있으므로 원고에게 발생한 심정지가 WPW 증후군에 의해 발생했을 가능성을 배제할 수 없다.

(2) 법원 판단

원고의 뇌손상과 피고 의사의 관찰·처치상의 의무위반 사이의 인과관계가 인정된다. ① 전원당시 원고의 의식수준이 '명료, 중증도의 혼란'이라 기재되어 있고 13 : 05경 얼굴이 창백해지는 가벼운 쇼크증상이 나타났다. ② G병원에서 원고가 의료진에 대하여 비협조적인 태도를 보인 것도 쇼크증상의 발현으로 보인다. ③ 피고 의사의 과실과 상관없이 원고가 갑작스러운 WPW 증후군으로 뇌손상에 이르렀다고 보기 힘들다.

3. 손해배상범위 및 책임제한

가. 의료인 측의 손해배상책임 범위: 25% 제한

나. 제한이유

(1) 이완성 자궁출혈은 분만 후 자궁근육층의 수축이 잘 되지 않아 출혈이 계속되는 현상으로 뚜렷한 원인 없이 발생하는 경우도 있고 산전에 미리 그 발생여부를 정확하게 진단할 수 있는 방법이 없어 산후 산모의 사망원인 중 불가항력적인 것으로 분류되는 대표적인 분만의 합병증임

(1) 이완성 자궁출혈은 급격히 진행되는 경향이 있으므로 일단 발생하면 담당의료진에게 그 관찰과 대처에 과실이 없다하더라도 사망이라는 악결과에 이를 가능성을 완전히 배제할 수 없음

(3) 피고 병원 의료진은 원고의 출혈을 발견한 무렵부터 자궁수축을 촉진하기 위해 자궁수축제를 투여하고 자궁저부에 대한 마사지를 계속하는 등 지혈을 위한 노력을 계속하였음

(4) 피고 의사는 원고의 얼굴이 창백해지면서 출혈이 계속되는 등 상황이 매우 급박하게 전개되자 혈액반응 교차검사마저 생략하고 응급으로 농축적혈구를 수혈하다가 개인병원이 도저히 감당할 수 없는 지경에 이르자 바로 상급병원으로의 전원을 결정하였음

(5) 원고의 뇌손상은 의사의 잘못 뿐만 아니라 환자의 병력, 상태, 외부여건 등 여러 요인이 복합적으로 작용한 것으로 보임

다. 손해배상책임의 범위

① 청구금액: 846,464,951원

② 인용금액: 213,468,057원

(1) 일실수익: 65,524,937원(262,099,748원의 25%)

(2) 치료비

　① 기왕치료비: 10,070,000원(40,280,000원의 25%)

　② 향후치료비: 43,060,503원(172,242,014원의 25%)

(3) 개호비: 63,618,331원 (254,473,327원의 25%)

(4) 보조구비: 1,194,285원(4,777,140원의 25%)

(5) 위자료: 30,000,000원

4. 사건 원인 분석

이 사건은 분만 후 자궁근육층 수축이 잘되지 않아 출혈이 계속되는 이완성 자궁출혈이 발생했음에도 의사가 정확한 출혈량을 계산하기 위한 아무런 시도도 하지 않았으며 수혈을 위한 준비도 미흡하여 수혈 시작 시간도 지체되었고 충분한 수혈도 이루어지지 않은 경우이다. 결국 상급 병원으로 전원되었으나 저혈량성 쇼크 및 심정지가 발생하였으며 이로 인해 저산소성 뇌손상에 이르게 되었다. 이 사건에서 의료진은 환자 출혈 시 혈액의 손실량을 정확히 산정하고 신속히 조치를 취해야 하나 피고 병원 의료진은 정확한 출혈량을 계산하기 위한 아무런 시도도 하지 않고 조치도 늦어진 문제점이 있다(〈표 14〉 참조).

〈표 14〉 원인분석

분석의 수준	질문	조사결과
왜 일어났는가? (사건이 일어났을 때의 과정 또는 활동)	전체 과정에서 그 단계는 무엇인가?	−수술 후 처치 단계(분만 후 이완성 자궁출혈이 발생했음에도 의료진은 환자의 정확한 출혈량을 계산하지 않았으며 수혈을 위한 준비도 미흡하여 수혈을 시작한 시간도 지체되었고 충분한 수혈도 이루어지지 않음)
가장 근접한 요인은 무엇이었는가? (인적 요인, 시스템 요인)	어떤 인적 요인이 결과에 관련 있는가?	• 의료인 측 −자궁출혈이 지속되었음에도 혈액 손실량을 측정하거나 수혈을 하지 않음
	시스템은 어떻게 결과에 영향을 끼쳤는가?	

5. 재발 방지 대책

원인별 재발방지 대책은 〈그림 14〉와 같으며, 각 주체별 재발방지 대책은 아래와 같다.

〈그림 14〉 산부인과(산과) 질적14 원인별 재발방지 사항 제안

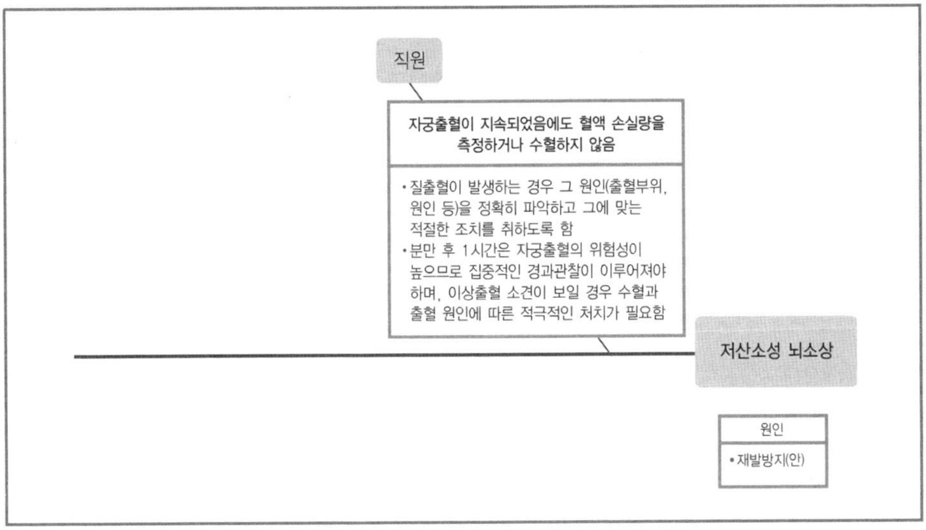

(1) 의료인의 행위에 대한 검토사항

의료진은 분만 후 질출혈이 발생하는 경우 그 원인(출혈부위, 이유 등)을 정확히 파악하고 그에 맞는 적절한 조치를 취하여야 한다. 분만 제4기에 해당하는 분만(태반분리) 후 1시간은 자궁출혈의 위험성이 높은 시간이므로 그 시간 동안은 집중적으로 질출혈의 정도와 혈압, 맥박 등의 활력징후 및 자궁 수축의 정도를 면밀히 관찰해야 한다. 만약 환자가 이상 출혈의 소견을 보인다면 먼저 혈액의 손실량을 측정하여 부족한 양을 혈액과 수액으로 공급하고, 체내 기관에 적절한 산소공급이 이루어지도록 조치하며 출혈의 원인을 가려내어 그 원인에 따른 처치를 해야 한다. 자궁 경부나 질벽에 열상이 있다면 패드 압박을 하는 것보다는 봉합을 하는 것이 적절한 치료가 될 수 있다.

┃ 참고자료 ┃ 사건과 관련된 의학적 소견[6]

1. 산후출혈

전통적으로 산후출혈이란 분만 3기가 완료된 이후 500ml 이상의 출혈이 있을 때를 말한다. 정상적인 질식분만을 하는 임신부는 거의 절반에서 이만한 출혈이 있으나 500ml 이상의 산후 출혈량이 추정되면 과도한 출혈의 가능성을 염두에 두고 주의를 기울어야 한다. 과도한 출혈의 원인으로는 자궁이완증, 잔류태반절편, 유착태반, 감입태반, 천공태반, 자궁내번증, 산후혈종, 자궁파열 등이 있다. 이에 대한 조치로는 우선 수액보충이 있는데 이는 중증 출혈의 치료는 즉 각적이고 적절하게 혈관 내 용적을 채우는 것이기 때문이다. 정질액은 초기에 용적을 채우는 데 사용되는데 이 용액은 혈관 외 공간으로 빠져나가 신속하게 평형을 유지하므로 주입 한 시 간이 지나면 겨우 20%만이 혈액순환 내에 남아 있다. 이러한 평형 이동이 있으므로 초기 수액 의 주입은 측정 혈액 손실량의 약 3배 이상의 정질액을 적어도 2개 이상의 정맥을 확보하여 신속하게 투여해야 하며 수액 보충은 1,000~2,000ml를 30~45분 만에 빨리 투여해야 한다. 이러한 수액보충이 출혈상태를 결정하는 치료적 지침이 될 수 있으며 만약 이 처치로 생체징후 가 안정되면 추가적인 치료가 필요 없으며 수액요법을 받는 과정에서 출혈이 계속되면 교차검 사된 혈액을 주어야 한다.

산후출혈이 있게 되면 부적절한 조직 관류 상태로 인한 보상작용이 이루어지고 있다가 수혈 등의 적절한 조치가 시행되지 않아 보상작용의 한계에 도달하면 임신부의 임상증상이 갑작스 럽게 악화되기 시작하고, 이런 악화 상태가 지속되고 보상작용의 한계를 넘어서 비가역적 단계 로 진행하면 치료에도 반응하지 않아 결국 다발성 장기 부전으로 사망하게 된다. 산후출혈 치 료의 가장 중요한 요점은 즉각적인 실혈에 대한 혈역학적인 안정유지와 그 원인에 대한 처치이 다. 우선 출혈이 시작되면 혈액 손실량을 측정하여 부족한 양의 혈액과 수액을 공급함으로써 체내 기관에 적절한 산소 공급이 가능하도록 하고, 소변량이 적어도 시간당 30ml 이상, 헤마토 크리트 30% 선으로 유지되도록 하며 동시에 출혈의 원인에 따른 처치를 해야 한다. 이완성 자 궁출혈의 경우 촉지를 통해 쉽게 알 수 있으며 자궁수축이 양호함에도 출혈이 지속되는 경우 산도의 열상을 밝혀내기 위한 자세한 조사와 태반잔류조직 등에 대한 전반적인 검사가 시행되 어야 한다.

---

6) 해당 내용은 판결문에 수록된 내용임.

2. 자궁이완증

태아만출 후 또는 태반만출 후 자궁근이 정상으로 수축하지 않는 상태를 자궁이완증이라 하며 빈도는 0.5~0.8% 정도이다. 이것이 일어나면 태반혈관이나 자궁정맥동이 압축 폐쇄되지 않기 때문에 대출혈을 초래한다. 산후 이완성 자궁출혈의 호발요인은 자궁이 큰 상태, 자궁근육의 피로 즉 연장된 진통, 과장진통 및 자궁수축제(옥시토신)유도 및 보강, 심한 임신성 고혈압(자간전증 및 자간증), 빈혈 또는 저혈증 등이다. 산후 출혈이 있을 경우 먼저 원인을 파악해야 하는데 자궁의 촉진으로 자궁이완증을 진단할 수 있고 이에 대하여 자궁저부 마사지와 옥시토신 정맥 주입을 시도할 수 있다. 자궁수축이 충분히 이루어지는데도 불구하고 선홍색 출혈이 계속되면 생식기 열상과 태반조직 잔류 및 그 외 원인을 검사해야 한다. 내과적 치료를 우선하고 내과적 치료에 성공하지 못하는 경우 산후 출혈조절과 임산부의 생명을 구제하기 위한 수술요법이 필요하다.

3. 자궁경관열상

자궁질부에서 경관에 이르는 열상으로 주로 분만 시에 일어나지만 인공임신중절 시에도 일어난다. 분만 때에는 대부분 다소라도 경부열상이 생기나 그 중 처치를 요하는 것은 초산부에서 1.2%, 경산부에서 0.5%정도이며 그 원인으로는 경관의 급속한 신전(급속분만), 겸자흡입분만, 고도의 신전(거대아, 회전이상), 불완전한 신전(어린나이, 경산부) 등이 있다.

4. 저혈량성 쇼크

총 혈액량의 15~25% 실혈 시 쇼크의 전구증상이 발현되고 총 혈액량의 약 1/2 실혈시 쇼크에 빠지며 45% 이상 전혈량이 손실되면 사망할 수 있다. 그 증상으로는 의식소실, 무기력증, 수축기혈압 및 동맥압 저하, 약한 맥박, 소변량 감소 및 창백하고 축축한 피부 등의 증상이 있다. 임부는 혈액이 정상적으로 증가되어 있기 때문에 임신부에게 임상적으로 쇼크 증상이 나타난다는 것은 이미 다량의 실혈이 발생되었다는 것을 의미한다.

5. WPW 증후군

정상심장박동 중 부전도로와 연관된 빠른 부정맥이 동반되어 있는 경우를 WPW 증후군이라 한다. 평소에는 증상이 없다가 빠른 부정맥이 발생하면 심계항진이 나타나고 경우에 따라서는 혈압이 떨어지면서 전신 무력감이나 어지럼증, 현기증이 동반될 수 있다. 심방세동이 동반된 WPW 증후군의 경우 심박수가 너무 빠른 환자에서는 심실세동이 유발되어 돌연사 할 수도 있다.

제5장

전원 관련 판례

전원 관련 판례

판례 15. 제왕절개 수술 후 과다출혈로 인한 산모 사망_인천지방법원 2007. 1. 19. 선고 2005가합915 판결

1. 사건의 개요

　　임신부는 피고 산부인과에서 정기적으로 산전 진료를 받아 오던 중 임신 37주째 복부에 갑자기 통증을 느껴 피고 산부인과에 후송되었고, 의사는 태반조기박리 및 태아곤란증을 의심하여 응급제왕절개술을 시행하였다. 자궁절개 결과 심한 자궁출혈 관찰이 되고 신생아는 분만되었다. 의사는 신생아가 호흡곤란 증세를 보이자 신생아를 S병원에 전원시켰다. 이후 의사는 간호사들에게 출혈이 있을지 모르니 잘 지켜보라 지시하고 수술실 밖으로 나간 후 돌아와 보니 산모는 자궁 수축이 이루어지지 않아 출혈이 계속되고 있었다. 이에 환자를 S병원으로 전원시켰으며, S병원에서는 담당의사가 도착한 후 비로소 수혈을 시행하고 지혈을 위해 자궁적출술을 시행했으나 수술 이후에도 출혈이 지속되어 결국 산모는 사망에 이르렀다[인천지방법원 2007. 1. 19. 선고 2005가합915 판결].

날짜	시간	사건 개요
		산모: 1968. 5. 8. 생, 사고당시 나이: 36세 5개월 피고: 산부인과 전문의(산부인과 운영). **의료재단(S병원 운영) 원고: 산모의 남편과 자녀 3인
2004. 3. 18		• 임신부는 피고로부터 임신 초진진단 받음. 이후 정기적으로 산전 진료 받음
2004. 10. 03.	11 : 00	• (임신 37주) 임신부 복부에 갑자기 통증을 느낌
	13 : 15	• 피고 산부인과로 후송 • 피고는 태반조기박리 및 태아곤란증 의심하여 응급제왕절개술 시행 결정
	13 : 50	• 자궁절개 결과 자궁 내 태반 조기 박리 및 자궁 이완증으로 인한 심한 자궁출혈 관찰
2004. 10. 03.	13 : 55	• 제왕절개수술로 신생아 분만 = 피고는 간호사들에게 태반이 떨어져 나와 산모의 출혈이 심해 산모와 태아 모두 위험하므로 빨리 보호자에게 연락하라고 지시함 • 신생아가 호흡곤란 증세를 보이자 잠시 병원에 있는 인큐베이터에 넣어두고 봉합 수술이 끝난 후 병원에 있는 구급차로 신생아를 S병원에 전원시킴, 14:30 S병원 도착 • 피고는 산모 절개부분에 대한 봉합수술 후 간호사들에게 출혈이 있을지 모르니 잘 지켜보라 지시하고 수술실 밖으로 나갔고, 산모는 회복을 기다리며 수술실에서 계속 있음 • 출장 온 마취담당 의사가 산모의 상태를 관찰하다 산모 수술 후 5분 정도 지나 마취에서 깨어나자 10여분 가량 살펴본 후 산모를 간호사들에게 인계하고 귀가 (수술 후부터 산모가 S병원으로 전원될 당시까지 산모의 활력 징후 및 과다 출혈의 유무에 대하여 피고 병원에서 검사한 기록은 없음)
	15 : 15	• 피고가 수술실에 돌아와 산모의 상태를 확인 결과 자궁 수축이 이루어지지 않아 출혈 지속됨: 맥박 120, 혈압 90/60 정도인 상태에서 계속 혈압 떨어짐
	15 : 30	• 가족들에게 수혈을 위해 다른 병원으로 후송시켜야 한다고 설명 • S병원 당직의에게 전화하여 전원을 허락받음
	15 : 39	• 119에 태반조기박리가 보여 제왕절개수술을 한 환자가 혈압이 떨어지고 정신이 혼미해져 이송을 요한다는 내용으로 신고
	15 : 41	• 119 구급차가 도착하여 피고 동승하여 S병원으로 이송
	15 : 50	• S병원 응급실 도착

날짜	시간	사건 개요
2004. 10. 03.		= 도착당시 활력징후

혈압	체온	맥박수	호흡수	Hb 수치
측정되지 않거나 90/60	36.8℃	129회	20회	7.6

날짜	시간	사건 개요
		• 매우 창백한 결막, 질출혈 심각, 자궁 수축이 없는 상태
		• S병원 당직의 생리식염수 1L를 혈관에 연결하여 주입
	16 : 10경	• 혈압유지가 어려워 중환자실로 옮긴 후 질출혈과 저혈압 및 의식저하 상태가 지속되자 혈압상승제로 도파 사용, 중심혈관 확보, 기관삽관 시행, 인공호흡기 부착
	17 : 20	• 당직의사로부터 연락을 받은 담당의사가 도착하여 비로소 수혈 시행
	17 : 30	• 지혈을 위하여 자궁적출술 시행 = 자궁적출수술 중 산모의 혈압: 수축기 50－120mmHg, 맥박수 20－140회/분 • 수술 이후에도 출혈이 지속되어 중환자실로 이송 후 수혈 및 도파, 에피네피린, 노아에피네피린 등 투여되었으나 상태가 호전되지 않음
2004. 10. 04.	2 : 10	• 심폐소생술 시행
	2 : 43	• 분만 후 과다출혈로 인하여 발생한 혈액량 부족과 그에 따른 혈관 내 응고 장애, 급성 신부전 및 다발성 장기부전증으로 사망

2. 법원의 판단

가. 제왕절개 수술 후 수혈 등의 조치에 있어서 과실이 있는지 여부: 법원 인정

(1) 법원의 판단

산부인과 의사는 태반조기박리 및 태아곤란증이 의심되어 응급제왕절개술을 시행하였고, 자궁 절개 시 이미 태반조기박리 및 자궁출혈이 심한 것을 관찰하였다. 또한 수술 이후에도 출혈이 지속되었다. 따라서 의사는 집중적으로 질 출혈의 정도와 혈압, 맥박 등의 활력징후 및 자궁 수축의 정도를 관찰하고, 자궁 저부를 강하게 마사지하고 자궁수축제를 투여하는 등 자궁수축을 유발했어야 한다. 그리고 그러한 저치에도 불구하고 출혈이 지속되면 가능한 빠른 시기에 혈액을 공급받을 수 있는 조치를 취하여야 할 주의의무가 있었다.

그럼에도 의사는 수술 후 가장 중요한 1시간여의 시간 동안 산모의 자궁수축의 정도나 자궁출혈에 대해 제대로 관찰하지 아니한 채 방치하였다. 의사는 14 : 40경 산모에 대한 제왕절개 봉합수술을 마무리 한 후 신생아의 상태가 위중하여 신생아를 S병원으로 직접 동행하여 후송한 후 산부인과로 돌아왔다고 주장한다. 하지만 S병원의 기록지에 의하면 신생아가 도착한 시간이 14:30경이므로 위 주장을 그대로 믿기 어렵다.

의사는 뒤늦게서야 산모의 상태를 확인하여 전원조치를 하였고, 전원조치를 함에 있어서도 전원하는 병원에 미리 산모에 대한 그 동안의 진료경과 및 수술기록을 송부하거나 당시 산모의 상태에 대하여 상세히 설명해 줌으로써 그에 대한 대비를 하게 하는 등의 조치를 취할 의무가 있음에도 이를 다하지 아니하였다. 그럼으로써 산모에 대한 수혈의 지연을 초래한 의료상의 과실이 있다.

S병원의 경우는 산후 과다출혈을 주 호소로 하는 산모의 전원을 연락받았고, 도착 당시 산모의 상태가 빠른 시간 내에 수혈을 하지 않으면 사망할 가능성이 높은 상황이었으므로 전원 즉시 수혈이 가능하도록 혈액을 준비하는 등의 조치를 취할 주의의무가 있었다. 그럼에도 불구하고 산모가 전원된 지 1시간 30분이 지나서야 수혈조치를 취했으므로 과실이 인정된다.

3. 손해배상범위 및 책임제한

가. 의료인 측의 손해배상책임 범위: 60% 제한

나. 제한이유

(1) 의료 행위로 발생한 모든 손해를 과실 있는 의사에게만 부담시키는 것은 의료행위의 특성, 위험성의 정도, 피고들의 과실유형과 정도에 비추어 형평의 원칙에서 어긋남.

(2) 이런 여러 사정을 손해액 산정에 참작하는 것이 손해의 공평, 타당한 분담을 지도원리로 하는 손해배상 제도의 이념에 부합.

다. 손해배상책임의 범위

① 청구금액: 196,973,164원

② 인용금액: 118,183,897원

(1) 일실수입: 86,383,899원(143,973,165원의 60%)

(2) 장례비: 1,800,000원(3,000,000원의 60%)

(3) 위자료: 30,000,000원

4. 사건 원인 분석

피고 산부인과 의사는 태반조기박리 및 태아곤란증이 의심되는 고령의 임신부에게 제왕절개수술을 시행한 이후 1시간여의 시간 동안 산모의 자궁수축 정도나 자궁출혈에 대해 제대로 관찰하지 않고 방치하여 다량의 출혈이 발생하였다. 이후 산모는 피고 S병원으로 전원 되었으나 수혈이 지연되면서 사망하게 되었다. 이에 대해 산모의 자궁출혈에 대한 산부인과 의사의 처치는 신속하게 이루어진 것으로 볼 수 있는 반면 전원 이후 즉각적인 수혈을 하지 않고 생리식염수 등을 투여하다 전원 후 1시간 반이 지난 뒤에야 당직의의 연락을 받은 담당의사가 수혈을 한 것이 사고 발생의 원인이라는 자문의견이 있었다. 이 사건과 관련된 문제점 및 원인을 분석해본 결과는 다음과 같다.

첫째, 산모는 고령으로 태반조기박리 및 자궁이완증으로 인한 자궁출혈이 심한 것으로 관찰되었다. 그런데도 수술 후 가장 중요한 1시간여의 시간 동안 의료진의 관찰 없이 산모를 수술실에 두어 적시에 출혈에 대한 처치를 하지 못하였다.

둘째, 전원 시 진료경과 및 수술기록을 송부하고 산모의 상태를 적절히 고지하여 전원받는 의료기관에서 이에 대한 대비를 할 수 있도록 하여야 함에도 환자의 인수인계 시 이러한 정보전달이 제대로 이루어지지 않아 수혈이 지연되었다.

셋째, 피고 S병원의 경우 산모가 산후 과다출혈로 전원된다는 연락을 받았고, 도착 당시 산모가 신속하게 수혈을 받지 않으면 사망할 가능성이 높았으므로 전원 즉시 수혈이 가능하도록 혈액을 준비하여야 함에도 담당의가 도착할 때까지 기다렸다가 산모가 도착한지 1시간 30분이 경과한 후에야 수혈 조치를 취했으므로 환자 보고 및 당직 체계에 대한 재검토가 필요해 보인다(〈표 15〉 참조).

〈표 15〉 원인분석

분석의 수준	질문	조사결과
왜 일어났는가? (사건이 일어났을 때의 과정 또는 활동)	전체 과정에서 그 단계는 무엇인가?	– 수술 후 감시 및 기록 과정(수술 후 가장 중요한 1시간여의 시간 동안 자궁수축의 정도나 자궁출혈에 대해 제대로 관 찰하지 않음) – 전원 전 환자의 정보 전달 과정(전원 시 진료경과 및 수술 기록을 송부하여 환자상태를 적절히 고지하고, 전원 받는 의료기관에서 이에 대한 대비를 할 수 있도록 하여야 함에 도 이러한 인수인계가 제대로 이루어지지 않아 망인에 대 한 수혈이 지연됨) – 전원된 응급환자에 대한 준비 및 검사, 처치과정(전원 즉시 수혈이 가능하도록 혈액을 준비하도록 하여야 함에도 피고 병원 담당의가 도착할 때까지 만연히 기다림)
가장 근접한 요인은 무엇이었는가? (인적 요인, 시스템 요인)	어떤 인적 요인이 결과에 관련 있는가?	• 환자 측 – 고위험 임산부(고령, 태반조기박리, 자궁이완증) • 의료인 측 – 고위험 임산부 수술 후 경과관찰 소홀(수술 후 전원 될 당 시까지 활력 징후 및 과다 출혈의 유무에 대하여 피고 산 부인과에서의 검사기록은 없음) – 전원 전, 후 과정 중 주의의무 위반(전원저치의 지연, 전원 시 환자의 의료기록을 송부하지 않음)
	시스템은 어떻게 결과에 영향을 끼쳤는가?	• 의료기관 내 – 고위험 임산부 수술 후 경과관찰인력 부족(임산부, 신생아 를 동시에 감시할 수 있는 인력의 부재) – 환자 상태 보고 및 당직 체계 미흡 • 법·제도 – 산부인과 의사 인력의 부족

5. 재발 방지 대책

원인별 재발방지 대책은 〈그림 15〉와 같으며, 각 주체별 재발방지 대책은 아래와 같다.

〈그림 15〉 산부인과(산과) 질적15 원인별 재발방지 사항 제안

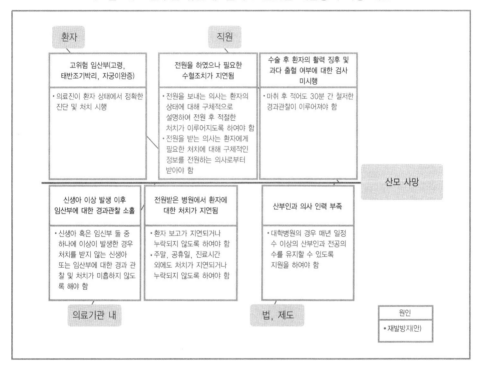

(1) 의료인의 행위에 대한 검토사항

환자 전원 시 전원하는 의사는 환자의 상태에 대한 정보를 구체적으로 전달하여 전원 후 적절한 처치가 이루어질 수 있도록 하여야 한다. 그리고 전원을 받는 의사는 환자에 대한 구체적인 정보를 요청하고 확인한 후 전원을 받아 사전에 대비를 할 수 있도록 해야 한다.

(2) 의료기관의 운영체제에 관한 검토사항

분만 중 신생아나 임산부 중 한 쪽에 이상이 발생한 경우 다른 쪽에 대한 처치

가 미흡하지 않도록 충분한 인력을 갖추고 주의를 하여야 하며 전원이 필요할 경우 신속한 전원이 이루어질 수 있도록 미리 전원이 가능한 의료기관에 대한 정보를 가지고 있어야 한다. 또한 환자에 대한 보고가 지연되거나 누락되지 않도록 하여야 하며, 주말, 공휴일 등, 진료시간 외에도 처치가 지연되거나 누락되지 않도록 하여야 한다.

(3) 국가·지방자치단체 차원의 검토사항

산부인과 의사 수를 확충하기 위한 노력이 필요하다. 산부인과 의사가 부족한 분만 취약지역의 경우 대학병원이라 하더라도 산부인과 의사가 원내에 2–3명밖에 없는 경우가 있다. 이런 경우에는 대학병원임에도 인력 부족으로 인해 적절한 처치를 적시에 제공하는데 어려움이 있을 뿐만 아니라 사고 발생 위험도 높아질 수 있다는 자문의견이 있었다.

대학병원의 경우 매년 일정 수 이상의 산부인과 전공의 수를 유지할 수 있도록 지속적인 지원이 필요하다. 이전까지 산부인과가 잘 운영되고 있던 대학병원의 경우에도 한 번 산부인과 전문의 지원자수가 감소하면 운영에 큰 타격으로 이어질 수 있다. 전체 산부인과 의사 수를 늘리기 위한 지원과 대학병원이 일정 수 이상으로 산부인과 의사를 유지할 수 있도록 하기 위한 지원도 필요하다.

┃ 참고자료 ┃ 사건과 관련된 의학적 소견[1]

1. 분만 과정 및 산후 출혈

출혈로 인한 사망은 모성 사망의 약 1/4정도로 산과적 출혈은 전혈이나 혈액 성분이 즉시 공급되지 않은 상황에서는 모체에 치명적이므로 혈액의 적절한 투여가 가능한 시설을 갖추고 유지하는 것은 적절한 산과적 처치에 절대적으로 필요하다.

이완성 자궁출혈시 자궁 저부를 강하게 맛사지하여 자궁수축을 유발시키고 자궁수축제를 투여한다. 이러한 처치에도 불구하고 출혈이 지속되면 2개의 정맥주사용 혈관을 확보하여 자궁수축제의 투여와 수혈을 동시에 할 수 있도록 하고, 요도관을 삽입하여 소변량을 통해 심박출량과 동맥순환이 적절한지를 확인한다. 그래도 자궁의 이완이 지속되어 출혈을 조절할 수 없는 경우에는 자궁적출술이 고려된다.

분만 제4기라 하는 분만 후 1시간(태반 분리 후 1시간)은 자궁출혈의 위험성이 높은 시간이므로 이 시간 동안은 집중적으로 질출혈의 정도와 혈압, 맥박 등의 활력징후 및 자궁 수축의 정도를 관찰하여야 한다. 만일 출혈이 과다하거나 지속되는 경우에는 저혈압, 빈맥, 빈호흡, 창백한 피부, 소변량의 감소 등의 쇼크환자에서 관찰되는 여러 가지 증상이 나타날 수 있다.

심한 출혈(30% 즉 1,500cc 이상) 환자에게 45분 이상 늦게 수혈하면 거의 다 사망한다. 적어도 실혈한 40%의 양이 출혈시작부터 첫 1시간 내에 보충 완료되거나, 첫 10~15분 내에 수혈이 시작되어야 한다. 응급시에는 가압수혈과 18번 바늘을 이용하여 500ml의 수혈에 7~10분을 요한다.

2. 태반조기박리

태반조기박리의 빈도는 임신의 0.3~1% 정도이고 초산부보다 다산부에서 높다. 원인은 정확히 알려져 있지 않으나 1/3~1/2 정도는 임신성고혈압과 연관되어 있다. 그 외 탯줄이 짧은 경우, 아기가 탯줄을 몸에 감은 경우, 자궁 기형 혹은 종양, 인위적인 태아 위치의 변동, 자궁에 의한 하대정맥의 압박, 자궁내압의 급격한 감소 등이 원인으로 알려져 있다. 심한 경우에는 초기에 1,000ml 이상의 대량출혈이 유발되고, 임산부 및 태아 모두 상당히 위험하며 태반박리가 2/3 이상 진행되면 태아는 사망할 확률이 높다.

---

1) 해당 내용은 판결문에 수록된 내용임.

3. 응급제왕절개술

태아 서맥으로 인해 응급 분만이 필요할 때 질식 분만을 신속하게 진행시킬 수 없다면 응급 제왕절개술이 최선의 선택이고, 출산 후에는 대량 출혈의 위험이 있으므로 이에 따른 적절한 수액 공급, 필요시 수혈 등의 집중치료를 하여야 한다.

판례 16. 산후 출혈 시 전원 지체 및 자궁적출술 미시행으로 인한 산모 사망_서울동부지방법원 2007. 8. 17. 선고 2005가합433 판결

1. 사건의 개요

임신부는 4회의 유산경험, 2회의 제왕절개술에 의한 분만경험이 있는 임신부였다. 피고 산부인과 의원에서 산전진찰을 받아왔는데 특이소견은 발견되지 않았다. 하지만 당시 만 39세였고, 제왕절개술을 받은 경험 등이 있어 제왕절개수술을 시행하였다. 피고 산부인과 의사는 그 과정에서 임신부가 감입태반 상태임을 발견하고 손을 사용한 용수박리술과 큐렛을 사용한 소파술로 태반을 제거하였다. 이후 출혈이 있어 이를 막기 위해 에페드린 등을 주사하였다. 하지만 출혈이 계속되어 피고 학교법인 병원으로 전원하였다. 피고 병원에서는 수혈을 계속 하였으나 환자가 호흡곤란과 가슴 답답함을 호소하는 등 상태가 악화되어 중환자실에 이송하였다. 중환자실에서 인공호흡기 장착 후 산모의 활력징후가 안정되기도 했으나 결국 심폐정지로 사망에 이르렀다[서울동부지방법원 2007. 8. 17. 선고 2005가합433 판결].

날짜	시간	사건 개요
		• A: 4회의 유산경험, 2회의 제왕절개술에 의한 분만경험이 있는 임신부 • 원고 4인: 본 사건에서 출산된 여아와 그 가족 • 피고 B: 산부인과 의원 운영 • 피고 학교법인
2003. 4. 21.		• A는 피고 B 의원에 내원하여 임신 7주 4일 진단 받음 • 이후 정기적 산전진찰
2003. 11. 10.		• 임신 36주 4일 • 피고 의원에서 산전진찰 받은 결과 A는 특이소견은 발견되지 않았으나 당시 만 39세였고, 제왕절개술을 받은 경험이 있고, 피부질환을 앓고 있어 같은 해 11. 12. 제왕절개술을 받기로 함 • 당시 혈압 120/70mHg, 헤모글로빈 12.9g/dl, 헤마토크릿 36.0%(참고치 헤모글로빈 12.0~17.0, 헤마토크릿 36−52)
2003. 11. 12.	15 : 00	• A는 제왕절개술을 받기 위해 피고의원에 입원(혈압 130/80)

날짜	시간	사건 개요
2003. 11. 12.		• 한쪽 팔에 하트만 용액 1L 투여 시작
	16 : 50	• 척수 마취 후 피고 B의 집도하에 제왕절개수술 시작(혈압 160/120)
	17 : 17	• 몸무게 2.4kg 여아 분만 • A의 태반을 제거하려다 A의 태반이 하위전치태반으로서 감입태반 상태인 점을 발견하고 손을 사용한 용수박리술과 큐렛을 사용한 소파술로 위 태반 제거
	17 : 35	• 다량의 출혈(혈압 80/50, 맥박 84) • 이후 혈압 올리기 위해 에페드린 0.2cc 주사 • 다른 쪽 팔에 옥시토신이 혼합된 하트만 용액 1L 투여 시작
	17 : 40	• 자궁근육 4군데에 나라돌(자궁수축제) 주사 • 출혈이 있어 에페드린 0.2cc주사(혈압 80/50, 맥박 84)
	17 : 45	• 출혈 조금씩 있어 에페드린 0.2cc주사 • 하트만 용액 1L 추가 투여 시작
	18 : 00	• 에페드린 0.2cc 주사 • 질출혈이 조금씩 있는 상태에서 자궁경부에 3장, 질에 5장의 거즈 댐 이때까지의 출혈량 1,500~2,000cc(혈압 80/50, 맥박 84)
	18 : 20	• 피고(학교법인) 병원으로 전원
	18 : 30	• 피고 병원 응급실 도착 • 혈압 수축기 50, 이완기 측정불가, 맥박 115, 헤모글로빈 10.0 • 자궁수축 안됨 • 질에서 활동상의 다량 출혈 • 저혈압 • 빈맥 증상 관찰 • 피고 의원에서 하트만 용액 900cc, 옥시토신이 혼합된 하트만 용액 400cc 달고옴 • 피고병원에서는 혈액형, 혈액응고검사 등 시행
	18 : 45	• 적혈구 농축액 10파인트 준비(혈압 100/60)
	18 : 46	• 피고의원에서 달고 온 하트만 용액 뺌
	19 : 00	• 자궁 수축 약간 이루어진 상태 • 질출혈 계속(혈압 80/60, 맥박 110), 자궁내 카테터 압박법 시행
	19 : 09	• 수혈 시작(적혈구 농축액 1파인트)
	19 : 19	• 적혈구 농축액 2파인트째 연결(혈압 110/70)
	19 : 35	• 적혈구 농축액 3파인트째 연결(혈압 120/90)

날짜	시간	사건 개요
2003. 11. 12.	19 : 42	• 적혈구 농축액 4파인트째 연결
	19 : 47	• 질 출혈 200cc
	19 : 50	• 헤모글로빈 8.8, 헤마토크릿 27.5, 자궁세척술상 출혈 배액
	20 : 07	• 질출혈 450cc, 호흡곤란과 가슴 답답함 호소(혈압 100/60, 맥박 132)
	20 : 20	• 적혈구 농축액 5파인트째 연결
	20 : 28	• 적혈구 농축액 6파인트째 연결
	20 : 29	• 적혈구 농축액 7파인트째 연결
	20 : 30	• 질 출혈 200cc
	20 : 32	• 적혈구 농축액 8파인트째 연결
	20 : 37	• 중환자실로 올라감

이때까지의 투입량		배액량	
적혈구 농축액 수혈	수액	소변배출량	질출혈
1,150cc	5,000cc	300cc	850cc

날짜	시간	사건 개요
	20 : 40	• 중환자실 이송, 당시 망인의 의식 명료 • 혈압 140/100, 호흡수 23회, 체온 38℃, 맥박 110
	21 : 15	• 혈압 180/100
	21 : 30	• 산소포화 농도 떨어짐 • A는 호흡을 가쁘게 몰아쉬며 호흡곤란 호소 • 청색증 소견 • 산소분압 떨어짐(혈압 170/100)
	22 : 00	• 산소포화도 떨어짐 • 1차 기도내 삽관 시도 실패
	22 : 20	• A에게 저산소증, 심정지 발생 • 심폐소생술 시행(심장마사지, 에피네프린 1앰플, 아트로핀 1앰플, 비본 1앰플, 글루콘산칼륨 1앰플, 도파민 투여)
	22 : 40	• 2차 기도내 삽관 성공 • 인공호흡기 장착 후 망인의 활력징후 안정
2003. 11. 13	01 : 00	• 약간의 점적 출혈, 이후 의식을 회복하지 못함
2003. 11. 30	15 : 30	• 심폐정지로 사망

2. 법원의 판단

가. 피고 산부인과 의사에게 전원을 지체한 과실이 있는지 여부: 법원 인정

(1) 원고 측 주장

피고 의사는 산모가 전원된 후 즉시 수혈이 이루어지도록 진료의뢰서에 산모의 혈액형을 기재한 후 신속히 전원 조치하였어야 한다.

(2) 피고 산부인과 의원 측의 주장

산모를 신속하게 피고 병원으로 전원 조치하였다.

(3) 법원의 판단

피고 산부인과 의사가 전원 조치를 지연함으로써 산모가 적절한 치료를 받지 못하여 결국 사망에 이르게 했다는 점이 인정된다. 의사는 스스로 산모의 출혈을 멈추게 하기 위한 조치를 취하다가 전원조치를 지연하여 다량 출혈 발생 후 55분만에 산모를 피고 학교법인 병원에 도착하게 하고, 출혈 발생 후 1시간 34분이 지나서야 수혈을 받게 했다.

나. 피고 학교법인 병원에 자궁적출술 미시행 과실이 있는지 여부: 법원 인정

(1) 원고 측 주장

산모는 산부인과 의원에서 과다한 자궁출혈이 발생하였고, 피고 병원으로 전원된 뒤에도 활동성의 자궁출혈이 지속되었다. 따라서 병원에서는 즉시 자궁출혈의 원인이 되었던 유착태반이 있는 자궁 제거를 위한 자궁적출술을 준비하고 이를 시행하여야 한다.

(2) 병원 측 주장

산모의 자궁을 보존하기 위하여 먼저 자궁 내 카테터 삽입 압박법으로 자궁 출혈을 멎게 하려 한 것이므로 자궁적출술을 시행하지 않은 데 대한 과실이 없다.

(3) 법원의 판단

제왕절개수술을 통한 태아 분만에 있어 산모에게 유착태반 등에 의한 출혈이 발생하였다 하여도 즉각적인 자궁적출술의 시행이 요구되는 긴급한 상황이었다 하는 등 특별한 사정이 존재하지 않는 한 산부인과 전문의로서는 우선은 보존적인 요법을 시행하고 그래도 지혈이 되지 않을 때 지체 없이 자궁적출술을 시행하여야 한다. 즉 의사에게는 유착태반 등에 의한 출혈이 있다 하여 보존적인 요법을 거치지도 않고 곧바로 자궁적출술부터 시행할 주의의무가 있다고 볼 수 없다.

하지만 이 사건의 경우 다음의 점을 볼 때 즉각적인 자궁적출술을 시행했어야 하는 긴급한 상황이었음을 인정할 수 있다.

- 반복 제왕절개 시 유착태반이 있고 분만 후 출혈이 발생한 점
- 산부인과 의원에서의 출혈량이 1,500~2,000ml로 상당히 많은 점
- 피고 병원에 도착할 당시 이미 출혈 후 55분이 경과하고 있었고, 혈압이 측정불가일 정도로 낮았던 점
- 피고 병원이 자궁 내 카테터 삽입 압박법을 시행한 후에도 850ml의 추가 질 출혈이 있었고 다음날 01:00경에야 출혈이 멈춘 점
- 다량출혈로 인한 심폐정지로 사망하게 된 점
- 산모는 이미 두 자녀가 있고, 이번 분만으로 자녀가 세명 째이며, 나이가 만 39세에 달하는 점

따라서 피고 병원이 자궁적출술을 시행하지 않은 것의 과실이 인정된다.

3. 손해배상범위 및 책임제한

가. 의료인 측의 손해배상책임 범위: 60% 제한

나. 제한 이유

(1) 환자의 임신증상에 비추어 볼 때 양수색전증으로 환자가 사망하였을 가능성을 아주 배제할 수는 없는 점

(2) 환자는 하위전치태반이면서 감입태반으로 제왕절개수술시 출혈이 불가피하였고, 출혈에 대하여 피고 산부인과 의사와 피고 학교법인 병원의 의사들이 최선의 조치를 다하였다고 하더라도 환자의 사망을 막기 어려웠을 가능성이 있는 점

다. 손해배상책임의 범위

① 청구금액: 185,623,786원

② 인용금액: 109,635,752원

(1) 일실수입: 76,835,752원(128,059,588원의 60%)

(2) 장례비: 3,000,000원

(3) 위자료: 31,000,000원

4. 사건 원인 분석

이 사건은 2회의 제왕절개술에 의한 분만경험이 있는 임신부(39세)가 셋째 아이 출산을 위해 피고 산부인과 의원에서 제왕절개수술을 받았으나, 하위전치태반으로 감입태반 상태임이 발견되어 용수박리술을 받은 후 다량의 출혈이 발생했고 피고 학교법인 병원으로 전원되어 치료를 받았으나 사망한 사건이다. 피고 의원의 경우 수술 전 임신부의 감입태반 정도를 심각한 것으로 판단하지 못하였고 피고 병원의 경우 자궁적출술 등을 통한 출혈의 원인제거를 하지 않고 과도한 수혈을 한 것이 사고의 원인으로 보인다는 자문의견이 있었다. 이 사건과 관련된 문제점 및 원인을 분석해본 결과는 다음과 같다.

첫째, 이 사건의 임신부는 4회의 유산경험, 2회의 제왕절개술에 의한 분만경험이 있는 고위험 임신부로서 분만 시 전치태반이나 태반의 조기 박리 등 합병증 발생 가능성이 높았다. 따라서 고위험 임신부에 해당될 경우 의료인은 발생할 수 있는 여러 위험성에 대해 사전에 설명하고, 만약 그러한 합병증이 발생하였을 경우 어떠한 조치를 취할지 신속하게 결정을 내릴 수 있게 임신부 가족 등이 대비토록 지원하는 것이 필요하다.

둘째, 피고 의원에서의 출혈량이 상당하였고 피고 병원에서 자궁내 카테터 삽입 압박법을 시행한 후에도 추가적인 질출혈이 있었던 점에서 미루어보아 자궁적출술을 고려할 만큼 긴급한 상황이었다고 생각되며, 더욱이 39세의 고령으로 신생아 외에도 두 자녀가 있었던 점에 비추어 자궁적출술을 좀 더 고려해 볼 수 있었을 것이다.

셋째, 피고 병원에서는 가족들에게 자궁적출술 시행여부에 대해 충분히 설명하여 이에 대한 선택을 할 수 있도록 했어야 할 것인데 현재 기재되어 있는 사항으로는 그러한 과정이 있었다고 보이지 않는다. 만일 가족들이 자궁적출술에 대하여 설명을 듣고도 동의하지 않았다면 본 판결문에서 이에 대한 책임을 피고병원에 묻는 것은 바람직하지 않다고 생각된다(〈표 16〉 참조).

〈표 16〉 원인분석

분석의 수준	질문	조사결과
왜 일어났는가? (사건이 일어났을 때의 과정 또는 활동)	전체 과정에서 그 단계는 무엇인가?	- 응급수술의 결정과정(즉시 자궁적출술을 시행해야 하는 긴급한 상황이었으나 이를 지체하여 다량출혈로 인한 심폐정지로 사망함) - 전원과정(의료진이 스스로 산모의 출혈을 멈추게 하기 위한 조치를 취하다가 산모의 전원조치를 지연하여 다량 출혈 발생 후 55분 만에 망인을 피고 병원에 도착하게 하고, 출혈 발생 후 1시간 34분이 지나서야 수혈을 받게 함)
가장 근접한 요인은 무엇이었는가? (인적 요인, 시스템 요인)	어떤 인적 요인이 결과에 관련 있는가?	• 환자 측 - 고위험임신부(4회의 유산경험, 2회의 제왕절개술에 의한 분만경험, 39세의 고령) • 의료인 측 - 고위험임신부의 상태에 대한 판단 부족(제왕절개 수술 전 환자의 감입태반을 심각한 것으로 판단하지 못하였으며 관련 합병증의 발생 가능성을 예상하지 못함)
	시스템은 어떻게 결과에 영향을 끼쳤는가?	• 법·제도 - 응급처치 미흡(1차 기도 내 삽관 시도 실패)

5. 재발 방지 대책

원인별 재발방지 대책은 〈그림 16〉과 같으며, 각 주체별 재발방지 대책은 아래와 같다.

〈그림 16〉 산부인과(산과) 질적16 원인별 재발방지 사항 제안

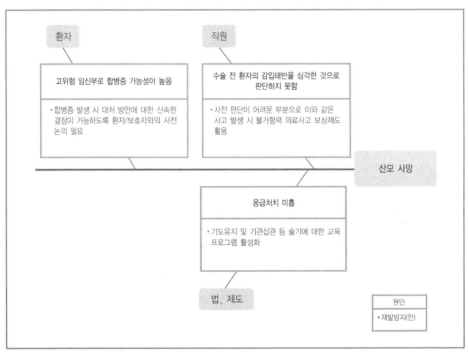

(1) 임신부 측 요인에 대한 검토사항

고위험 임신부일 경우 본인 및 가족(보호자)은 발생 가능한 합병증에 대해 숙지하고 있어야 한다. 합병증 발생 시 대처 방안에 대해 신속한 결정이 가능하도록 환자와 환자보호자 간에 사전 논의가 있어야 한다.

(2) 의료인의 행위에 대한 검토사항

의료인은 임신부의 출산력에 대해 숙지하고 있어야 하며 고위험 임신부일 경우 분만 시 전치태반이나 태반의 조기 박리 등 합병증 발생 가능성이 있음을 염두에 두

고 진료해야 한다. 임신부가 고위험 임신부에 해당될 경우, 발생할 수 있는 여러 위험성에 대해 사전에 설명하고, 혹시 그런 합병증이 발생하였을 경우 어떠한 조치를 취할지 신속하게 결정할 수 있도록 임신부의 가족들이 대비할 수 있게 해야 한다. 사전 예측이 어려운 경우에 발생하는 사고에 대해서는 불가항력 의료사고 보상제도의 지원을 받도록 한다.

(3) 학회·직능단체 차원의 검토사항

관련 학회는 의료인을 대상으로 기도유지 및 기관 삽관 등 응급진료와 관련된 술기에 대한 교육 프로그램을 개발하고 적용해야 한다.

｜참고자료｜ 사건과 관련된 의학적 소견[2]

1. 전치태반

태반이 자궁경부의 내구에 매우 근접해 있거나 덮고 있는 상태이다. 다임신과 고령은 전치태반의 빈도를 증가시킨다. 제왕절개분만 기왕력이나 인공유산은 전치태반의 가능성을 증가시킨다. 전치태반의 5%에서 임상적으로 의미있는 유착태반이 동반되며 제왕절개분만의 기왕력이 있는 경우에는 그 빈도가 약 25%라고 한다.

2. 유착태반

일반적으로 태반이 자궁벽에 비정상적으로 단단히 유착되어 있는 것을 의미한다. 유착태반은 탈락막 형성에 결함이 있을 때 생기게 되는데 자궁하부, 기왕제왕절개반흔, 소파수술 부위 등에 태반착상이 됐을 경우에 생긴다. 태반의 유착을 짐작할 수 있더라도 그 정도가 심하지 않으면 용수박리 후 자궁수축 및 지혈이 가능한 경우도 많으며, 태반 유착은 용수박리 전에는 그 정도를 알 수 없으므로 일반적으로 용수박리를 시도한다.

3. 용수박리술

태아 분만 후 태반이 자연배출되지 않을 경우 소독된 장갑을 낀 시술자의 손을 자궁 내에 넣어 자궁 내벽에 부착된 태반을 외부로 강제로 배출시키는 시술이다. 용수제거를 할 수 있는 시간적 경과에 대한 명확한 기준은 없고 담당의사의 판단에 따라 시행될 수 있으나 사전에 산도 회음부의 소독과 출혈량을 간접적으로 예견할 수 있는 혈압, 맥박의 측정을 하여야 하고 시술 후 자궁수축의 장애 등이 있는지 지속적으로 관찰하여야 하며, 자궁수축이 좋지 않거나 이로 인하여 심각한 출혈이 있으면 자궁수축제의 투여, 자궁마사지, 수혈조치 등 신속하고 적절한 조치를 취하여야 한다.

4. 산후출혈

분만 3기가 끝난 후 500ml 이상의 출혈이 있을 때 산후출혈이라 한다. 분만 후 산모의 출혈이 열상이 아닌 자궁이완에 의한 경우, 자궁마사지를 실시하며, 이와 병행하여 약물적인 처치로 옥시토신, 맥각(ergot), 프로스타글란딘 계통의 약물을 투여하며, 반응하지 않는 경우는 자

---

2) 해당 내용은 판결문에 수록된 내용임.

궁충전술, 자궁동맥결찰술, 내장골동맥 결찰술, 자궁적출술 등의 수술적 방법을 시행한다. 자궁
내 카테터 삽입 압박법은 자궁강내 도관을 삽입한 후 60~80㎖의 식염수를 채우는 방법이며
이때 열려있는 도관의 끝은 자궁으로부터의 출혈을 지속적으로 배출한다. 분만후 출혈의 원인
을 근본적으로 제거하기 위하여 일련의 보조적인 처치를 한 후에도 출혈량 감소가 없으며 환자
의 상태가 악화되는 과정으로 간다고 예측될 때는 자궁적출술의 시행을 고려할 수 있으며 이의
기준은 주치의가 판단하여야 할 것이다.

판례 17. 조기진통 시 진단 미흡 및 전원 지연 이후 신생아 사망_서울 고등법원 2010. 5. 27. 선고 2009나46448 판결

1. 사건의 개요

임신부는 피고 병원에서 불임치료를 받고 쌍태아를 임신하였다. 이후 병원에서 산전진찰을 받아 왔는데 임신 26주 정기검진을 받기 위해 내원했을 때 간헐적인 복부 통증을 호소하였다. 의사는 복부 초음파 검사, 일반혈액검사, 자궁수축을 검사한 이후 임신부를 귀가시켰다. 하지만 귀가 이후에도 복통이 계속되고 하혈을 하여 10시간 후 다시 내원하였다. 초음파 검사상 자궁경부가 거의 개대되어 있었고 비수축검사상 불규칙한 자궁수축이 있어 조기진통 및 자궁경부무력증(의증)으로 진단되었다. 그리고 태아 분만시 즉각적인 신생아 응급처치를 하기 위해 임신부를 3차 의료기관으로 전원시켰다. 임신부는 먼저 전원된 병원에 응급실에 자리가 없어 다시 전원된 병원에서 쌍태아를 출산하였다. 이 중 두 번째로 태어난 신생아가 조산으로 인한 미숙아 합병증으로 사망하였다[수원지방법원 2009. 5. 7. 선고 2007가합18136 판결, 서울고등법원 2010. 5. 27. 선고 2009나46448 판결].

날짜	시간	사건 개요
		원고(임신부)는 쌍태아 출산 원고 A: 임신부의 신생아 원고 B: 임신부의 배우자 피고 C: 'ㅇ병원' 소속 의사로 임신부의 담당의사 피고 D, 피고 E: 병원 공동운영자
2005. 10. 24.		• 원고(임신부) 'ㅇ병원'에서 이때부터 불임치료를 받아옴
2006. 08. 17.		• 배란유도를 통해 쌍태아 임신 • 이후 'ㅇ병원'에서 산전진찰을 받아옴
2007. 01. 12. (금요일)	09 : 00	• 임신 26주 정기검진을 받기 위해 'ㅇ병원' 내원 • 간헐적인 복부 통증(이전부터 배가 당기고 뭉치는 듯한 느낌이 있으며 아프다고 호소함) 호소 　= 피고 C는 복부 초음파 검사, 일반혈액검사 실시 　= 복부 초음파 검사를 하는 동안 촉진을 통해 자궁수축 여부를 살펴보았으나 자궁수축이 촉진되지 않았음

날짜	시간	사건 개요
2007. 01. 12.		=복부 초음파 검사상 자궁경관 길이는 정상으로 판정됨 • 임신부를 귀가시킴(침상안정 등을 전혀 취하지 않은 상태에서 귀가, 복통이 계속되었음)
	12：00	• 귀가 이후에도 복통이 계속되었고, 하혈을 함 (원고측은 'ㅇ병원'에 전화를 하였는데 성명불상의 간호사가 전화를 받아 '하혈색이 더 진해지면 내원하여 진찰을 받으라'했다고 주장함)
	19：00	• 복부 통증을 호소하며 'ㅇ병원'에 다시 내원 • 초음파검사상 자궁경부가 거의 개대되어 있었고 비수축 검사상 불규칙한 자궁수축이 있어 조기진통 및 자궁경부무력증(의증)으로 진단 • 태아 분만시 즉각적인 신생아 응급처치를 하기 위해 임신부를 3차 의료기관으로 전원시키기로 함
	20：20	• 임신부는 앰뷸런스 탑승 후, 병원 출발
	21：00	• A병원에 전원되었으나 응급실에 자리가 없어 다시 이동
	21：50	• B병원 도착
	21：58	• 원고 A 출산(당시 체중 0.9kg)
	22：10	• 이 사건 망아 출산(당시 체중 0.85kg)
2007. 01. 16	22：20	• 이 사건 망아는 조산으로 인한 미숙아 합병증(다장기부전, 파종성 혈관내응고 등)으로 인해 사망함

2. 법원의 판단

가. 진단 상의 주의위무 위반 여부: 법원 불인정(제1심) → 법원 인정(항소심)

(1) 임신부 측 주장

피고 병원 의료진들은 임신부의 상태를 아무 문제가 없는 상태로 잘못 진단하고 신속한 전원조치를 취하지 아니하여 원고들에게 정신적 육체적 고통을 가하였다.

(2) 의료인 측 주장

복부초음파를 실시하여 자궁경관의 길이가 정상인 것을 확인하였고 촉진으로 자궁수축이 없음을 확인하였다. 또한 조기진통의 증상이 나타나면 바로 내원할 것을 설명하였다.

(3) 법원 판단

조기진통은 ① 20분 동안 네 번 혹은 60분 동안 여덟 번 이상의 자궁수축과 자궁 경부의 진행성 변화 ② 자궁경부 확장 1cm 초과, 자궁경부 소실 80% 이상 여부로 진단하고 있다. 피고 병원 의사는 조기진통의 주요 위험인자(다태임신)를 가지고 있는 임신부를 진찰함에 있어 장시간 자궁수축이나 자궁경부의 진행상황을 보거나 자궁경부의 확장이나 소실, 자궁경부 내측의 모양을 진단하기 위한 내진이나 질식 초음파 검사 등 이를 진단하기 위한 아무런 조치를 취하지 않았다. 이러한 조치는 병원의 여건에 비추어 용이하게 취할 수 있었던 것으로 보이는 바, 의사로서 주의의무를 위반하였다고 볼 수 있다.

나. 간호사 임의진단의 과실이 있는지 여부: 법원 불인정(제1심) → 법원 불인정(항소심)

(1) 임신부 측 주장

피고 병원에 전화를 하였을 때 성명불상의 간호사가 전화를 받아 임신부의 증세를 듣고 의사의 지시를 받지도 않았으면서 '하혈색이 더 진해지면 내원하여 진찰을 받으라'고 말하면서 전화를 끊었다. 그래서 이를 믿은 임신부가 병원 방문을 지체하는 바람에 신생아가 사망이 이르렀다.

(2) 법원 판단

간호사가 이런 답변을 하였더라도 이런 답변은 통상적인 전화상담의 범주를 벗어나지 않을 뿐 아니라 임신부로 하여금 병원에 오지 못하게 한 것도 아니다. 따라서 이것만으로 간호사로서의 주의의무 위반이 있다고 보기 어렵다.

다. 신속한 전원의무 위반 여부: 법원 불인정(제1심) → 법원 인정(항소심)

(1) 임신부 측 주장

임신부를 신속하게 3차 의료기관으로 전원시켜 주었어야 함에도 불구하고 한 병원에 갔다가 다시 다른 병원으로 가는 등 전원이 지연됨으로써 신생아를 사망에 이르게 하였다.

(2) 의료인 측 주장

처음 전원한 병원으로부터 일단 임신부를 전원받고 상태에 따라 다른 병원으로 다시 전원할 수 있겠다는 이야기를 들었기 때문에 그 병원에 전원시켰다.

(3) 법원 판단

환자를 전원하는 경우 전원받는 의료기관의 인력, 수술실, 병상 등의 가용성을 확인하여야 하며, 검사 결과, 진단 및 치료에 필요한 기록, 기타 환자와 관련된 정보를 신속히 전달하여야 한다. 환자를 전원시키는 의사는 전원을 보내려는 병원 의사에게 직접 연락하여 환자의 신원, 환자의 사고력, 응급실에서의 환자 초기 상황과 시행된 처치에 대한 환자의 반응 등에 관한 정보를 제공하고, 해당 병원의 의료능력과 수준, 즉각 조치의 가능성 등을 타진하여 전원 받을 병원을 결정하여야 한다. 피고 병원 의료진의 경우 처음 전원된 병원과 협의했다고 하나 당시 그 병원의 어떤 의료진과 통화했는지 밝히지 못하고 있다. 의료진은 전원시키려는 병원의 인력, 수술실, 인큐베이터의 가용성(26주 쌍태아의 분만) 등을 확인하지 않고, 태아와 임신부에 관한 정보도 제대로 제공하지 아니한 채, 즉각적인 조치도 할 수 없는 그 병원을 전원병원으로 정하여 임신부를 전원하였다고 할 것이다.

3. 손해배상범위 및 책임 제한

가. 의료인 측의 손해배상책임의 범위: 기각(제1심) → 위자료(항소심)

나. 위자료 인정 이유 및 산정 근거

피고 병원의 진단상, 전원조치상 주의의무위반과 신생아 사망과의 인과관계를 인정할 수 없으나, 그 주의의무 위반 정도가 일반인의 처지에서 보아 수인한도를 넘어설 만큼 현저하게 불성실한 진료를 행한 것이라 평가될 정도에 이른 것으로 보이는바, 이를 위자료를 지급할 의무가 있다. 원고(임신부와 그 가족들)들의 나이, 진단 및 전원 경위, 원고들이 진단 및 전원상의 과실로 신생아가 사망에 이르게 되었다고 생각하는 점, 진료기록부의 사후 기재, 위와 같은 불법행위로 인해 원고들이 입은 정신적, 육체적 고통의 지속 기간 등 제반 사정에 비추어 위자료를 정한다.

다. 손해배상책임의 범위

① 청구금액: 195,762,162원
② 인용금액: 11,000,000원
　　위자료 11,000,000원

4. 사건 원인 분석

이 사건의 임신부는 쌍태아를 임신한 상태로, 과체중 및 임신성 당뇨가 있었고, 간헐적인 복부 통증으로 피고 병원에 내원하였으나 별도의 이상을 발견하지 못하고 퇴원하였다. 그러나 임신부가 지속적인 복통과 하혈로 뒤늦게 병원에 내원한 결과 조기진통 및 자궁경부무력증(의증)으로 진단되어 전원하였으나 전원된 병원의 응급실에 자리가 없는 이유로 전원이 지연되었고, 두 아이 중 한 아이가 조산으로 사망하였다. 이 사건과 관련된 문제점 및 원인을 분석해본 결과는 다음과 같다.

첫째, 임신부는 쌍태아를 임신하였으며 임신 26주 당시 체중이 91kg으로 과체중과 임신성 당뇨를 앓고 있어 고위험 임신부에 해당됨에도 의료진은 적절한 주의를 기울이지 않았다.

둘째, 간헐적인 복부 통증을 호소하는 임신부의 상태를 아무 문제가 없는 상태로 오진하여 귀가시켰다.

셋째, 환자를 전원하는 경우 수용하는 의료기관의 인력, 수술실, 병상 등 가용성을 확인하여 전원받을 병원을 결정하여야 함에도 불구하고 이를 제대로 수행하지 않아 전원이 지연되었다(〈표 17〉 참조).

〈표 17〉 원인분석

분석의 수준	질문	조사결과
왜 일어났는가? (사건이 일어났을 때의 과정 또는 활동)	전체 과정에서 그 단계는 무엇인가?	− 내원 전 환자의 기왕증(임신 26주 당시 체중이 과체중이 었으며, 임신성 당뇨를 앓고 있어 고위험 임신부에 해당 되었음) − 진단 및 처치 단계(간헐적인 복부통증이 있음에도 퇴원시켰 으며, 환자는 통증에도 불구하고 바로 병원에 내원하지 않 은 채 전화로 문의함) − 전원(전원 전 전원받을 의료기관의 가용성 확인 미흡)
가장 근접한 요인은 무엇이었는가? (인적 요인, 시스템 요인)	어떤 인적 요인이 결과에 관련 있는가?	• 환자 측 − 쌍태아 임신, 과체중, 임신성 당뇨를 앓고 있어 고위험 임신 부에 해당됨 − 조기진통 및 질출혈을 보임에도 바로 병원에 내원하지 않 고, 병원에 전화로 문의하였음 • 의료인 측 − 간헐적인 복부 통증을 호소하는 원고의 상태를 아무 문제가 없는 상태로 오진하여 귀가시킴 − 조기진통 및 질출혈에 대한 전화문의에 대해 간호사가 판단 하여 내원을 늦춤 − 전원받을 병원의 가용성을 사전에 확인하지 않아 전원이 지 연됨
	시스템은 어떻게 결과에 영향을 끼쳤는가?	• 의료기관 내 − 전원받을 병원의 가용성을 사전에 확인하지 않아 전원이 지 연됨

5. 재발 방지 대책

원인별 재발방지 대책은 〈그림 17〉과 같으며, 각 주체별 재발방지 대책은 아래
와 같다.

〈그림 17〉 산부인과(산과) 질적17 원인별 재발방지 사항 제안

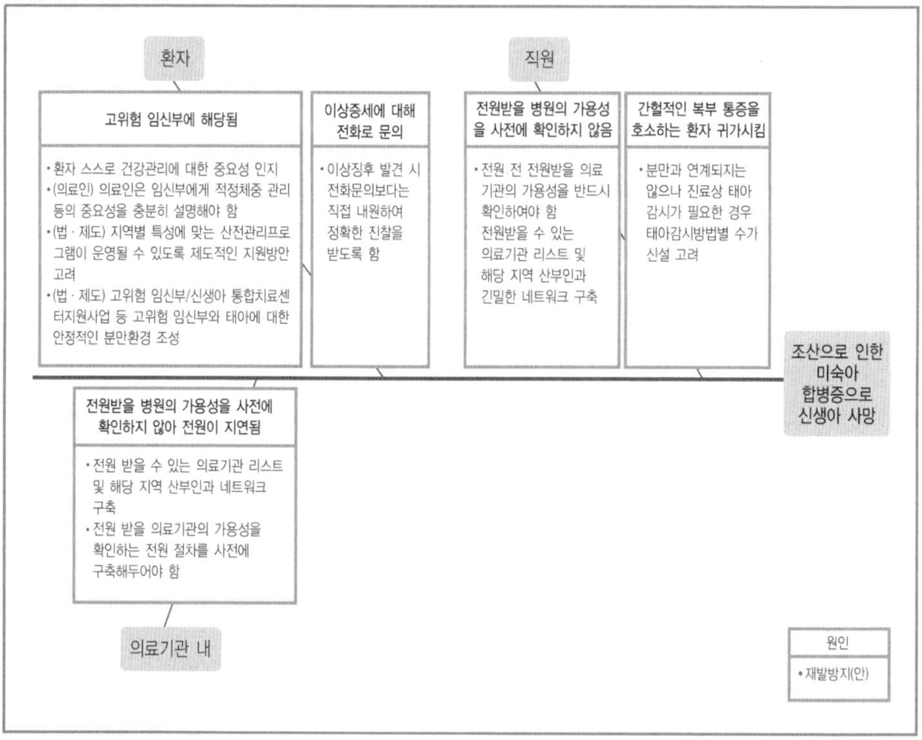

(1) 환자 측의 요인에 대한 검토사항

임신부 스스로 건강관리의 중요성을 인지하여, 임신 중 과도한 체중 증가 및 당
뇨병 진단 시 적정한 식단조절 및 운동을 수행하여야 한다. 만약, 임신 중 이상 증상
이 나타날 경우에는 병원에 전화로 문의하기보다는 가급적 직접 내원하여 진찰을 받
아야 한다.

(2) 의료인의 행위에 대한 검토사항

환자 진찰 시 의료인은 임산부에게 적절한 체중관리와 식단조절 등 건강관리의 중요성을 충분히 설명하고, 이를 수행할 수 있도록 관련 정보를 제공해야 한다. 임신 중 이상증세에 대하여 전화를 통한 지시는 가급적 자제하고, 환자로 하여금 병원에 내원하여 정확한 진단을 받을 수 있게끔 지도하는 것이 필요하다. 과체중 임신부의 경우 복부초음파 검사로 자궁경관의 길이 측정이 어렵다. 임신부가 복부 통증을 호소하는 경우 자궁수축여부와 내진을 통해 자궁경부의 개대 정도를 확인하여야 하며, 통증이 지속되는 경우 임신부를 귀가시키는 것은 바람직하지 않다. 또한 환자를 전원시켜야 하는 경우, 전원 받을 의료기관의 전원 가능여부를 확인하는 절차를 따라야 한다.

(3) 의료기관의 운영체제에 관한 검토사항

지역별 산부인과 간 긴밀한 네트워크를 구축하고, 환자 전원 시 전원 받을 의료기관의 가용성을 확인하는 전원절차를 사전에 마련해두어야 한다.

(4) 국가·지방자치단체 차원의 검토사항

고위험 임신부와 신생아에 대한 통합치료센터 지원 사업 등을 통해 안전한 분만환경을 조성하려는 노력이 필요하다. 일부 지역에서는 시·군·구청 및 보건소 차원에서 임신개월별 검사, 산전관리·분만관리·산후관리 등 각종 프로그램을 운영하고 있지만 그 지역이 한정되어 지역간 격차가 상당하다. 따라서 각 지역별 특성에 맞는 산전관리 프로그램이 운영될 수 있도록 제도적인 지원방안을 고려해야 한다. 현재 조기진통 시 태아의 상태를 확인하기 위한 검사로 NST 검사를 시행하고 있으나, 1회 이후부터의 검사 시행은 비급여 항목으로 지정되어 있다. 이처럼 분만과 연계되지는 않지만 진료상 태아 감시가 필요한 경우 태아감시방법별 수가를 신설하는 것을 고려할 수 있다. 또한 국가에서는 지역별 산부인과 간 네트워크 구축을 통해 의료기관들이 긴밀한 관계를 형성하고, 이를 통해 전원이 신속하게 이루어질 수 있도록 지원하여야 한다.

┃ 참고자료 ┃ 사건과 관련된 의학적 소견3)

1. 조산

임신 만 37주 이전에 분만하는 경우를 말한다. 조기진통이란 조산을 유발할 수 있는 비정상적인 자궁수축을 의미하는 조기진통의 진단은 ① 제태연령 20~37주, ② 자궁수축, ③ 점진적인 자궁경부 변화(거상 80% 혹은 개대 1cm나 그 이상)에 주로 근거한다. 자궁경부가 거의 개대된 상태라면 자궁수축억제제 및 자궁 경부봉합술 등의 방법을 사용하여 분만을 억제하기는 매우 어려운 상태이거나 거의 불가능한 상태라고 볼 수 있다.

2. 쌍태아 임신

쌍태아의 경우 단태임신보다 조산, 저체중아 출생의 위험이 높다. 32주 이전 조산 빈도는 쌍태임신이 11.6%인 반면 단태 임신은 1.6%로 보고된 바 있다. 쌍태아는 평균 임신기간이 37주인 반면 단태의 경우에는 40주이다.

3. 자궁경부무력증

임신 제2삼분기 혹은 제3삼분기에 자궁경부가 진통없이 개대되고 소실되며 양막이 질 내로 돌출되면서 파열되고 이어 태아가 만출되는 질환으로 그 원인이 불분명하고 진단도 쉽지 않다. 이전에 동일한 병력이 없는 경우에는 그 예측이 거의 불가능하며, 다만 종전 임신시 경관의 무통개대, 양막파열을 경험한 적이 있는 경우 일단 자궁경부무력으로 간주할 수 있다.

---

3) 해당 내용은 판결문에 수록된 내용임.

제6장 기 타

판례 18. 제왕절개 후 전원조치 지체로 인한 환자 쇼크 발생 및 설명 의무위반 사건_수원지방법원 2008. 8. 19. 선고 2006가단 45435 판결

1. 사건의 개요

제왕절개수술을 통해 쌍생아를 출산한 산모는, 이완성자궁출혈로 복강 내에 피가 고이고 다량의 하혈이 발생했다. 의사는 자궁수축제 주사, 자궁마사지, 수혈을 행했으나 산모는 쇼크 상태에서 정상으로 돌아오지 않았다. 또한 쌍생아 둘이 저혈당, 빈호흡 등의 증세를 보였다. 그래서 의사는 산모와 쌍생아를 직접 동승하여 타병원으로 전원시켰다. 타 병원에서 산모는 과다출혈로 인한 저혈량성 쇼크상태, 자궁무력증과 혈복강 진단을 받았으며 자궁적출술이 시행되었다[수원지방법원 2008. 8. 19. 선고 2006가단45435 판결].

날짜	시간	사건 개요
		원고 1(산모)
		원고 2, 3(쌍생아 신생아)
2006. 5. 23.	10 : 30	• 피고가 쌍생아를 임신 중이던 원고 1에게 제왕절개술 시행
	10 : 50	• 원고 2, 3(쌍생아) 출산함

날짜	시간	사건 개요
2006. 5. 23.	14:14 전후	• 이완성자궁출혈로 인하여 산모의 복강 내 피가 고이고 다량의 하혈 발생함 = 자궁수축제 주사와 자궁마사지 시행함
	15:00경	• 하혈이 잠시 보이지 않음
	15:10경	• 다시 하혈 시작되어 멈추지 않고 의식이 혼미해짐
	17:10경	• 피고 수혈액 4개 신청
	17:40, 18:18	• 두 차례에 걸쳐 수혈하였으나 혈압저하, 맥박상승으로 쇼크상태 됨
	19:00, 20:15	• 다시 두 차례에 걸쳐 수혈하였으나 산모는 정상상태로 돌아오지 않음
	19:00경	• 원고 2, 3(쌍생아)가 저혈당, 빈호흡 등의 증세를 보임 = 피고는 소아청소년과 의사로부터 전원조치 권고를 받음
	20:45경	• 산모, 원고 2, 3(쌍생아)를 피고 동승하여 타병원으로 전원
	22:30경	• 타 병원에 도착 • 산모 과다출혈로 인한 저혈량성 쇼크상태, 자궁무력증과 혈복강 진단 • 자궁적출술 시행 = 복강 내 고여 있던 다량의 피 제거

2. 법원의 판단

가. 산모의 전원 지체에 있어서의 과실 여부: 법원 인정

(1) 원고 측 주장

의사가 제왕절개수술을 전후로 하여 이완성자궁출혈과 복강내출혈 가능성을 예견하거나 예견할 수 있었다. 그럼에도 적절한 조치를 취하지 아니하여 혈액을 준비하지 않고 전원조치를 늦게 취하였다. 그럼으로써 원고가 과다출혈로 인한 쇼크상태에 빠지게 하고 자궁적출술을 시행받게 하였다.

(2) 법원의 판단

이완성자궁출혈에 대한 의사의 조치에 과실이 있었음을 인정하기는 증거가 부족하다. 하지만 의사가 전원조치를 늦게 취하여 산모가 과다출혈로 저혈압에 의한 쇼크상태에서 시술을 받게 함으로써 산모의 생명에 심각한 위험성이 발생하고 그로 인한 고통에 노출케 한 잘못이 있다. 쌍생아의 경우 단태아보다 이완성자궁출혈가능성이 높고, 원고가 2006. 5. 23. 14 : 14경 많은 양의 하혈을 한 후에도 계속적으로 하혈을 하고 저혈압과 맥박 상승 상태였던 점을 볼 때 의사는 산모 복강 내의 다량의 출혈과 이로 인한 생명의 위험을 예견하였거나 예견할 수 있었다고 생각된다. 따라서 최소한 혈액공급요청을 한 17 : 10경에는 원인제거를 위한 자궁적출술을 시행하거나 이를 시행할 수 있는 병원으로 바로 전원조치를 취하여야 했음에도 만연히 수혈에 의한 증상의 호전을 기대하여 전원조치가 늦게 이루어 졌다.

나. 설명의무위반 여부: 법원 인정

(1) 원고 측 주장

의사가 임신부와 보호자들에게 제왕절개수술의 합병증 등에 대하여 설명을 하지 아니하였다.

(2) 의사 측 주장

의사가 제왕절개수술의 합병증으로 출혈에 따른 다량의 수혈, 자궁적출 등이 발생할 수 있다고 설명하였다.

(3) 법원의 판단

피고의 주장과는 달리 피고 의사가 임신부 및 원고(남편)와 시어머니에게 제왕절개수술로 인하여 발생할 수 있는 자궁이완 등으로 인한 다량의 출혈, 범발성 응고장애, 자궁 적출 등을 설명하였음을 인정할만한 증거가 없다. 의사는 초산인 임신부에게 쌍생아를 제왕절개수술로 출산하는 경우에는 단태아에 비하여 자궁이완으로 인한 다량의 출혈가능성이 많아지고 그러할 때 다량의 수혈이 필요하며, 출혈이 멈추지 않을 경우 적출술을 시행하여야 한다는 점을 구체적으로 설명해주어야 함에도 이를 하지 않은 채 수술동의서에 임신부와 시어머니의 서명을 받은 것으로 보인다. 이로써 의사는 구체적이고 충분한 설명을 통하여 임신부가 다른 시술방법 내지 병원을 선택할 기회를 제공하지 않았으므로 설명의무위반이 인정된다.

3. 손해배상범위 및 책임제한

가. 의료인 측의 손해배상책임 범위: 위자료만 인정

나. 위자료 인정 이유

(1) 원고(산모)는 자궁 적출로 더 이상 잉태가 불가능하게 되었음

(2) 과다출혈로 사망의 지경까지 이르렀고, 자궁적출술의 위험성이 증대되고 사후 회복이 지연되었음

(3) 원고(산모)가 받은 자궁적출술과 혈액제거 등의 치료는 산모의 이완성자궁출혈에 대한 치료로서 받을 수밖에 없었던 것으로 치료비 배상은 불인정

다. 손해배상책임의 범위

① 청구금액: 68,400,860원
② 인용금액: 15,000,000원
   - 위자료 15,000,000원

4. 사건 원인 분석

원고(임신부)는 쌍생아를 임신한 임신부로 피고(의사)에게 제왕절개수술을 받은 후 이완성자궁출혈로 다량의 하혈이 발생하였다. 의사는 자궁수축주사 및 자궁마사지를 시행하고 수혈을 하였음에도 산모가 회복되지 않아 전원을 하였고 산모는 저혈량성 쇼크 상태로 자궁적출술을 받았다. 이 사건과 관련된 문제점 및 원인을 분석해 본 결과는 다음과 같다.

첫째, 산모 측은 분만 후 6시간 이상 경과했음에도 하혈이 멈추지 않았으므로 의사가 원인 제거를 위한 자궁적출술 시행이나 신속한 전원 조치를 할 필요가 있었다고 주장하였다. 이에 대해 법원에서는 산모의 이완성자궁출혈과 복강 내 출혈은 미리 예측하거나 예방할 수 있는 방법이 없다고 판단했다. 이에 대해 출산 이후 약 3시간 가량 경과된 이후에야 이완성자궁출혈에 대한 처치가 이루어진 바, 출혈에 대한 발견이 늦어져 초기 처치가 지연된 것일 수 있다는 자문의견이 있었다.

둘째, 의사는 제왕절개수술의 시행에 앞서 쌍생아를 제왕절개수술로 출산하는 경우 자궁이완으로 인한 다량의 출혈 가능성이 높고, 출혈이 멈추지 않을 경우 적출술을 시행할 수 있으며, 기타 범발성 응고장애 등이 발생할 수 있음을 임신부에게 구체적으로 설명하여야 하며 증명이 가능하도록 이에 대해 기재해 둘 필요가 있음에도 이를 다하지 못하였다(〈표 18〉 참조).

〈표 18〉 원인분석

분석의 수준	질문	조사결과
왜 일어났는가? (사건이 일어났을 때의 과정 또는 활동)	전체 과정에서 그 단계는 무엇인가?	− 분만 전 설명 단계(의료진은 임신부에게 쌍생아를 제왕절개수술로 출산하는 경우에는 단태아에 비하여 자궁이완으로 인한 다량 출혈의 가능성이 많아지고 그러면 다량의 수혈이 필요하며, 출혈이 멈추지 않을 경우 적출술을 시행하여야 한다는 점을 구체적으로 설명하지 않은 채 수술동의서에 보호자의 서명을 받은 것으로 보임) − 분만 직후 산모 상태 관찰 및 처치 단계(산모는 계속적으로 하혈을 하고 저혈압과 맥박 상승 상태였음에도 자궁적출술을 시행하거나 이를 시행할 수 있는 병원으로 전원하지 않고 수혈에 의한 증상의 호전을 기대하여 전원조치가 늦게 이루어짐)
가장 근접한 요인은 무엇이었는가? (인적 요인, 시스템 요인)	어떤 인적 요인이 결과에 관련 있는가?	• 의료인 측 − 출산 후 이완성자궁출혈을 뒤늦게 발견하여 처치 지연 − 제왕절개수술의 합병증에 대한 설명 미흡 − 분만 방법 선택에 대한 충분한 설명을 하지 않음
	시스템은 어떻게 결과에 영향을 끼쳤는가?	• 의료기관 내 − 환자 관찰이 제대로 이루어지지 않음 • 법·제도 − 낮은 의료수가 등 분만 방법 선택에 대한 충분한 설명을 할 수 있는 여건을 제공하지 않음

5. 재발 방지 대책

원인별 재발방지 대책은 〈그림 18〉과 같으며, 각 주체별 재발방지 대책은 아래와 같다.

〈그림 18〉 산부인과(산과) 질적18 원인별 재발방지 사항 제안

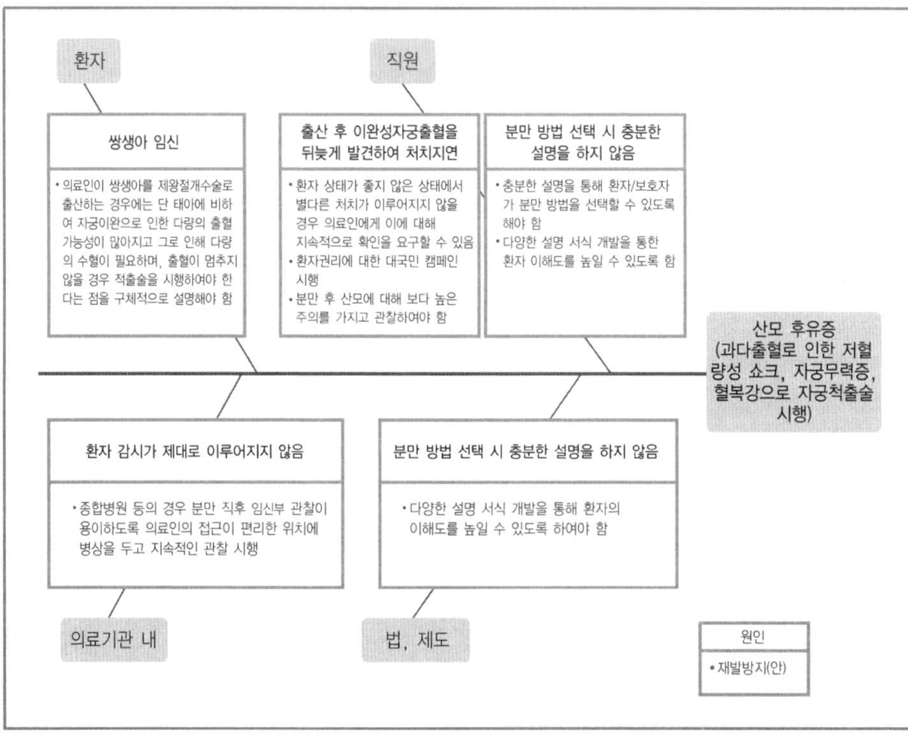

(1) 환자 측 행위에 대한 검토사항

환자 혹은 보호자는 환자의 상태가 좋지 않은데도 별다른 처치가 이루어지지 않을 경우 의료인에게 지속적으로 환자 상태 확인을 요구할 수 있어야 한다.

(2) 의료인의 행위에 대한 검토사항

분만 후 1~2시간까지는 특히 주의를 하여 활력 증후 등 산모의 상태에 대해 관찰을 할 필요가 있으며 이를 위해서는 담당의뿐만 아니라 간호사의 역할도 중요하다.

의료진은 자궁이완여부를 확인하고, 출혈의 양을 기록하여 자궁 수축 이후에도 출혈이 계속되는 경우에는 담당의의 즉각적인 처치가 이루어지도록 하여야 한다. 특히 제왕절개를 한 산모의 경우 마취로부터의 회복정도와 수술 후 상태 등을 확인하고, 산모의 상태가 안정될 때까지 즉각적인 간호가 이루어지도록 하여야 한다. 또한 의료진은 사전에 충분한 설명을 통해 환자와 환자보호자가 분만방법을 선택할 수 있도록 하여야 한다.

(3) 의료기관의 운영체제에 관한 검토사항

종합병원 등의 경우 분만 직후 산모의 관찰이 용이하도록 의료인의 접근이 편리한 위치에 병상을 두고 산모를 지속적으로 관찰하는 것이 필요하다.

(4) 학회·직능단체 차원의 검토사항

각 과별 특성에 맞는 다양한 형태의 설명동의서식을 개발하여야 한다. 학회 및 관련 기관 등에서는 대한의학회에서 발간한 수술·검사 표준설명동의서식집 등의 활용도를 높이기 위한 노력을 해야 한다. 더 나아가 환자의 연령별·성별 특성 등 개인적 특성에 따라 내용을 달리하고, 더 효과적인 설명이 가능하도록 그림을 첨부하거나 다른 매체를 활용하는 등 다양한 형태의 설명동의서식을 개발하기 위한 노력이 필요하다. 산부인과의 경우 복식 전자궁적출술 및 부속기(난소 및 자궁관)절재술, 복강경(골반 내시경) 수술, 제왕절개 분만 수술, 소파수술 및 조직 생검 등의 경우에 대한 서식이 마련되어 있는데, 그 외 분만 방법 선택 시에도 설명을 하고 동의를 받을 때 참고할 수 있는 서식 개발을 고려해 볼 수 있다.

환자에게 정확한 정보를 전달하는 것은 동의를 받기에 앞서 선행되어야 하는 부분이다. 따라서 환자와의 원활한 커뮤니케이션이 가능하도록 의료인 대상으로 관련 교육 프로그램을 운영하거나 보수교육을 시행하는 것을 고려해볼 수 있다.

(5) 국가·지방자치단체 차원의 검토사항

각 과별 특성에 맞는 다양한 형태의 설명동의서식 개발을 지원하여야 한다. 환자의 설명 받을 권리 등 환자 권리에 관한 자각이 높아지도록 대국민 캠페인 등을 진행하도록 한다.

‖ 참고자료 ‖   사건과 관련된 의학적 소견1)

1. 이완성자궁출혈(자궁무력증)

출산 후 자궁이 수축되지 아니하여 출혈이 발생하는 것으로, 출혈이 멈추지 않고 대량으로 발생할 때에는 자궁적출술을 시행할 수밖에 없다. 이완성자궁출혈은 아직 그 발병을 예측할 수 없고 그 예방법도 없다. 쌍생아의 경우 제왕절개술 이후 자궁이완 등으로 인한 산후 출혈 가능성이 약 3.7%인 반면, 단태아의 경우 그 가능성이 약 1%정도이다.

---

1) 해당 내용은 판결문에 수록된 내용임.

판례 19. 임신중절수술 시 삽입된 이물질 미제거로 인한 임신부 사지마비_서울동부지방법원 2012. 8. 16. 선고 2010가합7230 판결

1. 사건의 개요

　　20세였던 원고(임신부)는 피고(의사)로부터 임신 19주 진단을 받고 임신중절 수술 위해 입원하였다. 의사는 유도분만을 위해 싸이토텍을 투여하고 자궁경관확장제인 라미나리아(laminaria) 10개를 삽입한 다음 제거하였다. 다시 2차로 라미나리아 15개를 삽입한 다음 자궁경관이 열리자 2차 라미나리아를 제거하고 자궁경관개대 및 소파술(D&C)로 임신중절수술을 시행하였다. 수술 후 원고는 상태가 좋지 않아 의사의 승용차를 이용해 상급병원으로 이송되었다. 상급병원에서는 복부통증을 동반한 호흡곤란 증상을 보이는 원고에 대해 복부 CT 검사 시행 결과 자궁이 천공되고 자궁 내 이물질이 존재하며 체액이 고여 있음이 관찰되었다. 이에 따라 아전자궁절제술을 시행하였는데 자궁에서 완전한 형태의 라미나리아 1개가 발견되었다. 수술 후 원고는 사지마비 등의 증세를 보이고 우측 족부가 괴사되었다[서울동부지방법원 2012. 8. 16. 선고 2010가합7230 판결].

날짜	시간	사건 개요
		원고(임신부): 사고당시 20세 11개월 22일
		피고 1: 산부의과 의사, 산부인과 운영
		피고 2: 학교법인 D('피고 2 병원'), F병원(원고가 전원하여 응급처치 및 자궁적출술을 받음)을 운영하는 법인
2009. 12. 29		• 원고는 피고 1로부터 임신 19주 진단받음
2009. 12. 31		• 임신중절수술 위해 피고 1의 산부인과에 입원
	11 : 00	• 유도분만을 위해 싸이토텍 투여
		• 5% 포도당 용액과 옥시토신을 혼합한 수액 투여
		• 자궁경관확장제인 라미나리아(laminaria) 10개(이하 '1차 라미나리아'라 한다) 삽입
2010. 1. 1.	11 : 00	• 1차 라미나리아 제거
		• 라미나리아 15개(이하 '2차 라미나리아'라 한다)삽입
	22 : 00	• 원고 아랫배 통증을 호소하기 시작함

날짜	시간	사건 개요
2010. 1. 2.	09 : 10	• 자궁경관이 열리자 2차 라미나리아를 제거한 다음 자궁경관개대 및 소파술(D&C)로 임신중절수술(이하 '이 사건 수술'이라 한다) 시행함 ＝태아 및 태반이 자연적으로 만출됨 ＝태아를 기계적으로 분쇄하거나 흡입 소파술로 제거하는 절차는 필요하지 않았음
		• 이 사건 수술 후 원고의 상태가 좋지 않음
	9 : 20	• 피고 1의 승용차를 이용해 원고를 이송함
	10 : 05	• 피고 2 병원 도착
		• 피고 2 병원 응급실에서 원고의 상태 ＝혈압 80/20mmHg, 맥박 149회/분, 산소포화도 87% ＝질 출혈 보임 ＝나비모양 발진 관찰 ＝복부통증을 동반한 호흡곤란 증상
		• 피고 2 병원 처치 ＝우선적으로 도파 프리믹스, 노르핀 혼합수액 등의 수액 공급
	10 : 35	• 초음파검사결과 상 복강과 골반강 내 체액이 저류된 상태 관찰 • 병원 도착 당시 원고의 상태는 이미 파종성 내 혈액응고장애 및 패혈성 쇼크, 자궁천공이라 판단됨 • 에르빈(자궁수축제) 투여
	11 : 40	• 복부 CT 검사 시행 ＝결과: 자궁이 천공되고 자궁 내 이물질이 존재하며 체액이 고여 있음이 관찰됨 • 나리돌(자궁수축제)를 투여 • 패혈성 쇼크에 대비하여 원고에게 항생제인 후라질을 신속히 투여하였음
	12 : 55~ 15 : 10	• 아전자궁절제술 시행 • 수술 소견 ＝복강내 다량의 혈액(200cc)이 고여 있음 ＝자궁 후방이 1cm 천공되었음 ＝자궁내막염으로 부패한 냄새를 풍김 ＝자궁에서 완전한 형태의 라미나리아 1개가 발견되었음
		• 수술 후 ＝패혈성 쇼크로 인한 다발성 장기부전 증세 보임 ＝기관 내 삽관 시행

날짜	시간	사건 개요
		• 원고의 상태 호전되지 않음
현재		• 원고 저산소증으로 인한 사지마비, 이소성 골화증, 양측 고관절 증세 보임, 우측 족부 괴사됨

2. 사건에 대한 법원의 판단 요지

가. 수술기구 사용에 있어 과실이 있는지 여부: 법원 불인정

(1) 원고 측 주장

의사가 큐렛을 사용하다 임신부의 자궁에 천공을 발생시켰다.

(2) 법원 판단

임신부의 태아와 태반이 자연적으로 만출되어 큐렛을 사용할 필요가 없었고, 이 사건 수술 당시 의사를 보조하였던 간호사 역시 태반이 자연스럽게 나왔기 때문에 큐렛을 사용한 적이 없다고 진술하고 있다.

나. 라미나리아 교환상 과실이 있는지 여부: 법원 인정

(1) 원고 측 주장

라미나리아를 삽입·제거·교환할 때 그 개수를 정확히 확인해야 하는데 이 사건 수술 중 라미나리아 개수를 파악하지 않고 교환하여 남아있던 라미나리아가 제거되지 않고 자궁 내부로 밀려들어가 임신부에게 자궁천공을 발생시켰다.

(2) 의료인 측 주장

의사는 라미나리아를 교환하면서 간호사와 함께 복창하며 그 개수를 확인하였다. 임신부의 자궁에서 발견된 라미나리아는 일부가 부러져 잔존한 것으로 의사의 과실이 아니며 라미나리아는 자궁에 잔존하면서 수분을 흡수하여 연화되므로 4cm 두께의 자궁벽을 천공할 수 없고 자궁천공은 전원 후 발생한 증상이다.

(3) 법원 판단

산부인과 의사가 라미나리아 교환상 과실을 범했다는 것이 인정된다. ① 임신부는 1차 라미나리아를 2차 라미나리아로 교체한 후부터 아랫배 통증을 호소하기 시작했다. ② 임신부가 상급 병원으로 전원되었을 당시 나비모양 발진이 관찰되었고 복부통증을 동반한 호흡곤란 증상이 있었으며 질출혈도 소량 관찰되었고 초음파검사결과 상 복강과 골반강 내 체액이 저류된 상태가 관찰되어 상급 병원 도착 당시 이미 자궁천공 및 패혈증, DIC 증세를 보였다. ③ 전원된 상급 병원에서 자궁절제술을 실시한 결과 임신부의 자궁 내에 혈액 200cc 정도가 고여 있었고 자궁 후방이 1cm정도 천공되었으며 심각한 자궁내막염으로 부패한 냄새를 풍기는 상황이었고 자궁에서 완전한 형태의 라미나리아 1개가 발견되었다. ④ 진료기록감정 보완결과에 의하면 산부인과 의사가 라미나리아를 교환하는 과정에서 1차 라미나리아 중 제거하지 못한 라미나리아 1개가 자궁 내부로 밀려들면서 자궁천공이 발생했을 가능성이 크고 의사에게 라미나리아 교체 및 삽입작업에서 개수를 정확히 파악할 의무가 있었으나 이를 소홀히 했을 것이라는 취지의 회신을 하였다. ⑤ 진료기록감정 보완결과에 의하면 자궁천공은 자궁벽에 대한 물리적인 자극의 결과로 발생하는 것으로 싸이토텍이나 옥시토신 투여의 합병증으로 자궁천공이 발생할 수 없다고 회신하였고 라미나리아가 날카로운 물건은 아니지만 물리적인 힘에 의해 자궁 안쪽으로 들어가면서 천공을 일으킬 가능성도 존재한다고 회신하였다.

라. 산부인과 의사의 전원 과정상 과실 여부: 법원 인정

(1) 원고 측 주장

산부인과 의사는 임신부가 복부의 심한 통증을 호소하고 호흡곤란 증세를 보였음에도 불구하고 개인 승용차로 상급병원으로 전원시키고 수액 공급도 하지 않는 등 적절한 조치를 취하지 않았다.

(2) 의료인 측 주장

의사는 임신부에게 예방적 항생제를 적절히 투여하였고 이상증상을 보이는 임신부에 대하여 산소공급을 지속하면서 바로 전원시키는 등 적절한 응급처치를 하였다.

(3) 법원 판단

진료기록감정 보완결과 산부인과 의사는 임신부에게 항생제를 투여하고 혈압과

요량을 지속적으로 체크하고 직경이 큰 주사바늘로 2개 이상의 정맥을 확보하여 수액을 보충해주는 등의 추가적 조치를 하며 전원을 시켰어야 한다. 그럼에도 의사는 임신부에게 산소 공급만 했을 뿐 이외의 조치를 취하지 않고 자신의 승용차로 이송하였으며 이송 당시 피고 의사 이외에 임신부에게 응급조치를 할 만한 다른 의료진은 없었다.

마. 전원된 상급 병원의 검사 및 수술 지연 과실 여부: 법원 불인정

(1) 원고 측 주장

상급 병원은 2010. 1. 2. 10 : 05경 전원되어 입원한 임신부에 대해 복부 CT검사를 같은 날 11 : 40경에서야 시행하였고 13 : 15경에 자궁천공에 대한 수술을 시행하는 등 신속한 검사 및 응급수술을 지연하였다.

(2) 의료인 측 주장

임신부가 저혈량성 쇼크 상태를 보여 수액 및 혈액공급을 위한 정맥관을 삽입하는 등 응급처치를 하고 바로 복부 CT 검사를 시행하였고 자궁천공이 확인되자마자 자궁천공에 대한 수술을 하였다.

(3) 법원의 판단

상급병원의 과실이 인정되지 않는다. ① 임신부가 상급병원 응급실에 도착했을 당시 이미 파종성 내 혈액응고장애 및 패혈성 쇼크 상태에 있었다. 쇼크 상태는 유효 혈장량의 감소로 이어지게 되고 이로 인해 조직으로의 충분한 혈액 공급이 부족하게 되어 조직의 괴사나 기능 부전이 발생하게 될 확률이 높으므로 쇼크가 발생하면 유효 혈장량을 유지하기 위해 수액을 공급하는 것이 중요한데 병원은 임신부에게 우선적으로 도파 프리믹스, 노르핀 혼합수액 등의 수액을 공급하였다. ② 병원은 자궁천공이 의심되자 자궁수축을 통해 출혈을 감소시킬 목적으로 임신부에게 2010. 1. 2. 10 : 35경 에르빈(자궁수축제)을, 10 : 40경 나리돌(자궁수축제)을 투여하였고 패혈성 쇼크에 대비하여 항생제인 후라질을 신속히 투여하였다. ③ 자궁천공의 경우 환자 상태나 소견에 따라 응급수술을 하거나 자궁수축제를 써보며 일단 지켜볼 수도 있는 것이고 병원은 임신부의 입원시각부터 2시간이 경과한 후 수술을 시행하였는데 그 동안 병원은 패혈성 쇼크, 파종성 내 혈액응고장애를 치료하기 위해 수액 및 항생제를 주입하는 등의 처치를 하고 수술준비를 했으므로 자궁절제술이 지연되었다 보기 어렵다. ④ 병원은 임신부에게 자궁절제술을 한 다음 급성신부전이 발생할 것을 대비하여 신대채요법을 시행하였다.

3. 손해배상범위 및 책임제한

가. 의료인의 손해배상책임 범위: 80% 제한[2]

나. 제한 이유

이 사건 중절수술의 시행 경위와 손해의 공평, 타당한 분담을 그 지도 원리로 하는 손해배상제도의 이념을 고려할 때 산부인과 의사에게 원고들이 입은 모든 손해를 배상하도록 하는 것은 신의성실의 원칙이나 형평의 원칙에 반한다.

다. 손해배상책임의 범위

① 청구금액: 1,493,492,549원

② 인용금액: 720,957,114원

(1) 일실수입: 291,905,751원(364,882,189원의 80%)

(2) 기왕치료비: 합계 25,019,400원

    ① 기왕약제비: 180,160원(225,200원의 80%)

    ② 기왕진료비: 24,231,240원(30,289,051원의 80%)

    ③ 이송처치료: 608,000원(760,000원의 80%)

(3) 기왕보조구비: 818,240원(1,022,800원의 80%)

(4) 기왕개호비: 15,968,000원(19,960,000원의 80%)

(5) 향후치료비: 71,636,369원(89,545,462원의 80%)

(6) 향후보조구비: 21,801,944원(27,252,431원의 80%)

(7) 향후개호비: 278,807,410원(348,509,263원의 80%)

(8) 위자료: 15,000,000원

---

2) 판결문 본문에서는 70%로 책임제한을 하였으나, 주문에서는 80%로 최종 금액을 결정하였음.

4. 사건 원인 분석

이 사건은 산부인과 의사가 임신중절수술을 위해 자궁 내 장치(라미나리아)를 삽입·제거·교환할 때 그 개수를 정확히 확인하지 않아 교환 후 남아있던 라미나리아가 제거되지 않고 자궁 내부로 밀려들어가 원고의 자궁에 천공을 발생시켰으며 그로 인해 패혈증 및 파종성 혈액 내 응고장애를 발생하였는데 이에 대한 적절한 응급조치를 충분히 다 하지 않아 결국 원고가 저혈량성 쇼크 상태 및 무산소성 뇌손상 상태 등의 장애에 이르게 된 사건이다. 이에 대해 임신 19주에 D/E가 아닌 D/C를 했다는 것이 사실일지 의심스럽다는 자문위원의 의견이 있었다. 위 사건에서처럼 라미나리아 때문에 자궁이 천공되었다면 패혈증은 일어나지 않았을 가능성이 큰 데 의료진이 큐렛을 사용하였고 그로 인해 자궁이 천공되어 패혈증이 발생했을 가능성이 있으며 혹은 라미나리아에 의한 과민성 반응이 나타난 것으로 생각해볼 수도 있다는 것이다. 이 사건과 관련된 문제점 및 원인을 분석해본 결과는 다음과 같다.

첫째, 산부인과 의사는 1차 라미나리아 10개를 제거하고 2차 라미나리아로 교환하는 과정 중 1차 라미나리아가 모두 제거되었는지 확인하지 않아 잔존한 라미나리아 1개가 2차 라미나리아 삽입 중 자궁에 밀려들어가 자궁천공이 발생되었으며 이로 인한 패혈증 및 파종성 혈액 내 응고장애를 야기하였다.

둘째, 의사는 원고가 이 사건 중절 수술 후 복부에 심한 통증을 호소하고 호흡곤란 증세를 보였음에도 불구하고 개인 승용차로 상급병원에 전원시키고 수액 공급도 하지 않는 등 전원 과정에서 적절한 응급조치를 취하지 않은 잘못이 있다(<표 부록 19> 참조).

〈표 19〉 원인분석

분석의 수준	질문	조사결과
왜 일어났는가? (사건이 일어났을 때의 과정 또는 활동)	전체 과정에서 그 단계는 무엇인가?	- 수술 단계(임신중절수술을 위해 라미나리아를 삽입·제거·교환하는 과정에서 라미나리아의 개수를 정확히 확인하지 않아 남아있던 라미나리아가 제거되지 않고 자궁 내부로 밀려들어가면서 자궁에 천공을 야기함) - 응급처치 단계(중절 수술 후 환자가 복부의 심한 통증을 호소하고 호흡곤란 증세를 보였음에도 불구하고 개인 승용차로 타 병원에 전원시키고, 수액도 공급하지 않음)
가장 근접한 요인은 무엇이었는가? (인적 요인, 시스템 요인)	어떤 인적 요인이 결과에 관련 있는가?	• 의료인 측 - 체내 이물질 삽입 및 교환 시 그 개수를 확인하지 않음
	시스템은 어떻게 결과에 영향을 끼쳤는가?	• 의료기관 내 - 체내 이물질 삽입 및 교환 시 명확한 확인을 지지하는 문화의 부재 - 전원 시 의료기관 내 체계적인 응급상황 대응체계 부재

5. 재발 방지 대책

원인별 재발방지 대책은 〈그림 19〉와 같으며, 각 주체별 재발방지 대책은 아래와 같다.

〈그림 19〉 산부인과(산과) 질적19 원인별 재발방지 사항 제안

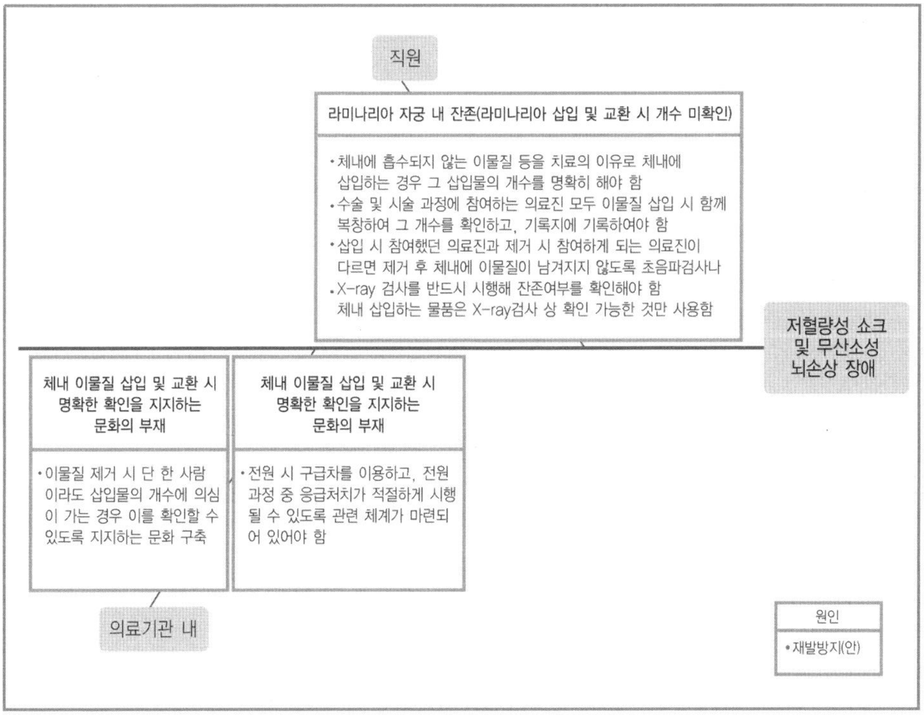

(1) 의료인의 행위에 대한 검토사항

의료인은 시술이나 수술 시 체내에 흡수되지 않는 이물질 등을 치료의 이유로 체내에 삽입하는 경우 그 삽입물의 개수를 명확히 해야 한다. 수술 및 시술 과정에 참여하는 의료진 모두는 이물질 삽입 시 함께 복창하여 그 개수를 확인하고 기록지에 기록해야 하며 삽입 시 참여했던 의료진과 제거 시 참여하게 되는 의료진이 다르다면 제거 후 체내에 이물질이 남겨지지 않도록 초음파검사나 X−ray 검사를 반드시 시행하여 잔존여부를 확인하는 과정을 거쳐야 한다. 또한 체내 삽입하는 물품은

X-ray검사 상 확인 가능한 것만 사용하도록 한다.

(2) 의료기관의 운영체제에 관한 검토사항

의료기관은 이물질 제거 시 단 한 사람이라도 삽입물의 개수에 의심이 가는 경우 이를 확인할 수 있도록 지지하는 문화를 구축해야 한다. 또한 전원에 대비하여 의료기관 내 체계적인 응급상황 대응체계를 구축하여야 한다. 전원 시 구급차를 이용하고, 전원 과정 중 응급처치가 적절하게 시행될 수 있도록 관련 체계를 마련하여야 한다.

┃참고자료┃ 사건과 관련된 의학적 소견3)

1. 자궁천공

인공임신중절 등의 경우 시행하는 자궁내용제거술과 자궁내막소파술 등에서 자궁소식자, 경관확장기, 태반겸자, 큐렛 등의 조작에 의해 인위적으로 일어나는 일이 많다.

2. 라미나리아

자궁경부를 강제로 확장하는 것은 무리가 따르므로 천천히 경부를 확장시키는 데 사용하는 물질이다. 라미나리아는 갈색 해조류의 줄기로 제작하며 나무막대기 모양으로 대, 중, 소의 각 직경별 크기로 구분되어 있다. 삽입방법으로는 자궁경부를 소독한 후 적당한 크기의 라미나리아를 선택하여 그 끝이 자궁 내부를 약간 통과할 정도로 삽입한다. 삽입 후 약 4~6시간 정도가 지나면 라미나리아가 팽창하면서 자궁 목관이 적당한 크기로 개대된다.

3. 패혈증 및 패혈증 쇼크

패혈증은 흔히 감염에 대한 전신적인 염증 반응을 말하는 것이다. 심각한 감염 시에만 특징적으로 나타는 것이 아니라 심한 화상이나 외상 후에 발생한 전신염증반응증후군인 경우에도 발한다. 적절한 수액투여로도 회복되지 않은 저관류 소견이 나타나는 것을 말하며 부적절한 조직 내 혈액관류와 광범위한 세포기능장애가 특징적이다. 패혈증이 더욱 진행되어 전신순환계의 정맥이 확장되면서 체액이 조직 내로 이동하여 저혈량증을 초래하는 경우 패혈성 쇼크라 한다. 저산소증과 핍뇨가 그 증상으로 나타나고 심한 패혈증의 경우 25~35%가 30일 내로 사망하며 패혈증 쇼크가 발생한 경우는 40~50%가 이 기간 내에 사망한다.

4. 파종성 내 혈액응고장애

감염, 악성 종양, 심한 외상 및 출혈 등의 질환이 있을 때, 손상된 조직이 혈액에 노출되어 조직 내의 물질에 대한 반응으로 혈액 내 응고가 일어난다. 또는 전신에 심한 염증이 있는 경우 혈액 내의 단구와 혈관 내피세포에서 혈전 형성을 촉진하는 물질이 분비되기도 한다. 이러한 과정에 의해 혈액 내 저절로 혈전이 생성되고 이 과정에서 응고인자들이 소진되어 지혈 작용이 정상적으로 일어나지 못하고 지혈되지 않는 출혈이 발생하는 증후군이다.

---

3) 해당 내용은 판결문에 수록된 내용임.

판례 20. 임신부의 X-ray 촬영 등 거부 이후 쌍생아 사망_대법원 2011. 11. 24. 선고 2009다70906 판결

1. 사건의 개요

임신부는 혼인 전 약 10년간 간호사로 근무했으며 결혼한 후 습관성 유산(자연유산 4회)을 반복한 다음 체외수정 및 배아이식으로 세쌍둥이 임신했다. 임신 11주에 한 태아가 자궁 내에서 자연유산되었다. 임신 15주에 피고 병원에서 유산 방지를 위한 자궁경부봉축술을 시행하였다. 임신 29주에 임신부는 호흡곤란, 빈호흡, 기침 및 콧물 증상으로 응급실에 내원하였다. 피고 병원의 내과의사는 저산소증으로 추정 진단하고 임신부에 대한 흉부 X-ray 촬영을 처방하였으나 임신부는 촬영을 거부하였으며 벤츄리마스크를 사용한 산소요법(24% 산소 3L/min)도 거부하였다. 당일 피고 병원 산부인과 의사는 진통 억제를 위한 분만실 입원을 권유하였으나 임신부는 거부하고 일반병실 입원 의사를 강력하게 표시하였다. 이후 임신부는 폐부종에 의한 심각한 저산소증에 빠졌고 심정지 발생하여 심폐소생술 실시로 심박동이 회복되었다. 20분 후 응급제왕절개술을 시행하여 여아인 신생아 출산하였으나 신생아 가사 상태여서 미숙아실로 보냈다. 뒤이어 출산한 남아는 사산된 상태였다. 여아는 다른 대학병원으로 전원된 다음 허혈성 뇌손상 진단을 받았으며 1년 반이 지난 후 사망하였다[서울중앙지방법원 2008. 8. 19. 선고 2007가합20636 판결, 서울고등법원 2009. 8. 20. 선고 2008나83761 판결, 대법원 2011. 11. 24. 선고 2009다70906 판결].

날짜	시간	사건 개요
		• 원고 A: 사망한 쌍둥이 신생아의 어머니 혼인 전 약 10년간 간호사로 근무하였음 1999. 1.경 결혼한 후 습관성 유산(자연유산 4회) 반복 • 원고 B: 사망한 쌍둥이 신생아의 아버지 • 피고: 서울 소재 병원을 운영하는 학교법인
2004. 05. 경		• 원고 A 체외수정 및 배아이식으로 세쌍둥이 임신
2004. 06. 07.경		• 임신 9주 무렵 절박유산으로 약 5일간 입원치료
2004. 07. 08.		• 임신 11주 • 한 아기가 자궁 내에서 자연유산

날짜	시간	사건 개요
2004. 08. 08		• 임신 15주 • 배 부분을 가리고 흉부 방사선 촬영
2004. 08. 10		피고 병원에서 유산 방지를 위한 자궁경부봉축술 시행
2004. 11. 14.	18 : 40	• 임신 약 29주 • 5일전부터 생긴 호흡곤란, 빈호흡, 기침 및 콧물 증상으로 응급실 내원 = V/S: 36.8 − 72 − 20 − 130/80 = 누울 때 호흡곤란이 악화되는 증상: 단순도뇨관을 이용한 소변검사를 실시하지 못함 = 피고 병원 내과의사: 천식 의증, 폐렴 의증. 제한성 질환에 의한 저산소증으로 추정 진단
	19 : 05	• 산소요법 시행(비강 2L/min) • 산소분압 모니터링 • 동맥혈가스분압검사 시행 {표} • 저산소증으로 인한 보상기전으로 과호흡 유발된 상태
	19 : 24	• 원고 A에 대한 흉부 X − ray 촬영을 처방하였으나 원고 A는 임신부라는 이유로 촬영 거부 • 동맥혈가스분압 재검사: 저산소증 (산소포화도:87.%)
	19 : 54	• 동맥혈가스분압검사 시행: 저산소증 상태 {표}
	20 : 00	• 원고 A는 벤츄리마스크를 사용한 산소요법(24% 산소 3L/min) 거부
	20 : 05	• 산소포화도 87% • 호흡곤란 심하게 호소 = 벤튜리마스크로 35% 산소 12L/min를 공급

19 : 05 표:

pH	7.488
pCO$_2$(이산화탄소 분압)	25.4mmHg
HCO$_3$−(중탄산염)	18.8mmol/L
pO$_2$(산소분압)	73.7mmHg
SaO$_2$(산소포화도)	97%

19 : 54 표:

pH	7.451
pCO$_2$(이산화탄소 분압)	28.3mmHg
HCO$_3$−(중탄산염)	19.3mmol/L
pO$_2$(산소분압)	52.9mmHg
SaO$_2$(산소포화도)	87.6%

날짜	시간	사건 개요
2004. 11. 14.	21 : 20	• 피고 병원 산부인과 의사는 응급실 내 초음파로 쌍태아 심박동 확인 • 태아심음모니터링 • 진통 억제를 위한 분만실 입원 권유하고 입원 필요성을 설명하고 입원장을 발부
	21 : 25	• 원고 A는 산과보다는 호흡기 쪽에 심각한 문제가 있다는 이유로 일반병실이 아니면 자의 퇴원하겠다고 하면서 분만실 입원을 거부함 • 피고 병원의 산과의사가 작성한 경과기록지 상 '환자, 보호자 분만실 입원 거절함. 태아심음모니터링, 진통억제 위해 분만실 입원 권유했으나 일반병실 입원 아니면 자의퇴원하겠다고 함. 모체사망, 응급수술가능성 및 자궁파열의 위험이 있을 수 있다는 설명을 하였으나 입원 거부함'이라 기재되어 있음
	21 : 35	• 보호자도 분만실 입원을 권유 • 원고 A는 이를 따르지 않고 퇴원을 원하였음
	21 : 45	• 원고 A는 일반 병실로 입원할 의사를 강력하게 표시함
	21 : 55	• 산소포화도 60%: 저산소증 상태
	21 : 57	• 산소포화도가 58%까지 저하: 저산소증 상태 • 호흡곤란 호소하여 벤튜리마스크를 50% 산소 15L/min으로 교체
	22 : 00	• 산소포화도 48%: 흉부 X-ray 촬영 동의 • 심각한 저산소증 상태보임 • 스테로이드제(덱사메타손) 10mg 정맥주사 = 태아의 호흡기 미성숙으로 인한 합병증과 사망 가능성 감소를 위한 태아의 폐 성숙 유도 • 원고 A 동의하여 Chest AP 촬영 • 심전도, 복부 초음파 시행
	22 : 10	• 원고 A 양손과 양발에 청색증 발현 • Chest X-ray 결과 = 울혈성 심부전 및 폐부종 의심
	22 : 15	• 이뇨제(라식스) 20mg 정맥주사 시행 • 산소요법 병행
	22 : 17	• 앰뷰 백 호흡시행 • 기도삽관 후 인공호흡기 연결
	22 : 22	• 산소포화도 48%
	22 : 25	• 임신부 호흡부전으로 심정지 발생 • 에피네프린, 아트로핀 투여

날짜	시간	사건 개요
2004. 11. 14.	22 : 26	• 심폐소생술 실시함
	22 : 28	• 심박동 회복
	22 : 29	• 동맥혈가스분압검사 시행

pH	7.079
pCO_2(이산화탄소분압)	36.3mmHg
HCO_3-(중탄산염)	10.5mmol/L
pO_2(산소분압)	75.6mmHg
산소포화도	86.6%

날짜	시간	사건 개요
	22 : 50	• 응급제왕절개술 시행

	22 : 52	• 여아인 신생아 출산
		• 출생 직후 신생아의 상태
		  = 온 몸이 처지고 청색증이 있었음
		  = 체중 1,170mg
		  = 동맥혈가스분석검사 시행: 신생아 가사 상태

pH	6.767
pCO_2(이산화탄소분압)	91.2mmHg
탄산염	12.9

= 아프가 점수: 울음 없는 1분(아프가 1점), 5분 아프가: 2점
• 미숙아실로 보냄

날짜	시간	사건 개요
	22 : 53	• 남아 출산－사산된 상태 • 심박동과 울음 없음, 체중 830mg
2004 12. 7		• 원고 A는 폐부종이 호전되어 퇴원함.
2005. 9. 1		• 여아는 신생아가사로 인한 저산소성 허혈성 뇌손상의 증상 중 하나인 경련으로 치료받던 중 다른 대학병원으로 전원 • 내원 당시 두위는 38.5cm로 3백분위수 이하였고, 폐 청진 소견에서는 분비물이 많이 차 있는 상태, 운동기능 평가에서는 사지가 뻣뻣하고 근 긴장도가 증가되어 있었고, 바빈스키 반사가 양성 • 뇌 자기공명영상촬영(MRI) 시행 = 결과: 허혈성 손상에 의해 추정되는 양측 기저핵과 뇌실 주위 백질 부위에 낭성 뇌연화증의 소견이 있고 뇌실이 커져 있는 상태
2006. 5. 30		• 여아는 대사성 산증, 범발성 응고장애를 직접사인으로, 하지 조직괴사와 감염을 중간선행사인으로 하여 사망함

2. 법원의 판단

가. 폐부종 진단 및 치료 지연의 과실이 있는지 여부: 법원 인정(제1심) → 법원 불인정(항소심) → 법원 불인정(상고심)

(1) 원고 측 주장

임신부가 심한 호흡곤란 등으로 내원하였으므로 병원 의료진은 그 원인을 밝혀내기 위하여 방사선촬영 검사, 심초음파검사, 응급상황시 동맥혈가스분석 검사 등을 실시하여야 함에도 이를 게을리 한 체 천식, 폐렴, 제한성질환으로 진단하고 임신부를 방치하다가 임신부의 호흡곤란상태가 심각해지자 비로소 흉부 방사선 촬영을 실시하는 등 임신부에 대한 폐부종 진단이 지연되어 치료가 늦어졌다. 의료진은 적어도 20:05경에는 흉부 방사선 촬영을 실시하는 등의 감별 진단 및 추적검사를 통하여 호흡곤란의 원인을 파악하고 이에 대한 적절한 조치를 취했어야 한다. 또한 호흡부전의 응급상황에 처한 임신부에 대하여 적기에 기도삽관을 하지 않았다.

(2) 의료인 측 주장

병원 의료진이 임신부에게 흉부 방사선 촬영과 벤튜리마스크 착용을 권유하였음에도 임신부가 계속하여 이를 거부하는 바람에 흉부 방사선 촬영이 지연되어 폐부종 진단 및 치료가 늦어졌다. 그러는 사이 폐부종이 급성으로 진행되어 임신부에게 심정지가 발생한 것이다.

(3) 법원 판단

○ 제1심: 과실이 인정된다. 임신부가 저산소증 상태가 더욱 악화된 19:54경 내지 20:05경 피고 병원의 의료진이 흉부 방사선 촬영을 시행하고자 하였는데도 임신부가 이를 거부하여 시행하지 못하였다는 점을 인정하기에 부족하다. 또한 임신부가 설령 흉부 방사선 촬영을 거부하였다고 하더라도 병원의 의료진으로서는 흉부 방사선 검사를 받지 않으면 어떠한 위험이 발생할 수 있는지를 설명하여 주의를 환기시켜 주어야 할 의무가 있다.

○ 항소심: 과실이 인정되지 않는다. 임신부에게 발생한 폐부종의 진단과 치료가 지연된 것은 임신부가 병원 의료진에 대한 환자로서의 협력의무를 이행하지 아니함

으로써 발생한 것일 뿐 그 지연이 병원 의료진의 과실로 인한 것이라고 할 수 없다. 또한 의료인의 폐부종 치료 지연 여부와 남아의 사산 및 여아의 사망 간에 인과관계가 있다고 보기 힘들다. 임신부는 폐부종에 따른 저산소증이 급속하게 진행된 탓에 피고 병원 응급실에 내원한지 불과 약 3시간 45분 만에 심정지에 이르렀고 병원 의료진이 내원 당시 곧바로 원고에 대하여 폐부종 치료를 시작하였다 하여도 그 심정지 발생을 막을 수 있었다고 볼 증거가 없다. 또한 설사 심정지를 막을 수는 있었다고 할지라도 폐부종으로 인한 저산소증이 이미 상당 시간 지속하였기 때문에 자궁내의 태아 상태가 그로 인하여 초래되는 심각한 영향에서 자유로울 수 있었다고 볼 수 없다.

○ 상고심: 과실이 인정되지 않는다. 환자가 의료진이 권유하는 진료의 필요성과 진료 또는 진료거절의 위험성을 인식하면서 스스로의 결정에 따라 진료를 거절한 경우 의료진으로서는 환자의 선택권을 존중할 수밖에 없고 환자가 임산부여서 진료거절로 태아에게 위험이 발생할 우려가 있다고 해도 이는 마찬가지이다.

나. 제왕절개술 지연의 과실이 있는지 여부: 법원 불인정(제1심) → 법원 불인정(항소심) → 법원 불인정(상고심)

(1) 원고 측 주장

임신부가 쌍태아를 임신한 고령의 임신부로서 극심한 호흡곤란을 호소하면서 저산소증을 보였으므로 피고 병원 의료진으로서는 응급실 입실초부터 산과 진료를 시작하고 임신부에게 심정지가 발생하기 이전에 신속하게 제왕절개를 실시하여 쌍태아를 안전하게 분만하도록 하였어야 함에도 불구하고 이를 게을리 하다가 임신부에게 심정지가 발생한 후에야 제왕절개술을 시행하였다.

(2) 의료인 측 주장

임신부가 고위험 임신부였으므로 의료진이 임신부에게 산부인과 검사를 위하여 분만실 입원을 권유하였으나 임신부가 이를 따르지 않아 임신부에게 심정지가 발생한 이후에 보호자의 동의를 받고 제왕절개술을 시행하였다.

(3) 법원 판단

임신부는 스스로 내과적 질환이라고 단정하고 병원 의료진으로부터 지속적 전자 태아감시장치를 이용한 태아심음감시와 분만실 입원을 권유받았음에도 이를 거부하였다. 임신부가 계속하여 의료진의 지시에 따르지 아니하는 가운데 임신부의 상태가 급속도로 악화되고 있었지만 22:00경 임신부가 극심한 저산소증에 달하기 이전에는 임신부의 의식이 명료하였기 때문에 병원 의료진으로서는 임신부의 의사에 반하여 강제적으로 흉부 방사선 촬영이나 분만실 입원 및 제왕절개술 등을 시행할 수 없었다.

3. 손해배상범위 및 책임제한

가. 의료인 측의 손해배상책임 범위: 30% 제한(제1심) → 기각(항소심) → 기각 (상고심)

나. 제한 이유(제1심)

① 임신부는 이 사건 사고 발생 당시 40세의 고령 임신부였던 점

② 임신 초기 당시 세쌍둥이였다가 한 아기가 임신 11주에 자궁 내에서 자연유산됨에 따라 쌍태 임신으로 되었는데 이러한 경우 자연유산된 태아로 인한 임신 중 합병증을 완전히 배제할 수 없음

③ 사망한 여아의 당시 체중이 1,170mg이었던 반면, 남아의 체중은 830mg에 불과하여 두 쌍태아 간의 체중 차이가 20% 이상으로 이러한 경우 태아사망률이 상승하게 됨

④ 쌍태아임신(다태임신)은 단태임신보다 산전, 산후 및 태아 합병증이 높고 주산기 심근증은 사망률이 25~50%로서 예후가 불량함

⑤ 임신부는 의료진이 2004. 11. 14. 19 : 24경 내린 흉부 방사선 촬영 처방에 대하여 19 : 50경 임신부라는 이유로 거부하였으며 의료진이 같은 날 21 : 20 분만실 입원을 권유하였으나 이를 거부하였고 20 : 00 벤튜리마스크로 24% 산소 3L/min을 공급하려고 하였으나 이를 거부하는 등 피고 병원 의료진의 처방에도 비협조적이어

서 이 사건 손해의 발생과 확대에 영향을 미친 점

나. 손해배상책임의 범위

(1) 제1심

① 청구금액: 405,290,320

② 인용금액: 102,410,972원

  ○ 사망한 여아에 관한 부분

    (1) 일실수입: 42,290,343원(140,967,812원의 30%)

    (2) 위자료: 20,000,000원

  ○ 임신부에 관한 부분

    (1) **기왕치료비**: 1,374,681원(4,582,270원의 30%)

    (2) 위자료: 14,000,000원

  ○ 임신부의 남편에 관한 부분

    (1) **기왕치료비**: 10,745,949원(35,819,830원의 30%)

    (2) 위자료: 14,000,000원

(2) 항소심

① 청구금액: 300,194,488원

4. 사건 원인 분석

이 사건의 임신부는 임신 29주 무렵 호흡곤란 등으로 피고 병원에 내원하여 진료를 받으면서 흉부 방사선 촬영과 분만실 입원을 거부하였다. 이후 호흡부전으로 인한 심정지 발생으로 심폐소생술을 받았고 응급제왕절개술로 신생아 가사 상태의 여아와 사망한 상태의 남아를 출산했는데, 이후 여아도 치료를 받던 중 사망한 사건이다. 이 사건과 관련된 문제점 및 원인은 다음과 같다.

첫째, 임신부가 피고 병원 의료진의 권유 및 설명에도 불구하고 흉부 방사선 촬영, 산과 진료를 위한 분만실 입원, 벤튜리마스크를 사용한 산소요법을 거부하여 임신부에게 발생한 폐부종의 진단과 치료가 지연되었다. 임신부가 진단 목적의 방사선에 노출되는 경우 태아 위험도가 증가되지 않는데도 잘못된 의료정보를 갖고 있어 X-ray 촬영을 거부하는 상황이 발생할 수 있다. 이 때 의사는 환자의 진료거부권에 따라 임신부의 선택에 따를 수밖에 없다는 자문의견이 있었다(〈표 20〉 참조).

이 사건과 관련하여 습관성 유산을 반복한 과거력을 가진 임신부는 고위험군에 포함되므로 의료진은 진료 전에 이 점을 유념해야 하며 사건의 의료진과 같이 산부인과 병동보다는 태아감시 장치 및 응급상황에 대처할 수 있는 장비가 준비되어 있는 분만실로의 입원을 권유하는 것이 바람직하다는 자문의견이 있었다.

〈표 20〉 원인분석

분석의 수준	질문	조사결과
왜 일어났는가? (사건이 일어났을 때의 과정 또는 활동)	전체 과정에서 그 단계는 무엇인가?	- 진단 및 처치 단계(임신 29주 무렵 임신부가 호흡곤란 등으로 피고병원에 내원하여 진료를 받으면서 흉부 방사선 촬영과 분만실 입원을 거부함)
가장 근접한 요인은 무엇이었는가? (인적 요인, 시스템 요인)	어떤 인적 요인이 결과에 관련 있는가?	• 환자 측 - 고위험 임신부(습관성 유산 4회 경험, 체외수정 및 배아 이식으로 세쌍둥이 임신, 임신 11주 한 아기가 자궁 내에서 자연유산 됨) - 의료진의 권유 및 설명에도 환자가 검사 및 치료를 거부함(흉부 방사선 촬영, 산과진료를 위한 분만실 입원, 벤츄리 마스크를 사용한 산소요법 등 거부)
	시스템은 어떻게 결과에 영향을 끼쳤는가?	

5. 재발 방지 대책

원인별 재발방지 대책은 〈그림 20〉과 같으며, 각 주체별 재발방지 대책은 아래
와 같다.

〈그림 20〉 산부인과(산과) 질적20 원인별 재발방지 사항 제안

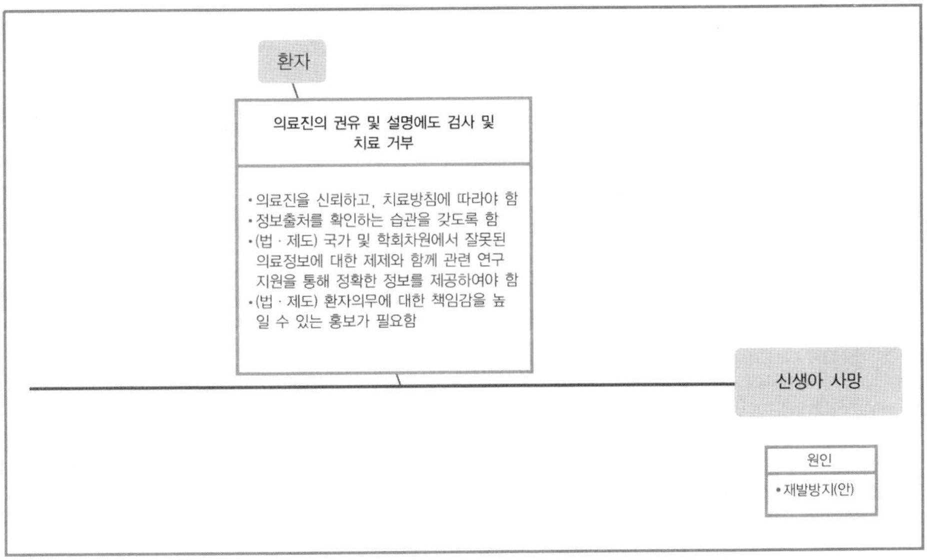

(1) 환자 측 요인에 대한 검토사항

환자는 의료진을 신뢰하고 의료진의 치료방침에 최대한 협조해야 한다. 더불어
의학 정보의 출처를 확인하는 습관을 가짐으로써 잘못된 정보에 노출되는 것을 줄이
도록 하여야 한다.

(2) 학회·직능단체 및 국가·지방자치단체 차원의 검토사항

관련 연구 지원 및 감시를 통해 인터넷 등을 통한 잘못된 의료 정보 전달을 억
제하고 정확한 정보가 환자에게 전달될 수 있도록 해야 한다.

┃ 참고자료 ┃ 사건과 관련된 의학적 소견⁴⁾

(1) 임신부의 증상

① **폐부종**: 임신부의 급성 호흡곤란은 폐부종(폐에 지나친 양의 체액이 쌓여 호흡이 곤란해지는 상태)일 가능성이 가장 크다. 폐부종의 검사 및 진단은 활력징후 측정, 흉부 방사선 촬영, 동맥혈가스분석검사, 심전도 등으로 이루어진다. 임신부의 폐부종이 의심될 경우 초음파 검사 및 지속적 전자 태아심음 감시 장치를 이용한 태아심박동 측정이 함께 이루어져야 한다. 폐부종의 치료에 있어 임신부는 급성 호흡곤란의 경우 산소 공급, 이뇨제 투약 등으로 치료하고 이후 활력징후가 안정되면 근본 원인을 분석하여 치료한다.

② **주산기 심근증**: 원인이 뚜렷하지 않은 심부전을 심근증이라 하며, 호흡곤란, 기좌호흡, 기침, 심계항진, 가슴 혹은 복부 통증 등이 나타난다. 심근증은 흉부 방사선 촬영상 심장비대, 심장 초음파 검사상 심장 내부 용적 증가, 심실벽 운동 감소로 진단한다. 주산기 심근증은 출산전 1개월 전부터 출산 후 5개월 이내에 나타나며 30세 이상, 다임 여성 등에서 주로 나타나며 사망률은 25~50%이다. 임신부의 울혈성 심부전 및 폐부종은 자궁-태반 관류 및 저산소증을 유발하여 태아의 저산소증을 유발할 수 있다.

(2) 태아 관련

① **주산기 가사**: 임신부의 저산소증이 교정되지 않고 지속되면, 태아 저산소증 및 대사성 산증의 초래될 수 있다.

② **저산소성 허혈성 뇌증**: 태아가 장시간 심한 저산소증에 노출되면 대사성 산증 및 조직/장기 손상으로 저산소성 허혈성 뇌증이 발생할 수 있다. 저산소성 허혈성 뇌증은 주산기 가사의 모든 요인이 원인이 될 수 있으나 출생 전에는 임신부의 호흡기 또는 심질환이 원인이 될 수 있다. 저산소성 허혈성 뇌증의 증상으로는 의식 혼미 및 혼수, 불규칙한 호흡, 근긴장도 저하, 신생아 원시반사 소실, 신생아 경련 등이 나타날 수 있으며 가사의 정도와 지속시간이 길수록 증상이 더 심하게 나타난다.

---

4) 해당 내용은 판결문에 수록된 내용임.

제7장

결 론

과거에 임신부는 아기를 낳으려고 방에 들어갈 때 댓돌 위에 벗어 놓은 자기 신발을 보고 '내가 다시 이 신발을 신을 수 있을까'라고 생각했다고 한다. 그만큼 아기를 낳는 일은 큰 위험을 감수해야 하는 일로 출산과정에서 임신부가 사망하는 일이 비일비재하였다. 또한 신생아의 경우도 사망하거나 중증 장애를 입는 일이 많았다.

현대 의학은 출산 과정에서의 이런 위험을 크게 줄여 이제 출산을 앞둔 임산부가 생명을 잃을까봐 걱정하는 일은 별로 없다. 현대 의학이 인간 생명을 지키는데 얼마나 기여했는지를 잘 보여주는 것이 바로 산부인과의 산과 분야라 할 수 있다. 하지만 그렇다고 위험이 완전히 없어진 것은 아니다. 임신과 출산 과정에서의 사고는 그 수가 크게 줄었을지언정 지금도 발생하고 있다. 그리고 그 결과는 여전히 매우 심각하다. 임신부나 신생아가 사망하기도 하고 평생을 장애 속에 살아가게 되기도 한다.

이런 사고들 중에는 현대 의학으로서도 막을 수 없는 불가피한 것들이 있다. 반면 조금만 더 주의를 기울이거나 대비를 했더라면 막을 수 있는 것들도 있다. 그래서 이 책에서는 판례문 분석을 통해 산과의 여러 의료 사고들을 살펴보면서 그 원인를 찾고 대책을 모색해 보았다. 그런 다음 산과 사고를 방지하기 위해 각 관련자들이 어떻게 준비하고 대처해야 하는지 제안 해 보았다. 이제 그 제안들 중 중요한 것을 전체적으로 다시 정리해 보면 다음과 같다.

(1) 임신부에 대한 제안

① 임신부의 과거 출산력은 현재의 임신상태에 영향을 미칠 수 있으므로 임신

부는 출산력을 의료인에게 잘 알려야 한다.

② 임신부는 임신과 출산 과정에서 필요한 검사나 발생 가능한 위험 등에 대해 스스로 관심을 갖고 알아둘 필요가 있다. 그래서 의료인의 검사 및 처치가 알고 있는 것과 다를 때 이 점에 대해 문의해 보아야 한다.

③ 임신부는 특히 본인이 고위험 임신부에 해당하는지에 대하여 의료진에게 확인해 두어야 한다. 그래서 만약 자신이 고위험 임신부에 해당된다면 임신과 출산에서 발생 가능한 위험성 및 합병증에 대해 본인은 물론이고 가족도 숙지하도록 해야 하며, 문제 발생 시 대처 방안을 신속하게 결정할 수 있도록 가족과 사전 논의를 해 둘 필요가 있다.

(2) 의료인에 대한 제안

① 의료진은 임신부가 고위험 임신부인지 파악하기 위해 정확한 문진과 세심한 산전검사를 해야 한다. 문진 시 임신부가 자신의 과거력이나 현 병력에 대해 자발적으로 알리지 않은 경우에도 의료진이 좀 더 철저한 문진을 하여 파악해 내는 것이 필요하다.

② 고위험 임신부에 대해서는 발생가능한 여러 위험성에 대해 임신부 및 가족에게 사전에 설명하고, 만약 그런 위험이 발생하였을 경우 취할 조치나 신속한 의사 결정 방법 등에 대해 임신부 및 그 가족들과 사전에 충분히 논의해 두어야 한다.

③ 산전에 임신부에게 필수적으로 시행해야 할 검사에 대해서는 체크리스트를 작성하여 누락되는 검사가 없도록 확인해야 한다. 고위험 임신부, Rh(−)임신부 등 특수한 조치가 필요한 임신부의 경우에는 관련 사항이 EMR화면이나 차트에 잘 보이도록 표시하여 쉽게 확인할 수 있도록 해야 하며 임신부 인계 시 해당 정보를 잘 전달하여야 한다.

④ 임신부의 분만이 곧 있을 것으로 예상되는 경우 담당 의료인은 즉각적인 처치가 가능하도록 병원에 상주하는 것이 필요하다. 분만 중 외래 등 다른 업무를 보는 것은 최대한 자제하여야 하며 부득이한 경우 간호사나 조산사를 통해 지속적인 보고를 받을 수 있도록 해야 한다.

⑤ 분만 시 의사는 직접 임신부의 상태를 관찰하면서 분만 지연으로 인해 발생할 수 있는 응급상황에 대비해야 하며 특히, 복부 압박(pushing) 시 임신부의 상태를

관찰하여 무리한 압박이 이루어지지 않도록 해야 한다. 또한 의료인은 태아안녕상태 점검을 위한 검사 지침1)에 따라 태아 심박동수, 태아 하강도 등을 측정하여 분만의 진행 상황을 정확하게 평가하고 임신부와 태아의 안전을 확보하기 위한 최선의 주의를 다해야 한다.

⑥ 분만 후 1－2시간까지는 특히 주의해서 활력 증후, 자궁이완여부, 출혈의 양을 등을 잘 관찰하고 기록하여야 한다. 특히 제왕절개수술을 한 경우 마취로부터의 회복정도와 수술 후 상태 등을 확인하고, 산모의 상태가 안정될 때까지 즉각적인 간호가 가능하도록 하여야 한다.

⑦ 의료진은 분만 후 산모가 이상 출혈의 소견을 보인다면 먼저 혈액의 손실량을 측정하여 부족한 양을 혈액과 수액으로 공급하고 체내 기관에 적절한 산소공급이 이루어지도록 조치하며 출혈의 부위와 원인을 가려내어 그 원인에 따른 처치를 해야 한다.

⑧ 신생아의 경우에 중환자 집중치료나 체온유지 등의 필요가 있을 때 인큐베이터를 사용하고 인큐베이터 사용 중단 여부를 결정할 때는 일반 및 신경학적 신체검진을 해 보아야 하며 필요시 혈액검사, 흉부방사선영상검사가 이루어져야 한다.

⑨ 신생아와 산모 모두에게 이상증상이 발생하는 경우 어느 한 쪽에 주의하다 보면 다른 쪽에 소홀하게 될 위험이 있다. 신생아와 산모 모두에 대해 경과관찰과 처치가 미흡하지 않도록 주의해야 할 것이다.

⑩ 분만 시 발생하는 문제 중에는 견갑난산 등 미리 예상할 수 없는 것들이 있다. 이런 점을 포함하여 임신부 및 가족에게 분만 방법에 대해 충분한 설명을 하여야 하며 이 설명을 바탕으로 임신부와 그 가족이 분만방법을 선택할 수 있도록 하여야 한다. 그리고 임신부가 질식분만을 선택하여 그것을 시행하는데 예상과 다르게 분만이 지연되는 경우 의료진은 임신부 및 그 가족과 함께 다시 한 번 분만 방법에 대해 논의하여야 한다.

⑪ 흡입분만은 정상 질식분만보다 합병증의 발생 가능성이 높으므로 보다 높은 주의가 필요하다. 의료진은 관련 검사를 통해 태아하강도를 확인한 다음 적절한 태아

1) 산전검사상 문제가 없는 임신부의 경우 분만 1기에는 30분 간격으로, 분만 2기에는 15분 간격으로 태아심박동을 측정하여야 하고, 고위험 임신부의 경우 분만 1기에 15분 간격으로, 분만 2기에 5분 간격으로 태아심박동을 측정하여야 한다.

하강도에서 흡입분만을 시행해야 한다. 경관개대가 충분히 이루어지지 않은 상황에서 무리하게 흡입분만을 할 경우 임신부와 태아 모두 상해를 입을 수 있다.

⑫ 난산 및 출혈 등과 같은 응급상황 발생 가능성이 높은 임산부의 분만 시 의료진은 좀 더 집중적인 경과관찰을 해야 한다. 특히, 질식분만으로는 합병증 발생가능성이 높을 경우 즉시 제왕절개수술이 가능하도록 수술실 및 마취과 등의 타부서와 협조체제를 구축하고 신생아에 대한 응급 처치가 가능하도록 신생아용 응급장비를 구비하여야 한다.

⑬ 문제 발생 시 대처가 용이하지 않은 심야시간에는 가급적 분만이 이루어지지 않도록 의료진은 일상적으로 이루어지는 약물투여나 처치에 대해 그 시간 등에 있어 보다 세심한 고려를 할 필요가 있다.

⑭ 의료진은 환자의 전원이 필요할 경우 전원이 가능한 의료기관에 대한 정보를 수집하여, 환자에 대한 신속한 처치가 가능한지 여부를 확인한 후 전원을 시행하도록 한다. 이때 전원을 받을 의사에게 환자의 상태에 대해 구체적으로 설명하여 전원 후 적절한 처치가 이루어질 수 있도록 해야 한다.

⑮ 의료인은 시술이나 수술 시 체내에 흡수되지 않는 이물질 등을 치료의 이유로 체내에 삽입하는 경우 나중에 모두 제거할 수 있도록 개수를 명확하게 확인해 두어야 한다. 수술 및 시술 과정에 참여하는 의료진 모두는 이물질 삽입 시 함께 복창하여 그 개수를 확인하고 기록지에 기록해 두어야 한다.

(3) 의료기관에 대한 제안

① 의료기관은 분만에 있어 집중적인 경과관찰이 가능하도록 인력과 시설을 확보하여야 한다. 분만이 곧 있을 것으로 예상되는 경우 즉각적인 처치가 가능하도록 관련 의료인이 병원에 상주하도록 하는 것이 필요하며 마취 후 적어도 30분은 의료진에 의해 철저한 경과관찰이 이루어질 수 있어야 한다. 분만 중 담당의가 불가피하게 자리를 비우게 될 경우 분만실의 상황을 외부(외래 및 수술실 등)에서도 관찰할 수 있도록 모니터링 장비를 구축해야 한다.

② 산모 및 신생아에게 응급상황에 발생했을 때 응급처치를 할 수 있는 최소한의 인력이 의료기관 내 상주하도록 하는 운영체계를 구축해야 한다. 그리고 신생아에 대한 응급처치를 위해 신생아에게 맞는 신생아용 산소마스크 및 CPR 키트 등과 같

은 응급장비를 반드시 구비해두어야 한다. 생명에 영향을 미치는 위험 요인을 가지고 출생한 신생아의 경우에는 1, 2차 병원이라고 하더라도 매일 소아청소년과 의사에 의한 신생아 상태 재평가가 이루어질 수 있도록 해야 하며 담당 간호사도 경각심을 갖고 주의를 기울이도록 교육이 이루어져야 한다.

③ 1, 2차 병원의 경우 필요 시 신생아를 근처의 신생아중환자 치료가 가능한 병원으로 우선적으로 전원할 수 있어야 한다. 이를 위해 지역별 산부인과 병원 간에 긴밀한 네트워크를 구축해야 하고, 환자 전원 시 전원 받을 의료기관의 가용성을 확인하는 전원절차를 사전에 마련해두어야 한다. 신생아중환자 이송 시에는 이송자체가 환자에게 위험을 가하지 않도록 산소공급, 응급약물 처치 및 투약 등에 대한 준비가 필요하다. 이송은 구급차를 이용해야 하며 이송 도중 응급상황에 대해 구급차 내에서 처치가 이루어질 수 있도록 기본적인 장비를 갖추도록 하여야 한다.

④ 임신부에게 분만과 관련된 정보의 제공을 위해서 설명간호사와 같은 전문인력을 활용하거나 임신 및 분만에 대한 교육프로그램을 운영하여야 한다. 특히 과거 임신 혹은 출산 중 합병증을 경험한 임신부와 같은 고위험 임신부에 대해서는 과거력 등을 의료진에게 정확하게 알려야 한다는 점을 분명하게 알리고 분만 시 발생 가능한 합병증 및 선택 방안 등에 대해 충분히 알 수 있도록 정보를 제공해야 한다.

⑤ 무리한 흡입분만 시행 시 발생 가능한 위해에 대하여 충분한 주의를 주고, 흡입컵 사용 시 발생되어서는 안 되는 증상에 대한 교육을 시행하도록 한다. 또한 치료용 이물질의 삽입 및 제거시 의료진이 그 개수를 명확히 하고, 누구든 삽입된 이물질의 개수에 의심이 가는 경우 이를 확인할 수 있도록 지시하는 문화를 구축해야 한다.

(4) 학회·직능단체 차원의 대책에 대한 제안

① 학회 및 직능단체는 임신부의 건강과 안전한 분만을 위해 필요한 건강정보를 제공할 필요가 있다. 분만 방법의 선택에 필요한 정보, 임신부가 과거 출산력을 의료진에게 적극적으로 고지할 필요성 등의 내용을 담은 팜플렛이나 교육자료를 제작하여 배포하고 약국이나 병·의원이 비치해 두도록 한다. 인터넷 등으로 잘못된 의료정보가 확산되지 않고 정확한 정보가 환자에게 전달되도록 의료정보전달시스템을 구축해야 한다.

② 학회 및 직능단체는 임신부와 의료진 간에 원활한 커뮤니케이션이 가능하도록 의료인을 대상으로 의사소통능력 향상을 위한 교육 프로그램을 운영하거나 보수교육을 시행할 필요가 있다.

③ 의사가 적절한 분만 방법을 선택할 수 있도록 제왕절개수술 시행이 필요한 적응증 관련 기준 및 가이드라인을 명확하게 제시할 필요가 있다. 뿐만 아니라 제왕절개수술의 적응증과 관련된 임상사례들을 수집하여 이를 바탕으로 의료인 대상 증례교육을 강화해야 할 것이다.

④ 의료인을 대상으로 신생아 기도유지 및 기관 삽관 등 응급진료와 관련된 술기에 대한 교육 프로그램을 개발하고 적용해야 한다. 많은 산부인과 병원에는 신생아 기관내삽관을 할 수 있는 소아청소년과 의사가 없는 경우가 많으므로 산부인과 의사도 신생아 기관내삽관이나 응급처치를 할 수 있도록 기본 교육을 제공할 필요가 있다.

⑤ 대한의학회에서 발간한 수술, 검사 표준설명동의서식집 등의 활용도를 높이기 위한 노력을 해야 한다. 더 나아가 분만 방법 선택과 관련해 설명을 하고 동의를 받을 때 참고할 수 있는 서식 개발이 필요해 보인다.

(5) 국가·지방자치단체 차원의 지원에 대한 제안

① 국가 및 지방자치단체는 지역사회 모자보건교육을 통해 임신과 출산에 중대한 영향을 미칠 수 있는 요인을 환자 스스로 알고 있도록 교육해야 한다. 임신부가 자신의 과거력 등을 의료진에 반드시 알려야 한다는 내용의 홍보자료를 개발하여 각 지역사회 의료기관에 배포해야 한다.

② 고위험 임신부와 신생아에 대한 통합치료센터 지원 사업을 통해 안전한 분만 환경을 조성하고 임신부 식단조절 및 분만관리프로그램을 운영·지원해야 한다. 현재 시·군·구청 및 보건소 차원에서 임신 개월 별 검사, 산전관리·분만관리·산후관리 등 각종 프로그램을 운영하고 있는 지역이 있지만 일부 지역에 한정되어 있는 실정이다. 이를 해결하기 위해서는 각 지역별 특성에 맞는 산전관리 프로그램이 운영될 수 있도록 하는 제도적인 지원방안을 개발해야 한다.

③ 의료수가의 적정한 책정을 위해 노력해야 한다. 가령 정상 임신부와 구별되는 고위험 임신부에 대해 별도의 수가 책정이 이루어지면 고위험 임신부에 대해 보

다 포괄적이고 집중적인 관리가 이루어질 수 있다. 또한 무리한 흡입분만으로 인한 태아와 임신부의 피해를 줄이기 위해 흡입분만의 적응증에 해당되지 않음에도 불구하고 흡입분만을 시행하였을 경우 수가를 불인정하는 제도를 시행할 필요가 있다.

④ 분만 전, 후 임신부 및 태아의 경과관찰을 위해 필요한 충분한 인력 및 시설을 갖추도록 정부는 제도를 규제하고 재정적인 지원을 강화해야 한다. 특히 마취 초빙료의 현실화를 통해 마취과 전문의에 의한 수술 전 마취가 이루어질 수 있도록 해야 한다.

⑤ 제도적인 지원과 규제를 통해 의료기관이 필수적인 응급장비를 갖추도록 하며, 적절한 관리를 통해 장비 고장으로 인한 응급처치 지연이 발생하지 않도록 하여야 한다. 통상적으로 신생아중환자의 이송 시에는 산소공급, 응급약물 처치 및 투약 등에 대한 준비가 필요하므로 구급차가 이에 필요한 장비를 갖추도록 제도적인 지원을 할 필요가 있다.

⑥ 의료기관 종별로, 환자의 중증도에 따른 병원 간 이송 가이드라인을 마련하여 응급환자의 이송이나 전원이 좀 더 체계적이고 신속하게 이루어지도록 해야 한다. 또한 지역별 산부인과 병원 간 네트워크 구축을 통해 의료기관 간에 긴밀한 관계가 형성되어 이를 통해 전원이 신속하게 이루어질 수 있도록 지원하여야 한다.

⑦ 산부인과 의사가 부족한 분만 취약지역의 경우 대학병원이라 하더라도 산부인과 의사가 원내에 2~3명밖에 없는 경우가 많다. 이러한 경우에는 대학병원임에도 임신부에게 적절한 처치를 적시에 제공하는데 어려움이 있으며 사고 발생 위험도 높아질 수 있다. 따라서 적어도 대학병원의 경우 매년 일정 수 이상의 산부인과 전공의 수를 유지할 수 있도록 하는 정부의 지속적인 지원이 필요하다.

공저자 약력

김 소 윤
연세대학교 의과대학 의료법윤리학과, 연세대학교 의료법윤리학연구원
예방의학전문의이자 보건학박사이다. 현재 연세대학교 의과대학 의료법윤리학과장을 맡고 있다.
보건복지부 사무관, 기술서기관 등을 거쳐 연세대학교 의과대학에 재직 중이며, 보건대학원 국제
보건학과 전공지도교수, 의료법윤리학연구원 부원장, 대한환자안전학회 총무이사 등도 맡고 있다.

이 미 진
아주대학교 의과대학 인문사회의학교실
보건학박사이다. 현재 아주대학교 의과대학 인문사회의학교실에 재직 중이며, 대한환자안전학회
법제이사를 맡고 있다.

최 준 식
단국의대 제일병원 산부인과
성균관의대 제일병원 산부인과 조교수, 관동의대 제일병원 산부인과 부교수를 거쳐 현재 단국의대
제일병원 산부인과 교수 및 주산기 과장으로 재직 중이다. 또한 Korean Motherisk Program의
vice director이다.

박 현 수
동국대학교 의과대학 산부인과학교실
산부인과학 전문의, 의학박사이자 보건학 석사이다. 현재 동국대학교 의과대학 산부인과학교실
부교수이다.

김 영 한
연세대학교 의과대학 산부인과학교실
산부인과전문의이자 의학박사이다. 현재 연세대학교 의과대학 산부인과학교실 교수로 재직 중이
다. 대한산부인과초음파학회 및 대한모체태아의학회 학술위원회 위원, 총무이사, 대한산부인과학
회 학술위원회 간사, 편집위원회 위원 및 부편집 간사, 심사위원회 위원, 학술소위원회 위원, 대
한주산의학회 학술위원회 위원을 역임하였다. 현재 법원전문심리위원, 국가제대혈위원회 위원,
대한산부인과초음파학회 정보통신위원회 위원장, 대한모체태아의학회 기획위원회 위원장, 대한
주산의학회 정보위원회 위원장을 맡고 있다. 연세대학교 의과대학 '생식의학과 여성질환' 과목책
임교수로 활동 중이다.

이 원
연세대학교 의과대학 의료법윤리학과, 연세대학교 의료법윤리학연구원
보건학박사이다. 중앙대학교 간호대학을 졸업한 후 삼성서울병원에서 근무하였다. 연세대학교에
서 보건학석사와 박사 학위를 취득하였으며, 현재 연세대학교 의과대학 의료법윤리학과에서 박
사후 과정 및 의료법윤리학연구원에서 연구원으로 재직 중이다.

조 단 비
의료기관평가인증원
보건학석사이다. 연세대학교 보건행정학과를 졸업 후 연세대학교 의료법윤리학연구원에서 연구
원으로 근무하였다. 의료기관평가인증원 환자안전TF팀에서 환자안전법 하위법령 제정 지원 업
무를 수행하였으며, 현재 환자안전관리체계 구축 사업 및 환자안전종합계획 수립 연구를 수행하
고 있다.

이 승 희
의료기관평가인증원

보건학 석사이다. 연세대학교 간호대학을 졸업한 후 연세대학교 의료법윤리학연구원에서 연구원으로 근무하였으며 의료기관평가인증원 환자안전TF팀에서 환자안전법 하위법령 제정을 지원하였고, 현재 환자안전관리체계구축 사업 및 환자안전종합계획 수립 연구를 수행하고 있다.

유 호 종
연세대학교 의과대학 의료법윤리학과

철학박사로 서양철학(윤리학) 전공이다. 현재 연세대학교 의과대학 의료법윤리학과 연구교수로 ELSI 센터 프로젝트 등에 참여하고 있다. 〈의료문제에 대한 윤리와 법의 통합적 접근: 의료법윤리학서설(공저, 동림사)〉〈고통에게 따지다(웅진지식하우스)〉〈죽음에게 삶을 묻다(사피엔스 21)〉등을 저술하였다.

이 세 경
인제대학교 의과대학 인문의학교실

가정의학전문의이자 의학박사, 법학박사이다. 현재 한국의료법학회 이사, 고신대학교 생리학교실 외래교수를 맡고 있으며, 연세의료원에서 가정의학과 전공의 과정을 수료하였다. 연세대학교 의료법윤리학과 연구강사, 연세의료원 생명윤리심의소위원회위원을 거쳐 인제대학교 의과대학 인문사회의학교실에 재직 중이다. 서강대 및 대학원에서 종교학 및 독어독문학을 공부하기도 하였다.

이 순 교
서울아산병원 AGS평가실

상급종합병원의 질향상과 환자안전을 전담하고 있다. 서울대학교 간호대학을 졸업하고 동대학원에서 석사를 취득하였으며 중앙대학교에서 박사 학위를 취득하였다. 현재 서울아산병원에 재직 중이며, 한국의료질향상학회, 대한환자안전학회, 한국QI간호사회 이사 등을 맡고 있으며 의료기관평가인증원의 조사위원으로 활동하고 있다.

손 명 세
건강보험심사평가원

예방의학 전문의이자 보건학박사이다. 2016년 현재 건강보험심사평가원(HIRA) 원장으로 재직 중이다. 연세대학교 의대 교수와 보건대학원장을 역임하였고 대한의학회 부회장, 한국보건행정학회장, 세계보건기구(WHO) 집행이사, 아시아태평양공중보건학회(APACHP) 회장, 유네스코 국제생명윤리심의위원회 위원 등으로 활동하며 우리나라 보건의료 시스템의 발전과 해외진출에 노력하고 있다.

환자안전을 위한 의료판례 분석

03 산부인과(산과)

초판인쇄	2016년 12월 20일
초판발행	2016년 12월 30일

공저자	김소윤·이미진·최준식·박현수·김영한·이 원
	조단비·이승희·유호종·이세경·이순교·손명세
펴낸이	안종만

편 집	한두희
기획/마케팅	조성호
표지디자인	조아라
제 작	우인도·고철민

펴낸곳	(주) **박영사**
	서울특별시 종로구 새문안로3길 36, 1601
	등록 1959. 3. 11. 제300-1959-1호(倫)
전 화	02)733-6771
f a x	02)736-4818
e-mail	pys@pybook.co.kr
homepage	www.pybook.co.kr
ISBN	979-11-303-2974-1 94360
	979-11-303-2933-8 (세트)

copyright©김소윤 외, 2016, Printed in Korea

정 가   25,000원